한국 근대종교란

무엇인가?

韓國近代宗教叢書
한국/근대/종교 총서

01

한국 근대종교란 무엇인가?

장석만 지음

도서출판 모시는사람들

머리말

　한국 근대종교라는 것은 한국과 근대와 종교라는 세 가지 부분으로 이루어져 있다. 이 점은 총서 제목에 각 부분이 빗금으로 나누어져 있는 것에서 잘 나타나 있다. 잠시 각각에 대해 살펴본다. 한국은 중국, 일본, 미국 등의 국가와 한편으로는 같은 맥락을 공유하고, 다른 한편으로는 차이성을 내세우면서 의미를 만든다. 근대라는 시기는 한편으로는 현대, 그리고 다른 한편으로는 고대 혹은 중세와의 관계 속에서 자신의 자리를 잡는다. 종교는 여러 가지로 구분된 인간의 활동 영역 가운데 하나다. 예컨대 정치, 경제, 문화, 사회 등의 영역 구분과 나란히 있는 것이 종교다. 하지만 종교가 지닌 독특한 면이 있다. 그것은 종교가 종교 이외의 여러 영역을 하나로 묶어서 연관을 맺는다는 것이다. 바로 종교-세속의 관계이다. 학계에서 종교-세속 사이의 문제가 중요하게 부각된 것은 그리 오래되지 않는다. 그동안 하나의 관점만이 당연하게 지배해온 탓이 크다. 지금 우리가 당면한 세속주의의 문제도 일정 부분 여기에 기인한다.

　이처럼 간단하게 보이는 한국 근대종교라는 것에도 복잡한 의미가 포함되어 있다. 이 책은 우리에게 한국 근대종교라는 것이 무엇인지 묻기 위해 쓰였다. 한국 근대종교에 관한 우리의 상식이 어떻게 자리 잡게 되었는지를 살피기 때문에 그런 상식을 전제하고 펴나가는 논의와는 다르다. 만약 이 책을 읽으면서 낯선 느낌이 든다면 여기에 연유할 것이다.

이 책은 한국학진흥재단의 지원을 받고 3년 동안 계속된 "한국 근대종교의 탄생"이라는 프로젝트 가운데 총론에 해당한다. 그 내용 가운데, 몇 년 동안 같은 문제의식 아래 쓴 글에서 뽑은 것도 있고, 새롭게 쓴 글도 있다. 전자의 글 중에는 약간 중복되는 부분도 없지 않은 데, 그대로 두었다. 독자께서 동일 주제에 관한 일종의 변주라고 여겨주시길 기대한다. 프로젝트가 진행되는 동안, 평균 한 달에 한 번씩 만나 모임을 갖고 같이 공부해온 분들께 감사드린다. 참여하신 분들의 주제는 총서에서 살펴볼 수 있다. 이 책을 쓰는 과정에서 필자가 한국종교문화연구소로부터 받은 혜택은 이루 다 말 할 수가 없다. 특히 한종연 식구들의 애정 어린 비판은 이 책의 주제에 관한 관심을 유지해 나가는데 원동력이 되었다. 비판이라는 이름 아래 말의 폭력을 일삼는 요즘의 분위기에서는 찾기 힘든 따뜻함이 한종연에는 있다. 특히 정진홍, 이민용 두 분의 선생님이 베풀어주신 격려와 충고는 필자가 어려움을 헤쳐 나가는 데 많은 도움이 되었다. 다시 한 번 감사를 드린다.

"한국 근대종교의 탄생" 프로젝트를 지원해 준 한국학진흥재단의 관계자, 그리고 이 책의 출간에 세심한 관심을 기울여주신 도서출판 모시는사람들에게도 머리 숙여 감사를 드린다.

2017년 5월
장석만

I

서론

1. 수원지라는 비유

수원지(水源池)라는 말에 대해 생각하면서 시작하기로 하자. 한강의 수원지, 즉 한강의 물이 처음 비롯된다고 알려진 곳은 태백산의 검룡소(儉龍沼)이다. 거기에서부터 한강이 출발한다는 것이다. 또 그 근처에는 낙동강의 발원지도 있다고 한다. 그곳을 기원으로 해서 한강 물과 낙동강 물이 각각 시작된다는 것이다.

많은 사람들이 그곳을 찾고 있다. 처음 시작되는 곳은 신화적인 분위기에 감싸여 있고 뭔가 신비로움이 감돈다고 생각하기 때문일 것이다. 사람들은 거기에서 한강이나 낙동강의 정체성이 시작되는 것을 느끼며, 설레는 마음으로 그곳을 찾는다. 별로 이상한 일이 아니다. 하지만 좀 더 생각해 보면 이렇게 생각하고 행동하는 것이 그다지 당연하게 여겨지지 않을 수도 있다. 하나의 고정된 지점을 정하고 그곳을 시작점으로 하여 줄기차게 이어져 내려가는 한 가닥의 '불멸'의 물줄기가 있다는 생각이 어떻게 당연하게 여겨지는 것일까? 이런 관점은 도대체 어디에서 나타난 것인가? 그 물줄기 하나가 어떻게 한강이나 낙동강의 정체성을 만들어 내는 핵심 요소가 될 수 있다고 생각한 것일까? 그리고 어떻게 그런 생각이 널리 퍼지고, 많은 사람에게 설득력을 갖게 된 것일까?

수원지를 설정하는 이런 생각과 다르게 보는 방식이 있다. 기원을 알 수 없는 수많은 물줄기가 서로 얽히고설켜 때로는 합류하고 때로는 갈라지면서 커다란 흐름을 만들어 내었을 때, 비로소 한강이라는 이름을 갖게 된다는 관점이 그런 것이다. 이렇게 수원지를 다시 생각하는 것은 애써 수원지를 찾는 노고를 하는 대신에, 다른 곳에 관심을 기울이고자 하기 때문이다. 그것은 한강의 정체성을 고정화하면서 그것을 관통하는 하나의 핵심 요소를 찾아내려고 하지 않고, 여러 물줄기의 이합집산을 통해 지금과 같은 한강 물줄기가 이루어진 과정을 살피는 일이다. 이런 관점의 전환은 하나의 물줄기를 찾아 고정화하려는 우리의 습관에 일단 정지신호를 보낸다. 그런 습관에 의해 그동안 비슷한 이야기가 적지 않게 생산되어 왔다. 이제 변함없이 이어진다고 보는 선(線) 하나에만 주의를 두지 말고 갈라진 수많은 선들이 어떻게 합류하는지를 보는 것이 필요하다. 일단 그렇게 주의를 돌리면 수원지를 운운하는 것과는 다른 관심사가 나타나게 된다.

이런 맥락에서 한국의 근대종교를 본다면 어떨까? 원형이나 원류를 찾는 것과는 다른 작업이 가능하지 않겠는가? 그런데 여기서 한국의 근대종교의 탄생이라는 말부터 따질 필요가 있다. 종교라는 말은 19세기 후반 동아시아에서 생겨났다. 따라서 그 이전에는 이런 개념으로 당대를 정리한 적이 없다. 고대종교, 중세종교라는 것은 종교라는 말이 누구나 자연스럽게 여겨지고 난 다음에 과거를 정리하기 위해 만들어진 것이다. 종교 개념이 당연하게 간주되어 정착해야 이루어질 수 있는 일이다. 즉 고대, 중세, 근대종교는 그렇게 과거의 시간을 현재의 잣대로 탐색하면서 등장하였고, 종교라는 개념을 가지고 과거의 상황을 이해해 보려는 시도인 것이다. 물론 이런 작업은 늘 이루어지며, 필요한 측면이 있다. 하지만 그럴 때, 그 작업의 역사성을 인식하는 것이 중요하다. 그런 점을 잊게 되면 수원지를 찾아내는 작업만이 당연한 것처럼 여기게 된다. 예전에는 없었던 관점이 언제나 있어 온 듯이 생각하게 된다. 그래서 지금의 방식은 언제나 그래 왔고, 필연적인 것이라는 태도가 대두한다. 지금과 다른 것은 생각할 수가 없게 되는 것이다.

이제 그런 태도 자체를 연구 대상으로 삼고, 질문을 던지며 분석해야 한다. 그럴진대 종교가 언제나 지금처럼의 종교로서 존재해 왔다고 생각할 필요가 있는가? 물론 조금도 없다. 아니 그렇게 생각하지 말아야 한다. 그렇다면 불교, 유교, 도교, 기독교가 언제나 지금과 같은 모습이었다고 간단하게 처리하는 우리의 습관부터 문제로 삼아야 한다. 과거부터 현재로 면면하게 이어지는 불변의 물줄기를 찾으려고 하지 말고, 여러 물줄기가 갈라지고 합류되어 새롭게 만들어지는 모습에 주목할 필요가 있다면, 이른바 근대의 시기에 종교의 틀이 만들어져서 생겨나는 여러 가지 새로운 것에 관심을 기울이지 않을 수 없다. 이것이 바로 '한국 근대종교'라는 것이 어떻게 만들어졌는지를 묻는 이 책의 문제의식이다.

그동안 한국에서 이루어진 종교 연구는 대체로 종교전통별로 진행되어 왔다고 말할 수 있다. 개신교, 천주교, 불교, 유교, 도교 혹은 신종교 등의 종교 전통을 분류의 기본 단위로 하고, 각 종교전통에서 어떤 연속성이 유지되었는가, 그리고 어떤 변화가 생겼는가를 살피는 것이 주된 방식이었다. 이런 경향은 한국의 경우에만 국한된 것이 아니라, 구미 및 일본 등지에서도 마찬가지로 찾아볼 수 있다. 하지만 이처럼 종교전통이 종교를 구분하고 연구하는 기본 단위가 된 것은 그리 오래된 일이 아니다. 19세기 말부터 만들어진 것이기 때문이다. 이른바 '세계종교(world religion)'라는 패러다임이다. 이 패러다임은 종교의 영역이 일군의 거대한 종교로 이루어져 있다고 보고, 각 종교 단위를 고정화하여 창시자가 시작했을 때부터 현재까지의 과정을 추적한다. 예컨대 '세계종교'에는 기독교 · 불교 · 이슬람교가 반드시 포함되며, 그 밖에도 유대교·힌두교·유교·도교 등의 전통이 거론된다. 그리고 각 종교전통이 그 역사적 배경과 발전 과정에서 다를 수밖에 없다는 것을 인정하면서도, 그 기저에는 공통되는 점이 있다는 것을 강조한다. "모든 강은 서로 지류를 달리 하지만 결국 같은 바다로 스며든다."라는 말이나 "산에 올라가는 길은 달라도 정상에 가까울수록 같은 지점으로 모이게 된다."라는 말은 바로 이런 관점을 바탕으로 하고 있다. 종교의 공통된 본질이 상정되는 것이며, 종교 간 대화를 주장하는 종교 다원주의로 쉽게 연결된다. 이런 의미에서 '세계종교' 패러다임과 종교 다원주의는 서로 긴밀하게 연관되어 있으며, 근대종교 연구의 주요한 바탕을 이룬다고 볼 수 있다.

하지만 최근의 연구 가운데 주목할 만한 것은 이런 '세계종교' 패러다임과 종교 다원주의의 관점 자체를 당연하게 여기지 않고, 문제로 삼아 분석하고자 하는 시도가 나타나고 있다는 점이다. 이런 시도의 가치는 적지 않다. 왜냐하면 그 패러다임 안에 머물러 있을 경우에는 도달할 수 없는 인식의 지평을 열 수 있기 때문이다. 이럴 경우, '세계종교' 패러다임 안에 머물면서 그것을 계속 확인하고 정당화하는 반복 작업을 하는 대신에 '세계종교' 패러다임에서 벗어나서 어떻게 다르게 생각할 수 있는지를 비로소 검토해 볼 수 있게 된다. 이런 관점을 취하게 되면, 한국 근대종교를 보는 시각도 기존의 지배적인 관점과 많이 달라질 수밖에 없다. 어떻게 달라지는가?

무엇보다 각 종교전통을 기본 단위로 하여 연구할 경우에는 묻지 않고 시작하는 점, 즉 당연하게 생각하는 것의 정당성을 물으면서 시작할 수 있다. 다시 말하면 기존 관점은 개신교·천주교·불교·유교·도교 등의 종교 전통이 원래 존재하고, 단지 한국의 상황 속에서 약간의 변용을 거치는 것일 따름이라고 암암리에 전제한다. 그래서 한국 개신교와 천주교를 연구할 때도 서구의 기독교 역사를 배경으로 하는 경우가 대부분이다. 하나의 종교전통을 그대로 상정할 경우에는 변함이 없는 연속성을 전제로 해야 하기 때문이다. 변화를 논하는 것은 바로 이 연속성 아래에서 가능한 일일 뿐이다. 유교와 불교, 도교도 마찬가지다. 그 이전 시대, 그리고 한국 이외의 유교 · 도교 · 불교와 역사적 연결을 고려하는 일은 불가피하게 간주된다.

하지만 19세기 말에 두드러지게 나타나는 이른바 종교전통이 사실 새롭게 만들어진 '세계종교' 패러다임 안에서 등장한 것이라면, 이전의 유교와 불교 혹은 개신교와 천주교의 역사와 무작정 연결시키는 일은 무모한 것이 된다. 손쉽게 연속성을 찾으려 하는 대신에 우리는 "도대체 무엇이 새로운가?" "무엇이 이전과 다른가?"라는 물음을 전면에 제기할 수 있게 될 것이다. 그 경우 개신교 · 천주교 · 불교 · 유교 · 도교 등의 종교전통 단위(單位)를 상정하는 관례는 그대로 수용해야 할 것이 아니라, 무엇보다도 먼저 연구되어야 할 대상이 될 수밖에 없다. 만약 유교나 불교처럼 그런 명칭이 그 이전부터 사용되었다면, 무조건 동일한 것이라고 단정내리기 전에 의미론적 변화가 없는지, 있다면 무엇인지 검토되어야 할 것이며, 새로운 명칭이라면 거기에 담겨 있는 역사적 배경과 의미를 찾아내야 할 것이다.

이와 함께 현재의 관점에서 과거의 자료를 재단하는 태도를 근본적으로 문제 삼을 필요가 있다. 예컨대 '세계종교' 패러다임을 문제시한다면, 현재 우리가 상식인 것처럼 여기는 '정교분리의 원칙'을 근대 이전 시대에 무작정 적용하는 연구는 더 이상 타당하지 않게 된다. 그것은 지금의 관점을 기준으로 과거를 재단하는 논리이기 때문이다. 반면에 '세계종교' 패러다임 자체를 연구 대상으로 삼는다면, 그것이 형성되고 정착되는 과정을 살핌으로써 현재의 지배적인 종교관이 만들어지는 과정을 파악할 수 있기 때문에, 흔히 빠지는 함정으로부터 벗어날 수 있게 되는 것이다.

'세계종교' 패러다임의 정당성을 묻는 작업은 세계종교의 구성원으로 간주되어 온 각 종교전통이 19세기와 20세기(혹은 그 이전 시기인 17-18세기도 포함하여)의 격변기에 어떤 방식으로 새롭게 구획되는지, 그리고 정착된 다음에 이전 시대와의 연속성이 어떻게 유지되는지를 필연적으로 질문하게 된다. 그것은 각 종교전통의 정체성 형성 과정을 근본적으로 검토하는 것이다. 각 종교전통은 어떤 경로로 그런 작업이 필요하다고 여기게 되었고, 어떤 측면을 강조하면서 어떤 방식으로 자신의 주체성을 만들어 나가게 되었는가, 그리고 그 과정에서 비(非) 종교의 영역과 어떤 상호 관계를 구축해 가는가를 묻는 것이다. 물론 종교 사이에 전개되는 상호 모방과 견제의 관계를 묻는 것도 빼놓을 수 없다. 즉 특정 종교전통이 새롭게 등장한 이른바 세속 영역과 어떤 관계를 맺는가, 다른 종교전통에 어떤 태도를 취하는가, 어떤 방식으로 자신의 정체성을 만들어 가는가가 주요한 연구 주제가 된다.

2. 문제의식과 내용의 윤곽

한국에서 서구 '릴리지온'의 번역어인 '종교' 개념이 수용된 지 100년을 넘어 150년을 향하고 있다. 이 책을 관통하는 문제의식은 "그런 수용의 역사로 인해 우리가 세상을 보는 방식에 초래된 변화는 무엇인가?" 또 백 년 이상의 기간에 걸쳐 종교 개념을 수용해 온 우리의 역사를 어떻게 평가해야 하는가?"라는 것이다. 그 물음에 올바르게 답변하기 위해서 우선 서구에서 '릴리지온' 개념이 왜 문제가 되는지, 그리고 서구의 문제의식이 우리에게 던지는 의미는 무엇인지를 살펴야 할 것이다. 그리고 19세기 중엽 이후의 비슷한 시기에 동아시아에서 '종교' 개념을 받아들여 자기화(自己化)한 일본과 중국의 경우도 검토할 필요가 있다. 종교 개념은 19세기 후반 동아시아의 위기 속에서 한국 사회가 수용한 근대적 '지도(地圖)'의 중요한 부분이다. 우리가 이 '지도'를 받아들이게 된 맥락과 과정을 살피는 것은 지금 그 역사적 유산 가운데 살고 있는 우리의 정체성을 밝히는 데 적지 않은 도움이 될 것이다. 그리고 그 이전에 사용하던 지도와 어떤 점이 같고 다른지 검토하는 것도 필수적으로 요청되는 작업이다. 이 문제의식 속에서 전통적 개념인 '교(敎)'의 의미망을 살피는 것도 필요한 작업이다. 또한 전통적 '교(敎)'와 근대적 '종교'의 틀이 어떻게 다른지 분석하는 작업도 이루어져야 한다. 이런 작업 모두에는 우리가 물려받은 '종교' 개념의 지도를 음미하면서도, 그것을 당연시하지 않으려는 자세가 관철되어 있다. 만일 이런 자세를 지니지 않는다면 종교는 너무나도 익숙한 것으로, 즉 인간의 역사와 더불어 원래부터 늘 그래 왔던 것으로 간주된다. 그 경우에 우리는 너무 편안하게 낯익은 답변만을 얻게 된다. 이 책은 이런 '편안한' 자세에 도전하기 위해 마련된 것이다.

책의 전체 내용은 다음과 같은 구조로 되어 있다. 2장에서 4장까지는 종교 개념을 살피는 작업의 중요성을 거론하고, 각각 서구의 경우, 동아시아의 일본과 중국의 경우, 그리고 한국의 경우에서 종교 개념이 등장하고 정착하는 과정 및 그 의미를 논의한다. 그 이론적인 배경을 설명하고 종교 개념을 수용하는 맥락과 그 전개 과정을 서술한다. 즉 제2장에서는 서구어 '렐리기오(religio)'가 서구 역사에서 어떤 의미를 지녀 왔으며, '릴리지온' 개념을 묻게 된 까닭에 관해 대답한다. 서양의 역사적 맥락에서 진행된 '릴리지온' 개념의 변천사와 그 개념에 관해 질문을 던지는 학술적 흐름을 소개하고, 그것을 평가하는 것이다. 제3장에서는 '릴리지온'의 번역어로서 '종교' 개념이 등장하는 동아시아의 역사적 과정을 일본과 중국의 경우를 통해 조명한다. 그리고 일본과 중국에서 '종교' 개념이 정착하면서 어떤 효과를 나타내는지 논의한다. 제4장은 한국에서 '종교' 개념이 어떻게 나타났으며, 어떤 맥락에서 전개되어 나갔는지 살핀다. 그리고 '종교' 개념에 대한 연구 성과를 일별하면서, '종교'를 묻는 새로운 관점이 대두하고 있음을 보여준다. 그래서 종교가 모두 인간 본성에 뿌리를 두고 있다는 보편적 종교 개념 자체를 문제 삼을 경우에 우선적으로 제기되는 물음이 무엇인지 제시한다.

5장과 6장에서는 세속 영역의 형성에 초점이 모아져 있는데, 종교 영역이 만들어지면서 그 이외의 영역이 세속으로 되는 과정을 검토한다. 종교-세속의 이분법은 서로 연동되어 있기 때문에 같이 다룰 수밖에 없다. 더구나 세속 영역은 적극적으로 자신을 드러내는 대신에 종교가 아닌 영역으로 나타나는 경향이 있기 때문에 종교와 연동해서 세속을 파악하는 방식은 근대성의 성격을 파악하는 데 매우 효과적이다.

제5장에서는 탈랄 아사드라는 학자의 관점을 소개하면서 세속 영역을 문제 삼는 시각을 재검토한다. 기존의 논의가 종교-세속의 영역을 마치 본질적인 것처럼 고정화하였던 반면, 아사드는 어떻게 해서 그런 고정화가 이루어졌는지, 그 과정 자체를 연구 대상으로 삼는다. 이런 관점의 전환은 종교-세속의 영역을 초역사적인 것으로 여기지 않고, 그 출현과 전개의 역사적 과정을 묻는다. 그리고 이런 문제의식이 동아시아 연구에도 영향을 미치게 됨에 따라 일어난 논쟁을 추적하여, 서구의 '릴리지온'과 동아시아의 '종교(宗敎)'가 과연 잘 대응할 수 있는지, 그리고 그에 따라 서구의 '세큘라(secular)'와 동아시아의 '세속(世俗)'의 영역도 매끄럽게 연결될 수 있는지를 검토하고 평가한다.

제6장에서는 한국의 경우에 종교-세속의 구분선이 과연 분명하게 그어질 수 있는지, 혹시 구분선의 설정이 모호하다면 그 이유가 무엇인지를 다룬다.

7장부터 9장까지에서는 앞에서 논의한 바를 바탕으로 좀 더 구체적인 현상을 나룬나. 7상에서 초기 개신교 신자의 개종, 8장에서 동학에서 천도교로의 변화의 성격, 그리고 9장에서 1910년대-1920년대의 불교가 겪는 변화를 주제로 그 역동성을 설명한다.

제7장에서는 주로 1900년에서 1910년 사이 기간에 개신교로의 개종과 한국의 근대성 경험을 연관시켜 살핀다. 여기서 새로움 및 과거와의 단절이라는 '메타-내러티브(meta-narrative)'를 이해하는 것이 중요하다. 그런 메타-내러티브가 작동하면서, 초기 개신교의 '미신' 타파 운동 같은 것이 나타나기 때문이다. 전통과의 단절이 근대성의 확립을 이끈다는 주장도 마찬가지다. 이런 맥락에서 1902년 옥중에서 일어난 지식인의 집단적 개종에 대해 분석하고, 그 개종 동기를 살핀다. 그리고 개신교 신자의 경험 세계에 새로운 양상을 가져온 1907년의 대부흥운동의 성격 및 그 효과를 검토한다.

제8장에서는 1905년 12월에 동학(東學)이 천도교(天道敎)로 명칭을 바꾼 것을 논의한다. 우선 동학이라는 용어에 내포되어 있는 동(東)의 의미 변화를 통해 19세기 중엽 이후 조선 사회에 팽배한 위기의식을 파악한다. '종교(宗敎)'라는 새로운 개념이 등장한 것도 이런 위기의식의 산물인 것이다. 동학에서 천도교로의 변화에는 전통적인 학(學) 혹은 교(敎)의 개념이 종교라는 근대적 개념으로 변화하는 과정이 반영되어 있다. 거기에는 종교 개념에 함축되어 있는 국한된 범위를 받아들이겠다는 의지, 그리고 그에 따라 주어지는 종교 영역의 특혜를 누리겠다는 의지가 들어 있다.

제9장에서는 1910-1920년대 식민지 한국에서 불교의 성격이 바뀌는 것을 검토한다. 조선 시대의 불교와 1910년대 이후의 불교를 어떻게 파악할 것인가? 그동안 지배적인 관점은 양자 사이에 커다란 차이가 있다는 것은 물론이지만, 불교로서의 공통점과 연속성은 인정하지 않을 수 없다는 것이다. 이런 '상식'에 이의를 제기하며 다른 관점을 제시하는 것은 쉽지 않기에 폴

벤느의 소론(所論)을 소개하면서 시작한다. 과연 조선 시대의 불교와 1910년 대 이후의 불교는 근본적으로 동질적인가? 양자 사이에 신앙 대상인 부처님, 승려와 사찰, 불경, 참선, 독경, 염불과 같은 의례가 공통되게 나타난다는 것만으로 시대적 차이를 뛰어넘는 불교의 불변하는 연속성을 주장하기에 충분한가? 오히려 불교의 고정적 본질을 상정하는 태도가 특정한 시대적 산물이 아닌가? 현재 상식적으로 무난하게 수용될 수 있는 이런 생각에 의문을 제기하면서 불교의 연속성과 저변의 공통성을 상정하는 태도 자체를 분석 대상으로 삼는다.

제10장에서는 한국 종교사에서 커다란 전환점이 되는 3·1운동을 다룬다. 1919년의 3·1운동을 기점으로 그 전후의 조선총독부의 종교 정책을 살펴보고 변화의 성격을 탐색한다. 1911년에 조선총독부가 발표한 〈사찰령〉·〈경학원 규정〉·〈사립학교 규칙〉이 각각 불교·유교·기독교를 통제하기 위한 것인 반면, 1915년의 〈포교 규칙〉은 조선총독부가 종교인 것과 종교가 아닌 것을 법령으로 규정한 것이다. 〈포교 규칙〉에서 공인한 종교는 신도, 불교, 기독교로서 나머지는 유사종교로 처리되었다. 이때 출현한 '종교유사단체'라는 용어는 1920년대에 일본으로 건너가 '유사종교'라는 개념으로 정리되었고, 1930년대에 다시 식민지 조선에 유입되어 확산된다. 3·1운동에서 천도교와 개신교는 핵심적인 역할을 하였을 뿐만 아니라, 민족을 대표하는 기관임을 자처하였다. 종교를 사적 영역에 속한 것으로 보는 현재의 관점으로는 이런 상황을 이해하기 어렵다. 10장의 후반부는 종교-민족의 결합체라는 시각에서 이런 점에 대한 설명을 시도하였다. 3·1운동에서 찾아낼 수 있는 또 하나의 특징은 종교적 주체의 출현이다. 체포된 3·1운동의 시위자를 심문할 때, 종교 여부를 묻는 내용이 포함되었는데, 이는 이전에는 없었던 것이다. 바야흐로 종교가 국가의 호명(呼名) 체계로 등장하기 시

작한 것이다.

제11장에서는 1920년대에 부각된 문화 개념과 종교의 연관성을 분석한다. 종교-문화의 개념적 연관성이 과연 어떤 의미가 있으며, 그것이 끼친 영향은 무엇인지 검토한다. 이전에는 다루어지지 않던 개념적 네트워크를 분석하고자 한다는 점에서 새로운 시도라고 할 만하다. 처음에 문화 개념은 문명과 구별하기 힘들게 섞여 있다가, 점차 독립된 의미를 지니게 된다. 1920년대에는 문화 개념이 문명에 대한 비판적 관점을 함축하면서 문명보다 더욱 넓은 의미로 사용되었다. 여기서 제기되는 질문은 문화 개념의 확산이 종교 개념에 어떤 영향을 미치는가이다. 문화 개념은 민족 및 인종 집단 단위와 긴밀하게 연관된다. 문화-종교의 개념적 네트워크를 통해 1920-30년대를 새롭게 이해하는 시각이 마련될 수 있다.

제12장에서는 3·1운동 이후 총독부가 추진한 유화적인 종교 정책의 효과를 검토한다. 조선총독부의 문화통치 및 주로 1930년대에 이루어진 종교 연구의 의미를 논의한다. 조선총독부는 조선의 종교 및 민간신앙, 풍속을 조사하여 지속적으로 책을 출간하였다. 그동안 식민지 시기에 이렇게 간행된 텍스트는 한국에서 종교 연구의 출발을 알리는 업적으로 평가되어 왔다. 여기서 식민지 시기에 종교 연구자를 세 가지 범주로 구분하고 그 의미를 탐색하였다. 첫째, 총독부 촉탁 혹은 대학교수로서 한국 종교를 연구한 일본인 연구자, 둘째, 식민 정부에 협조적인 조선인 연구자, 셋째, 식민 체제에 현저하게 저항한 비타협적 민족주의자가 그것이다. 이 시기 종교 연구가 제국주의 및 민족주의와 뗄 수 없이 연결되어 있음을 알 수 있다.

제13장에서는 1937년 이래, 한국 사회에서 끊임없이 거론되는 백백교(白白教)를 다룬다. "백백교는 왜 잊히지 않고 계속해서 거론되는가?"에 대한 답변을 얻고자 한다. 1937년의 백백교 사건이 지금 우리에게 어떤 영향을 미치

고 있는지, 그 효과를 어떻게 평가해야 할지에 대해 논의한다. 우선 일제강점기 때부터 거론된 역사를 열거한 다음에, 1937년의 백백교 사건을 연대기로 정리한다. 결국 백백교의 거론은 과학과 사이비종교의 범주가 효과적으로 지배권을 행사하는 것과 연관이 있다. 삼중의 스캔들이 집중된 백백교는 생생한 이미지를 생산해 내는 효과적이고도 훌륭한 범례(範例)이기 때문에, 필요할 때마다 거론되는 것이다. 과학과 사이비종교라는 범주가 한국 사회에서 헤게모니를 잡는 작업에 백백교 사건이 기여한 바는 결코 적지 않다고 할 것이다. '백백교 스캔들'은 근대성 체제의 과학-종교-미신의 3분법이 효과적으로 작동되도록 강력한 추동력을 발휘하는 것이다.

이 책에서 중시하는 것은 종교 개념 및 그와 연동되어 있는 세속 개념이 우리에게 미치는 효과이다. 이런 개념의 정착과 함께 우리가 종교를 보는 관점은 특정한 편향성을 띠지 않을 수 없게 되었다. 하지만 우리는 안경의 렌즈처럼 우리가 끼고 있는 렌즈를 의식하기보다는 렌즈를 통해 도달한 내용물에 관심을 기울이기 십상이다. 다시 비유를 들자면, 우리에게 차려진 밥상에서 보통 우리는 그릇에 담긴 음식물에 관심을 쏟지만, 이 책의 시선은 그 음식물이 담긴 그릇에 향해져 있다. 렌즈와 그릇이 우리가 세상 보는 방식을 인도해 가는 방식이고, 필자는 그것이 매우 중요하다고 본다. 이 책은 이런 문제의식 아래 쓰였다.

II

'렐리기오'와
그 개념 연구사

1. '렐리기오(religio)'의 어원과 서구 역사에서 그 의미의 전개

어원을 따지는 작업이 대부분 그렇듯이 서구어 릴리지온(religion)의 어원도 확실하지 않다. 하지만 주로 언급되는 어원은 두 가지로서 모두 라틴어 '렐리기오(religio)'에서 유래한다. 하나는 '다시 읽는다' 혹은 '조심스럽고 정성스럽게 따른다'라는 의미의 렐레게레(relegere)이고, 다른 하나는 '함께 묶다' 또는 '합류하다'라는 뜻의 렐리가레(religare)이다. 전자는 기원전 1세기 키케로(Marcus Tullius Cicero, 106 BCE-43 BCE)의 저술, 『신들의 본성에 관하여(De Natura Deorum)』(45 BCE)에서 연유하며, 후자는 기원 후 4세기에 북아프리카에서 기독교 호교론을 펼친 락탄티우스(Lucius Caecilius Firmianus Lactantius, 대략 CE 240-320)의 저술, 『신의 기관(Divinae Institutiones)』에 연유한다. 렐레게레가 전통으로 내려온 의례의 엄격하고 신중한 준수를 강조한다면, 렐리가레는 신과 인간의 결합 및 인간의 신에 대한 복종의 관계를 강조한다고 볼 수 있다. 대대로 이어진 전통적 의례를 행한다는 렐레게레의 의미에서 그 의례가 옳으냐 그르냐를 따지는 것은 쓸모없는 일이다. 왜냐하면 선조에게 물려받은 전통을 따른다는 것은 너무나 합당한 것이기에 아무런 의심도 없이 행하기 때문이다. 이 경우 렐리기오는 오래전부터 내려온 전통적 행위규범을 지키는 것이다. 그리고 집단마다 전통이 다르므로, 제각각 렐리기오가 다른 것도 인정될 수밖에 없다. 다른 전통과 관습에 대한 로마 시대의 관용 정신은 여기에 바탕을 두고 있다. 그렇다면 기독교 공인 이전의 로마 시대에 기독교인에 대한 박해는 어떻게 일어난 일인가? 이것은 유대인과 기독교인의 행동이 렐리기오로 간주될 수 없었기 때문이다. 즉 그들은 로마인들의 렐리기오를 인정하지 않고, '잘못된 것'으로 거부하였기 때문이다.[1]

로마제국의 기독교 공인은 '렐리기오'의 의미를 유일신과의 결속을 강조하는 렐리가레적 의미가 강조되는 방향으로 이끌게 되었다. 이와 같은 '렐리기오'의 의미 변화의 결과로 전통적 행위와 관습보다는 교리에 치중하게 되었으며, 교리적인 옳고 그름을 놓고 논쟁을 벌이는 일이 나타나게 되었다. 이제 기독교인만이 참된 교리를 따르므로 선택받은 자가 될 수 있다고 여기게 되었으며, 오래된 전통을 따르는 것은 중요하지 않게 되었다. 잘못된 교리를 가려내 이단화함으로써 그것들을 추방하는 것이 시급한 일이 되었다. 여기에는 기득권을 획득하게 된 기독교가 자신과 다른 신앙집단의 믿음을 이단으로서 배제하는 과정이 함축되어 있다.[2] 즉 초월적인 신의 세계와 인간 세계의 분리, 유일신교과 다신교의 대립, 진실한 믿음과 거짓 믿음의 대립 및 그 기준으로서 기독교 경전의 제시 등이 작용하고 있었던 것이다. 이런 기독교적 관점에 따르면서, 오래전부터 전승되어 온 로마의 렐리기오는 가짜의 믿음이 되었다. 본래 로마인으로서는 생각할 수 없었던, 전통이 잘못된 것일 수 있다는 생각이 점차 지배하게 되면서, 전통의 의미 자체가 바뀌게 되었다. 이제 전통은 교리가 전수되는 것을 가리키게 된 것이다.[3]

하지만 6세기에서 12세기에 걸치는 이른바 중세 시대에 유일신에 대한 인간의 역동적인 반응을 뜻하는 피데스(Fides) 개념의 활발한 사용에 눌려서 렐리기오 개념은 별로 통용되지 못하였고, 단지 수도원의 서약에 따른 계율

생활을 나타냈다.[4] 유럽 지역에 기독교가 확산됨에 따라 기독교 신앙공동체인 에클레시아(ecclesia)가 새롭게 형성되는데, 이에 따라 종교 생활은 좀 더 정형화되어 렐리기오 개념은 기독교 신앙공동체 내의 종교적 규율, 제의적 실천 방식과 준수 사항을 지칭하는 것으로 사용되었기 때문이다. 이 개념은 후에 전 생애를 수도 생활로 보내는 모든 수도사의 생활과 다른 종교 교단을 지칭하는 데 사용되었다. 그러나 12세기부터 평신도에 대한 교회 규율이 더욱 확장되고 규율의 성격도 변화되면서 렐리기오의 개념도 전과는 다르게 사용되었다. 즉 평신도들의 신념 및 관행이 좀 더 두드러지게 표출되도록 렐리기오의 용법이 변화된 것이다.[5]

이처럼 종교개혁 이전의 시기에는 성직자나 평신도가 기독교적 의무 행위를 신중하게 수행한다는 의미가 지배적이었다. 즉 "서약을 하고 수도원 생활에 들어간다.", 혹은 "의례의 의무를 정확하게 수행한다."는 의미로 많이 사용되었다. 하지만 종교개혁 이후 유럽에서 개신교의 영향력이 커지면서, 외면적인 의례 수행의 의미보다는 유일신에 대한 지식과 그에 대한 인간 내면의 정신적 경험을 가리키는 경향이 강해졌다.[6] 17세기 후반에는 유일신에게 인간을 연결시키는 내적인 성향이라는 의미가 널리 퍼졌는데, 신앙(faith, Glaube)이라는 용어는 이런 내면성을 강조하면서 사용되었다. 이는 교회가 사회에 가하고 있던 직접적인 규율 행사의 측면이 축소되고, 신자들의 내면적 신앙심의 자발적 유발을 강조하는 방식으로 전체적인 분위기가 바뀌면서 렐리기오 개념도 넓은 범위의 신자들에게 적합하도록 내용이 변화된 것이다.

렐리기오 개념은 17-18세기 동안 새로운 방향으로 변화를 보인다. 가장 중요한 변화는 렐리기오 개념이 처음으로 일반 범주로서 출현하게 되었다는 점이다. '렐리기오'의 개념을 인간의 정신 및 감정에 바탕을 둔 기본적이고 자연적인 성향으로 간주하는 움직임이 생겨나게 되었으며, 이때 등장한 '자연종교(natural religion)'라는 용어는 이런 점을 잘 보여준다. 그에 따라 렐리기오 개념은 기독교의 영역 안에 머무르지 않고, 그 밖으로 세력을 확장하여 기독교 신앙 여부에 관계없이 인간이라는 종(種)의 보편적 차원에서 종교적 본성을 주장하게 되었다. 18세기 중·후반에 간행된 데이비드 흄(David Hume, 1711-1776)의 『자연종교에 관한 대화』[7]는 이런 경향을 대표한다. 이제 기독교는 렐리기오라는 보편 범주 아래 하나의 요소로서 자리매김할 수밖에 없게 되었다. 기독교는 렐리기오의 하나로 인식되었으며, 렐리기오는 인간학적으로 이해되게 된 것[8]이다. 그래서 기독교는 새롭게 출현한 렐리기오의 류(類) 속에서 하나의 종(種)이 되었다.

계몽주의적 세계관의 영향 아래 이루어지는 렐리기오 개념의 이런 변화와 더불어 그 내용도 바뀌게 되어, 체계적이고 추상적인 지적(知的) 구성물로서 교리의 측면이 강조된다. 그래서 종교란 지적으로 믿는 내용이 되었으며, 지적으로 인식될 수 있는 영역에 놓여 있는 것[9]으로 여겨지게 되었다. 이런 내용상의 변화는 내적 경건성에 초점을 맞춘 프로테스탄트 개혁자들의 개념과는 달리, 외면적인 지적 신념 체계가 강조된 것이었다. 하지만 19세기에 접어들면 계몽주의 시대에 성행했던 렐리기오 개념의 주지주의화(主知主義化)에 반발하여 인간 내면의 심층적인 감정과 체험이 부각된다. 즉 형식주의적이고 교리적인 요소에 정감적, 체험적, 직관적 요소가 포함된[10] 것이다. 그 결과, 렐리기오 개념에는 가톨릭적 의미의 제의적으로 행동하는 것, 계몽주의적 의미의 지적으로 아는 것, 슐라이어마허적 의미의 내면적으로 느끼는 것[11] 등의 의미가 서로 공존하게 되었다. 19세기의 낭만주의 시대에서도 계몽주의 시대에 확립된 보편적 렐리기오 개념의 범주는 그대로 유지되었고, 다만 지적 신념 체계에 감정적 측면이 첨가되어 보완이 된 것뿐이다. 이때, 기독교 유일신의 측면을 일방적으로 강조하는 대신 좀 더 일반적인 무한성·초월성·절대성 등의 용어로 대체하기 시작한 것도 릴리지온의 개념의 보편화와 관련이 있다. 신적 계시를 강조하는 전통적인 기독교적 의미보다는 인간의 내적인 성향에 초점을 맞추면서 좀 더 보편성을 확대하는 효과를 나타낸 것이다. 이와 같은 릴리지온 개념의 추상화와 보편화는 릴리지온의 개념을 관통하는 성격을 상정하게 되며, 이것을 모든 인간에 공통적으로 갖추어진 것, 즉 인간의 변함없는 본질로 간주하게 된다. 그리고 현실에 존재하는 구체적인 릴리지온적 현상이나 전통은 이와 같은 릴리지온의 추상적 본질을 공유하면서도 서로 차이를 보이는 것으로 파악한다. 따라서 릴리지온이라는 개념은 한편으로 서로 구별되는 구체적인 측면, 그리고 다른 한편으로 공통된 측면의 두 가지 차원을 모두 아우르게 된다.[12]

이와 같이 릴리지온 개념이 서구에서 형성되어 온 과정에서 두 가지의 계기에 주목해야 할 것이다. 하나는 렐리기오와 비(非)렐리기오를 구별하도록 로마 시대에 강력한 영향력을 행사한 유대-기독교적 전통이며, 또 다른 하나는 렐리기오에 일반적인 성격을 부여하고 보편화시켜 추상적인 특성, 즉 종교성(religiosity)이라는 것을 만들어 내기 시작한 계몽주의 시대이다. 결국 요약하면 유대-기독교의 유일신론적 전통과 계몽주의적 보편 원리가 결합되어 현재와 같은 릴리지온의 범주가 형성된 것이라고 볼 수 있으며 그 근거는 다음과 같이 설명될 수 있다.

첫째, 유대-기독교적 유일신론적 전통은 하나의 초월적 신과 그 밖의 모든 것·창조주와 피조물·신과 인간·완전함과 불완전함 등의 양분법적 분리[13]를 배태하고 있다. 이런 양분법적 패턴은 지상의 물질적 실재와 저세성의 초월적 실재 산의 긴장을 야기하며 이런 상황 속에서 릴리지온 범주가 나타나는 것이다. 그리고 이런 양분법적 관점의 또 다른 산물은 신앙공동체가 나머지 사회로부터 분리되는 것[14]이다. 물론 신앙집단이 독자적인 성격을 띠며 다른 집단과 구별되는 것은 유독 서구적인 풍토에서만 나타나는 것은 아니다. 그러나 이런 사람이나 집단들 중 어느 것도 유일신론적 전통에서 나타나는 시너고그(Synagogue, 유대교 회당)·교회·모스크와 같은 형태는 찾아볼 수 없다. 유일신적 전통의 회중(會衆)은 힌두교나 불교 사원(寺院)에 운집하는 숭배자들과는 다르며 원시 부족사회에서 제의를 치르기 위해 형성되는 집단과도 다르다.[15] 유일신론 전통의 회중은 의도적으로 선별된 집단이며 지도자가 있고 정기적으로 예배를 드린다. 그리고 다른 사람들에게 자신의 신앙을 적극적으로 포교(布敎)한다. 또한 신자들과 주변의 다른 사람들을 명확히 분리시키는 성격을 띤다. 따라서 이런 특별한 집단의 형성은 바로 서구 유일신적 종교전통의 양분법적 패턴에서 연유된 것으로 보인다. 이처럼 서구의 유일신적 전통은 종교와 비(非)종교 영역을 날카롭게 분리시키며 배타적인 집단을 형성한다. 이런 맥락 속에서 릴리지온 개념이 형성된 것이기에, 릴리지온 개념에는 서구 유일신론적 전통의 독특한 문화적 분위기가 깊게 침전되어 있다.

둘째, 계몽주의 시대에는 기계론적 세계관이 지배적 패러다임으로 정착되는데 그 결과 세계의 모든 것을 경험하는 방식이 인과론적인 성격을 띠게 된다. 계몽주의 시대에서 존재의 영역은 인과성 영역과 동연(同延)의 관계에 놓이게 되는 것[16]이다. 한편 인과성에 대한 신념은 인간 지식의 진보(progress)에 대한 신념과 밀접히 관련[17]되기 때문에 릴리지온 개념에 포함되는 여러 다양한 현상들을 진보의 정도에 따라 위계화하는 일이 벌어지는데 종교 기원(origin)에 대한 추구는 이런 맥락과 관련이 있다. 이와 같은 릴리지온의 보편 범주화는 한편으로 인간 삶의 여러 다른 측면들, 즉 예술·경제·과학·정치·일상생활 등과 릴리지온을 구별하게 되며, 다른 한편으로는 세계 도

처에 존재하는 여러 다양한 종교적 현상들이 모두 릴리지온의 일반 범주 속
성을 지니고 있는 것으로 간주되도록 한다. 이처럼 일반화된 릴리지온이 자
신의 영역을 다른 인간의 영역과 판연하게 구별 짓는 것, 예컨대 정치·사
회·경제·문화·예술 등과 릴리지온이 서로 차원을 달리하는 영역으로 간
주되는 것은 릴리지온의 영역과 그 나머지, 즉 세속의 영역으로 가르는 결
과로 나타나게 된다. 릴리지온과 다른 인간의 활동 영역을 분리와 단절의
관계로 보는 관점이 릴리지온과 세큘러(religion-secular)의 이분법적 관계를 낳
은 것이다.[18]

한편 구체적인 릴리지온의 차이성을 판단하는 것은 주로 지적 신념 체계
의 차이를 기반으로 하는데, 이는 유럽 역사 경험에 근거한 개신교와 가톨
릭의 차이를 모델로 하기 때문이다. 교리의 순수성과 옳고 그름을 다투면서
어느 쪽이 진리인가를 경쟁하는 의지도 여기에 기인한다. 불교(Buddhism)·
힌두교(Hinduism)·도교(Daoism) 등 릴리지온의 하위 단위가 만들어지고, 하위
단위 사이에 우열 관계가 만들어지는 것도 이 때문이다. 특히 개신교를 중
심으로 비(非)서구의 전통을 파악하는 방식은 오리엔탈리즘의 주요 내용을
이루게 된다.

구체성과 일반성이라는 릴리지온의 두 가지 측면은 유럽의 역사적 맥락
의 변화와 더불어 서로 부딪히고 중첩되면서 상호 작용한다. 다음에서 이
모습을 좀 더 살피기로 한다. 19세기 초까지 유럽이 세상을 보는 지배적인
관점은 네 가지의 분류법이었다. 그 관점은 기독교적, 유대교적, 모하메드
교적, 그리고 그 나머지로 각 세상과 거기에 사는 사람을 구분하였다. 이교
도, 이단, 우상숭배자, 다신론자라는 용어는 그 나머지를 가리키는 것이었
다. 여기서 이 구분은 일반적인 종교 개념을 상정하고 신념 및 세계관의 체
계적인 차이를 드러내고자 한 것이 아니라, 사람들의 관습과 의례 그리고

그와 관련된 여러 가지 것을 열거하면서 차이가 있음을 보여준 것이었다.[19]

그러나 이제 19세기 중엽부터 세상 및 거기에 사는 사람들의 차이성을 서술하는 대신, 종교를 단위로 하여 비교하기 시작하였다. 나라와 지역별 관습의 차이성을 거론하던 이전의 4분류법 대신에, 일반적인 종교 개념 아래 여러 가지 구체적인 종교의 차이성을 주장하는 새로운 분류법으로 서서히 바뀌게 된 것이다. 4분류법에서 기독교가 중심적 위치를 차지하였다는 것은 분명하다. 그 논리를 받아들이면, 한편으로 무지의 이교도를 복음화하고, 다른 한편으로 복음을 알고 있음에도 믿기를 거부하는 유대인과 무함마드 추종자를 개종시켜야 하는 의무를 지니게 된다. 하지만 새로운 분류법에서는 비(非)기독교인을 사탄의 추종자라고 노골적으로 비난하지는 않는다. 비기독교는 완전하고 보편적인 종교인 기독교와 달리 불완전한 종교, 결함이 있는 종교, 화석화된 낡은 종교일 따름이라고 간주되었다. 일단 종교의 영역에 포함을 시켜 놓고, 종교 내부에 위계제를 만드는 방법으로 여전히 우열을 나눈 것이다. 예컨대 민족종교와 세계종교, 자연종교와 윤리종교, 지역종교와 보편종교의 구분에는 모두 전자보다 후자가 우월하다는 점이 전제되어 있다. 그런데 19세기 초까지 유럽에 군림하던 4분류법이 '세계종교' 분류법으로 바뀌게 된 이유는 무엇인가? 이에 대해 도모코 마쓰자와의 연구가 도움을 준다. 그의 연구 성과를 통해 살펴보기로 한다.[20]

구체적인 종교의 분류법이 바뀌게 된 것은 단지 개념적인 변화에 그치는 것이 아니고, 유럽의 독자성 추구 방식의 변화라는 좀 더 근본적인 흐름과 연관되어 있다. 유럽이 비(非)유럽적 타자와의 관계에서 자신의 정체성을 세워 나가는 방식을 바꾼 데는 비교언어학이라는 새로운 학문이 중요한 계기를 마련해 주었다. 이전의 4분류법에서 유대교, 이슬람, 그리고 그 밖의 종교에 대한 유럽적 기독교의 우월성 주장을 다른 차원에서 전개할 수 있게 되었기 때문이다. 비교언어학이 인도유럽어족의 언어를 '발견'하고, 더 나아가 유럽을 인도 · 페르시아 · 그리스를 망라하는 아리안족의 '인종'과 연결하게 된 것은 유럽인의 정체성이 이전과는 전혀 다른 방식으로 구성될 수 있음을 보여주었다. 그동안 기독교가 유대교 및 이슬람과 공유하는 역사는 유럽 기독교의 독특함과 우월성을 주장하는 데 곤혹스러운 점이었다. 이제 비교언어학이 인도유럽어족과 셈족어의 차이를 강조해 줌으로써, 유럽인은 셈족 전통이 아니라, 좀 더 근원적이라고 여겨지는 인도유럽어족 전통에 뿌리를 두고 있다고 주장할 수 있게 된 것이다. 그동안 유럽이 법치주의, 민주주의, 예술, 과학, 개인의 자유 등의 유럽적인 가치를 자랑하면서도 기독교가 유대교 및 이슬람과 얽혀 있는 부분을 설명하는 데 군색한 모습을 보여 왔는데 이제 말끔히 정리할 수 있게 되었다. 유럽 문명의 두 가지 근원으로서 한편으로 고대 그리스의 사상과 예술을 더욱 강조하고, 다른 한편으로 기독교를 셈족 전통에서 분리하여 아리안족의 전통과 연결할 수 있게 된 것이다. 이제 기독교는 랍비식 유대교가 아니라, 고대 예언자 전통이거나 헬레니즘 혹은 인도유럽어족과 긴밀한 관계를 맺었던 것으로 간주되기 시작한 것이다.

유럽에 진화론이 성행하면서 등장한 순서를 기준으로 종교를 나열하여 종교의 우열을 주장하는 관점이 강력하게 대두하였다. 이 경우에 비기독교적 종교는 모두 낡은 종교이고, 그만큼 불완전한 종교라는 평가가 내려졌다. 하지만 이슬람의 경우에는 오히려 기독교보다 나중에 등장하였기 때문에 이 도식에 잘 맞지 않는다는 문제가 생긴다. 이때 셈족으로서의 이슬람이라는 관점은 이슬람을 배제하고 유럽 기독교의 독특성을 강조하는 데 유용하게 적용되었다. 이제 이슬람은 셈족의 종교, 아랍인의 종교로서 하나의 인종과 어족에 국한된다고 간주되었다. 아리안족의 포괄성 · 보편성과는 대조적으로 셈족의 배타성·폭력성이 강조되었고, 유럽적 기독교의 관용성과 셈족 이슬람의 비관용과 독단성이 두드러지게 대조되었다. 유럽 기독교에서 창조주의 유일신적 속성이 그다지 부각되지 않거나 추상화된 것도 이슬람 및 유대교와의 차이성 부각 노력에 관련된 것이었다.

한마디로 유대-기독교의 유일신론적 종교전통과 계몽주의적 보편범주화의 과정이 결합되어 형성된 릴리지온의 개념은 서구 문화 속에서 역사적으로 만들어진 산물이며 그 영향권 아래서 움직여 나갈 것이다. 특정한 시대, 특정한 사회구조적, 문화적 분위기 속에서 만들어진 이 릴리지온 개념은 바로 서구와 서구인의 한 부분[21]인 셈이다.

2. 서구의 '릴리지온' 개념 연구사

종교 개념에 대한 문제를 논의할 경우에 빼놓지 않고 모두(冒頭)에 등장하는 학자가 바로 월프레드 캔트웰 스미스(Wilfred Cantwell Smith, 1916-2000)이다. 1962년에 간행된 그의 대표작, 『종교의 의미와 목적(The Meaning and End of Religion)』에서 그는 '릴리지온' 개념을 본격적으로 검토하였다. 캔트웰 스미스는 릴리지온의 개념이 서구의 특정한 문화와 역사적 맥락에서 출현하고 유지되어 왔다는 점을 주장하는데, 이를 위해 한편으로 그 개념의 형성 과정을 보여주고, 다른 한편으로 비(非)서구 문화에서는 '릴리지온'에 상응하는 개념이 없었다는 것을 강조한다. 캔트웰 스미스는 릴리지온 개념의 특징이 "개인의 역동적인 신앙을 마치 관찰할 수 있는 현상처럼, 그리고 비인격적인 외적 사물인 양 생각하도록 만든다."고 주장하면서, 이 개념으로 인해 '개인 내면의 경건성은 쉽게 간과되고, 단지 추상적인 교리와 행위체계의 관점이 강조될 뿐'이라고 비판한다.[22] 릴리지온 개념으로 인해 신앙의 주지주의화, 혹은 물상화(reification)라는 부정적인 효과가 나타나게 되었다는 것이다. 우리가 종교를 생각할 때, 기독교·불교·유교·도교·힌두교·이슬람·유대교 등의 전통을 떠올리는 것도 캔트웰 스미스는 모두 이런 부정적 효과에서 비롯된 것으로 파악한다. 그에 따르면 이런 물상화의 과정은 17세기부터 서구에서 두드러지게 진행된 것으로, 종교전쟁·비서구 문화에 대한 엄청난 정보의 유입·계몽주의적 세계관의 부각·역사주의적 사고방식 등이 상호 작용하여 이루어진 것[23]이다.

스미스는 이런 물상화 과정의 결과, 개인의 내면적 경건성이 제대로 음미될 수 없게 되었다고 평가하고, 릴리지온 개념의 완전 폐기를 주장한다. 그의 대안은 릴리지온 개념 대신 '축적적 전통(cumulative tradition)'과 '신앙(faith)'이란 개념을 사용하는 것이다. '축적적 전통'은 '신앙'이 표현되어 나타난 축적물 전체를 일컫는 것으로, 건물·경전·제도·교리 등 밖에서 관찰될 수 있는 것인 반면, '신앙'은 한 인격체의 내면적인 경건함을 가리킨다. 초월적 존재에 대한 개인 인격체의 반응과 내적 체험이 바로 '신앙'이라는 것으로, 이는 밖에서 관찰될 수 없는 영역이다. '축적적 전통'은 역사적으로 변하고, 공간적으로 다양하게 나타나는 반면, '신앙'은 초월성에 대한 인간의 보편적인 반응이기 때문에 시공간의 차이에 관계없이 공통적이다. 그리고 두 측면을 묶고 있는 것이 바로 개인 인격체이다.

이처럼 스미스는 한편으로 '릴리지온' 개념에 담겨 있는 서구 중심성을 드러내었으며, 다른 한편으로 내면적 신앙의 초월성과 보편성을 주장하고, 그 공통성의 기반 아래 여러 전통 사이에 상호 이해의 가능성을 확대하려 했다. 스미스의 책, 『종교의 의미와 목적』이 현대의 고전으로 평가받는 이유는 후자 때문이 아니라, 전자의 문제 제기에 있다. '릴리지온' 개념의 문제를 지적해 줌으로써, 그 개념에 기반을 둔 우리의 관점을 근본적으로 성찰할 수 있도록 만들어 주었기 때문이다. 후자의 부분은 캔트웰 스미스의 선험적 전제를 드러낸 것으로, 그의 자유주의적 신학 경향을 잘 보여준다.

캔트웰 스미스와 함께 종교 개념의 논의에서 빼놓을 수 없는 또 다른 스미스가 바로 조너선 스미스(Jonathan Z. Smith)이다. 그의 책『종교 상상하기』는 인문학의 또 다른 고전으로서, 서론 첫머리에 나오는 다음과 같은 주장은 지금까지도 열띤 논쟁을 촉발하고 있다.

> 만약 우리가 고고학 자료와 문헌 자료를 올바로 이해해 왔다면, 인간이 역사 전체에 걸쳐 신들에 대해 상상하고 신들과 교류하는 양식을 만들어 왔다는 것을 쉽게 알 수 있을 것이다. 그러나 인간, 보다 정확하게 말하자면 서구인이 릴리지온(religion)을 상상해 온 것은 지난 몇 세기에 지나지 않는다. 종교를 연구하는 사람이라면 누구나 바로 이런 이차적인 영역, 즉 성찰적 상상의 행위를 중심적인 관심사로 삼아야 한다. 바꿔 말한다면 이런저런 문화에서 여러 가지 기준으로 종교적이라고 여겨진 인간의 경험과 표현, 현상과 자료가 엄청나게 쌓여 있지만, 종교 그 자체에 해당하는 자료는 존재하지 않는다(there is no data for religion). 종교는 단지 학자들의 연구에서 만들어진 것일 뿐이다. 종교는 분석적 목적을 이루기 위해 학자가 비교와 일반화라는 상상적 행위를 하면서 창출한 것이다. 종교는 학문 세계를 떠나 독자적으로 존재하지 못한다. 이런 이유로 종교 연구자, 특히 종교학자는 가혹할 만큼 자기의식(自己意識)적이어야 한다. 사실 이러한 자의식은 종교학자의 일차적인 자질(資質)이며, 가장 주요한 연구 대상이 되는 것이다.[24]

조너선 스미스의 노선을 따르는 러셀 맥커천(Russell T. McCutcheon)은 스미스를 기리기 위해 2008년에 출간한 책의 서문에서 스미스의 이 주장이 학계에서 잘 이해되지 못하고 있으며, 충분하게 음미되고 있지 못하다고 지적한다. 이를 그저 잘못된 주장이 아닌가 하고 보거나 상식에 어긋난다고 쉽게 간주할 뿐만 아니라, 내용이 건성으로 인용되고 있다는 것이다. 종교 연구의 분야에서 가장 존경받는 원로 학자의 대표적 저술이기 때문에 의례적으로 인용될 뿐, 스미스의 주장에 내포된 의미를 제대로 파악하지 못한다는 것이 맥커천이 불만스럽게 지적하는 점이다.[25] 그렇지 않다면 동서고금을 막론하고 마치 릴리지온이 항상 있었던 것처럼 간주하는 논문이 여기저기에서 쏟아질 수가 있느냐는 것이 그의 힐난이다. 러셀 맥커천에 따르면 스미스의 주장은 불변의 본질과 보편적 진리가 횡행하는 종교 연구의 영역에 연구자가 취하는 관점에 대한 자기 성찰을 요청하기 위해 제시된 것이다.[26] 종교 연구사 자신의 관점의 한계와 역사적 맥락을 의식하는 것이 연구 작업에 필수적이라는 것을 강조하기 위해 스미스가 이런 주장을 펼쳤다는 것이다.

맥커천의 주장대로, 역사적 맥락과 연구자 관점의 자기 성찰성에 대한 스미스의 주장이 수용되지 못할 까닭은 없다. 하지만 현재 진행되는 비판의 초점은 다른 곳에 있다. 즉 다음과 같은 주장, "종교는 단지 학자들의 연구에서 만들어진 것일 뿐이다. … 종교는 학문 세계를 떠나 독자적으로 존재하지 못한다."라는 것이 문제인 것이다. 『종교를 발명하기』의 편집자인 피터슨과 왈호프도 이 점을 언급하고 있다. 그들은 한편으로 종교를 유일무이하게 독특한 것, 환원 불가능한 본질로 보는 관점에 심각한 문제점이 있다는 것은 인정하면서, 종교의 초시간적 본질과 본래적 자율성의 관점에 대해 비판한 러셀 맥커천에 동의한다. 그러나 다른 한편으로 그들은 맥커천이 조너선 스미스를 따라 학자의 상상이 만들어 낸 측면을 더 강조하는 것에 쉽게 수긍하지 않는다.[27] 그들은 좀 더 포괄적인 맥락 속에서 이루어지는 종교의 발명을 다룬다. 즉 종교가 만들어지고, 재(再)정의되며, 표준화되는 것이 예컨대 민족 정체성의 생성이나 식민 권력의 작동 등과 연관된 정치적·역사적 맥락에서 이루어진다는 것이다. 그래서 그들은 특정 역사적 시점에서 민족주의자·식민지 관리·세속적 학자들이 정치적 영역을 획정하는 과정과 권위를 세우기 위해 종교적 관행(practice)과 교리가 정형화되는 과정을 추적하고자 한다.[28] 오타와 대학교의 피터 바이어도 종교를 학자적 상상의 소산으로 보는 조너선 스미스의 관점에 대해 언급한다. 그는 스미스의 관점이 장점과 단점의 두 측면을 모두 가지고 있다고 평가한다.[29] 장점은 종교에 대한 서로 다른 개념화 작업을 놓고 어느 것이 최고냐를 가릴 필요가 없게 된다는 것이고, 단점은 종교란 분석적 연구의 전략 이상의 것이라고 주장하는 관찰자들, 특히 학자가 아닌 이들의 주장을 고려할 수가 없게 된다는 것이다. 바이어는 캔트웰 스미스의 공격 대상이 종교를 사물화(事物化)하는 종교적 내부자라면, 조너선 스미스는 종교적 내부자건 외부자건 종교가 경험적으로 확인 가능하다고 주장하는 이를 모두 공격한다고 본다. 캔트웰 스미스가 자신의 입장에 어긋나는 이들을 조롱한다면, 조너선 스미스는 그들의 존재 자체를 인정하지 않는 것 같다고까지 말한다. 역사적으로 만들어지고 사회적으로 분화된 종교를 비현실적이고 환상적이라고 함으로써 조너선 스미스는 "종교는 오직 과학자를 위해서 과학적인 목적으로만 존재한다."는 극단적 환원주의 노선을 취하게 되었다는 것이다.[30]

『오리엔탈리즘과 종교(Orientalism and Religion)』의 저자인 리처드 킹(Richard King)도 종교 범주가 상상적인 분류 행위로 만들어졌다는 조너선 스미스에 동의하지만, 종교 범주가 학자의 상상 안에만 존재하는 것이라는 주장에는 몇 가지 이유를 들면서 동의할 수 없다고 말한다.[31]

첫째, 종교는 사회적으로 만들어진 개념이라는 점이다. 종교는 우리의 사회적 · 정치적 · 경제적 세계를 이루는 하나의 구성 요소이다. 종교 개념을 단지 개인의 머릿속에만 존재하는 것으로 보는 것은 관찰하는 개인과 경험적으로 실재하는 사실을 양분화하는 데카르트식 이분법에 다시 빠지는 것이다. 둘째, 학자의 영향력과 중요성이 과도하게 강조되기 때문에 문제라는 것이다. 종교는 학자의 상상 안에만 있는 것이 아니라, 더 광범위한 영역의 집단적 상상 속에 자리 잡고 있는 것이다. 리처드 킹은 조너선 스미스가 종교 개념의 사회적 성격을 부인한다고는 생각하지 않는다. 그러나 조너선 스미스의 문제되는 부분이 종교 개념의 효과를 개인적 차원에 국한한다는 오해를 불러일으킬 수 있기 때문에, 종교 개념이 우리의 사회적 상상계의 한 부분이며, 우리의 실재를 구조화하고 있다[32]고 다시 강조할 필요가 있다는 것이다. 셋째, 종교 개념은 단지 문화적 영역에 대한 서술적 분류법에 그치는 것이 아니라, 우리가 세상을 보는 관점을 틀 지우고, 실제적인 효과를 발휘하는 것이다. 예컨대 앞서 언급했던 피터슨과 왈호프의 주장처럼 종교 개념은 민족 정체성이 만들어지고, 식민 권력이 작동되는 과정과 긴밀하게 연관되고 있다. 따라서 집단적 상상의 산물이라고 해서 현실적인 힘이 없다고 생각한다면 잘못이다. 사회 · 문화적 조건이 종교 담론에 행하는 역할과 함께, 종교 담론이 몸에 작용하는 훈육(訓育)적 프랙티스와 관행의 측면을 제대로 파악해야 한다. 즉 서구 사회가 세상을 나누는 방식이 종교 담론을 통해 어떻게 구조화되고 체화(體化)되는지 드러나도록 해야 한다는 것이다. 따라서 킹이 강조하는 것은 "지도는 영토가 아니다."라고 말할 수 있더라도, 지도가 그 영토에 영향을 미쳐서 모양을 바꿀 수 있다는 점도 잊어서는 안 된다는 점이다.[33] 유럽이 식민화 과정을 통해서 그 인지적 지도를 전 세계로 확산하는 과정, 즉 '세계-라틴화'(mondial-latinisation) 과정에서 종교 개념은 없어서는 안 될 중요한 역할을 담당하고 있다는 것이다.

종교 개념 논의에서 중요한 또 한 명의 학자를 언급할 필요가 있다. 바로 탈랄 아사드(Talal Asad, 1932-)이다. 1983년에 아사드는 당시 가장 영향력이 있었던 클리포드 기어츠(Clifford Geertz, 1926-2006)의 종교 정의(定義)를 조목조목 비판하면서 종교 연구자에게 널리 알려지기 시작했다.[34] 아사드는 기어츠가 1966년에 발표한 논문, 「문화 체계로서의 종교(Religion as a Cultural System)」를 분석 대상으로 삼아 기어츠의 종교 정의에 내포된 서구 중심적 가치를 드러내고자 하였다. 아사드의 핵심적 비판은 기어츠가 근대 서구 사회의 종교적 위치와 그 성격을 마치 불변적인 기준인 것처럼 보편적으로 확대하여 정의를 내렸다는 것이다. 즉 '사적 신념(private belief)으로서의 종교'의 성격은 근대 서구의 역사적 · 사회적 조건에서 나타난 것이었음에도 기어츠는 이를 제대로 파악하지 못하였고, 마치 그 성격이 비(非)서구 사회와 중세 기독교의 경우에도 보편적으로 적용될 수 있는 것처럼 간주하는 오류를 저질렀다는 것이다. 아사드는 보편적인 방식으로 종교를 정의하는 것이 불가능하다고 주장하는데, '종교를 구성하는 요소와 그 관계가 역사적으로 다르게 변화될 뿐만 아니라, 정의를 내리는 일 자체가 역사적 담론 과정의 산물이기 때문'[35]이라는 것이다. 이런 점으로 인해 아사드는 캔트웰 스미스의 『종교의 의미와 목적』을 높이 평가한다. 물론 아사드는 캔트웰 스미스의 문제점도 분명하게 지적하고 있다. 그 과정에서 종교 개념에 관한 아사드의 관점이 잘 드러나므로 관련 논문을 잠깐 살펴보도록 한다.[36]

아사드는 캔트웰 스미스의 공과(功過)를 평가하면서 자신이 강조하고자 하는 점을 두 가지로 요약한다. 하나는 스미스가 중시하는 종교경험을 제대로 파악하기 위해서는 종교경험을 비교의 맥락에서 봐야 하며, 그 경험을 형성하는 데 큰 역할을 하는 종교적 프랙티스 관습을 살펴봐야 한다는 것이다. 또 하나는 종교를 분석할 때 '세속주의'를 중요하게 포함시켜 검토해야 한다는 것이다.[37] 즉 아사드는 캔트웰 스미스가 종교적 주체를 형성하는 프랙티스 관행과 훈육의 기제를 간과(看過)하였으며, 종교와 세속주의 사이에 존재하는 상호 연관성과 긴장 관계를 제대로 파악하지 못했다고 보았다.

아사드는 자신의 주장을 한마디로 요약하여, "종교를 구성하고 확인하는 데 핵심적인 것은 종교의 물질성(materialities)이다."[38]라고 주장한다. 한마디로 캔트웰 스미스는 말(word)을 사물(thing)로 전화하는 물화(物化)의 위험성에 집착한 나머지, 사물을 말로 전화시키는 그 반대의 위험성을 망각하였다[39]는 것이다. 캔트웰 스미스는 개인적인 신앙을 부각시키면서, 그 신앙이 언제 어디서나 동일하다고 보았기 때문에 그 경험과 태도를 낳게 만드는 특정한 조건의 중요성을 알지 못했다. 그래서 헌신을 하게 만드는 프랙티스/관습, 종교적 덕을 닦는 훈육, 그리고 도덕적 감수성의 변화를 파악할 필요성이 캔트웰 스미스에게 생겨나지 않았다는 것이다. 아사드에 따르면 종교 공동체의 경계를 나누는 문제는 인식적인 것이 아니라, 무엇보다도 프랙티스/관습에 연관된 것이다. 각기 다르게 계발된 몸의 감각에 뿌리를 둔 움직임, 그리고 그런 몸이 물질적 대상 및 사회적 조건과 서로 관련을 맺으며 특정의 경험을 의미 있게 만들어 가며 이루어진 것[40]이 종교공동체이기 때문이다.

이런 맥락에서 볼 때, 종교 개념을 정의하는 것 역시 특정의 종교공동체에서 비롯된 하나의 프랙티스/관행이라고 볼 수 있다. 정의를 내리는 행위를 함으로써 어떤 것은 포함되는 반면, 다른 것은 배제되는 일이 필연적으로 생기는데, 그 포함과 배제 행위의 바탕에는 특정의 프랙티스 전통이 가로 놓여 있기 때문이다. 여기서 "종교 개념을 운위하면서 포함과 배제의 기제(機制)가 어떻게 작동하는가?" "누가, 어떤 목적으로 이런 기제를 움직이는가?" 그리고 "어떤 역사적 맥락에서 특정의 기제가 두드러지게 되는가?"라는 질문이 중요하게 등장한다.[41] 만일 처음부터 보편적 정의를 상정하고, 그

본질을 제시해 놓는다면 이런 물음은 등장할 수 없게 된다. 그리고 이런 질문을 하지 않는다면, 샴쌍둥이와 같은 세속주의-종교의 근대적 체제 자체를 근본적으로 검토하는 일은 생길 수 없다. 물론 새로운 사회적 경험의 양태, 새로운 소망의 형태를 만들 수 있는 가능성도 열리지 않는다.[42]

아사드는 현재의 종교 개념의 문제점을 철저하게 비판하고 그 안에 내포된 서구 중심적 관점을 드러내고자 노력한다. 여기서 캘리포니아 대학교의 종교학과 교수인 이반 스트렌스키처럼 아사드를 종교 개념의 '폐기론자(eliminationist)'라고 비판하는 관점이 제기될 수 있다.[43] 이반 스트렌스키는 아사드가 캔트웰 스미스처럼 종교 개념의 보편성을 인정하지 않음으로써, 종교 개념을 비교문화적으로 사용될 수 없게 만들면서도, 아사드 자신은 종교 개념을 보편적인 것처럼 사용해 왔다고 그의 비일관성을 지적한다.[44] 하지만 아사드가 종교 개념 자체를 폐기하자고 주장하는 것은 아니다. 이 점은 관용의 개념에 대한 아사드의 태도를 통해 짐작할 수 있다. 아사드는 관용의 아이디어가 자칫 무관심으로 빠져서도 안 되고 무조건 자제하는 것으로 그쳐서도 안 된다고 주장한다. 관용에 대한 현재의 관점은 인간의 상호 의존성과 상호 개입에 바탕을 두고 근본적으로 개조되어야 한다는 것이다.[45] 현재 관용의 개념에 심각한 문제가 있더라도 폐지가 아니라, 새로 고쳐 만드는 방향을 취하는 것이다.

물론 종교 개념이 쓸모없을 뿐만 아니라, 개념적인 혼란과 이데올로기적인 은폐를 자행하기 때문에 폐기해야 한다고 적극적으로 주장하는 학자도 있다. 스코틀랜드 스털링 대학교 종교학과 교수인 티모시 피츠제럴드는 이 점에서 가장 목소리가 크다. 피츠제럴드는 1997년에 발표한 논문[46]에서 '종교와 종교들을 지식의 대상으로 삼고, 종교학을 독자적인 방법론 분야로 여기는 것은 (서구적) 종교의 이미지로 (비서구적) 타자를 재창출하려는 이데올로기적 주장[47]이라고 말하면서, 이데올로기적 구성물로서의 종교 개념과 종교학의 성격을 강조했다. 즉 피츠제럴드는 종교 개념의 문제를 근대 서구의 이데올로기의 한 부분을 이루는 것[48]으로 파악하고, 종교 및 종교들을 지구적으로 비교문화적인 연구 대상으로 만든 것은 서구 제국주의·식민주의·신식민주의라는 더 광범위한 과정의 한 부분이라고 보았다.[49] 결국 그는 종교 개념이 크리스마스 케이크·다례(茶禮)·마르크시즘·인권 등 너무 다양한 것을 포괄하여[50] 애매하고 불분명할 뿐만 아니라, 서구의 이데올로기로 작용한다는 점을 내세우며, 그 개념을 폐지하고 다른 개념으로 대체해야 한다고 주장한다. 피츠제럴드는 인도의 암베드카르 불교운동[51]에 관한 자신의 연구를 바탕으로 그 대체 개념을 제의(ritual), 정치(politics), 구원론(soteriology)이라고 제시하였다.[52] 즉 행위를 표준화하는 제의, 권력의 정당화를 위해 동원되는 여러 수단으로서의 정치, 그리고 삶의 갖은 고통으로부터 벗어나도록 하는 구원론으로 나눈 것이다.

웨스턴캐롤라이나 대학교의 케빈 쉴부라크 교수는 피츠제럴드의 관점을 세 가지의 차원으로 나누어 설명하는데,[53] 피츠제럴드를 이해하는 데 도움이 된다. 첫 번째 차원은 종교 개념이 특정한 사회에서 만들어졌다는 주장이다. 일반화되고 추상화된 종교 개념이 등장한 것은 근대 서구에서뿐이며, 비(非)서구 사회나 근대 이전의 '유럽'에서는 나타나지 않았다는 것이다. 그래서 종교 개념은 보편적인 것이 아니라, 기독교의 역사를 배경으로 한 근대 유럽의 산물일 따름이다.[54] 두 번째 차원은 종교 개념이 단지 사회적 구성물일 뿐 아니라, 문화적으로 편파적이기 때문에 결함이 많다는 것이다. 통시적으로 단일한 본질이 관철되는 것처럼 '허세'를 부린다든지(事物化의 문제), 종교의 영역이 경제와 정치의 영역과 마치 독립되어 있는 것 같은 인상을 주는 것(獨自性의 문제), 그리고 뭔가 사적이고 내면적인 것과 관련된 것처럼 꾸며 내는 것(私事化의 문제)이 종교 개념 안에 함축되어 있기에 종교 개념 을 사용하는 이들을 잘못된 길로 이끈다는 것이다.[55] 세 번째는 그런 결함이 우연히 포함된 것이 아니라 이데올로기적인 목적으로 의도적으로 스며들었 다는 것이다. 종교 개념이 등장하고 확산된 배후에는 근대 서구의 권력 장 치가 도사리고 있어서 비서구를 통제하는 데 이데올로기적 무기로 종교 개 념을 사용하였다는 주장이다. 쉴부라크는 종교 개념이 유럽적 상상력의 소 산이며, 이데올로기적으로 편향되었다는 피츠제럴드의 주장에 동조하면서 도 종교 개념의 폐기가 아니라 문제점을 수정하여 보존하려는 방향을 취한 다. 권력의 진공상태에서 만들어지고 움직이는 개념은 도대체 존재하지 않 으므로, 이데올로기적인 함의가 있다고 해서 죄다 내다 버리자는 것은 너무 안이한 발상이라는 것이다. 중립적인 관점은 존재할 수 없으며 가치판단이 없는 분류 작업은 성립하지 않는 것이 아닌가? 그러니 종교 개념을 없애는 것이 능사가 아니라, 그 그늘을 분명하게 인식하면서 성찰적인 연구 활동을 요청하는 것이 현실적이라는 것이다.[56]

쉴부라크는 피츠제럴드가 종교 개념의 대안으로 제시한 세 가지 개념(제 의, 정치, 구원론)에 대해서도 이의를 제기한다. 피츠제럴드는 자신이 종교 개 념을 해체하고, 가장 기본이 되는 세 가지 요소로 나누어 본 것이라고 주장 하지만, 그 세 가지를 모두 엮어서 말해야 할 경우에 무엇이라고 말해야 하 느냐는 것이다. 쉴부라크는 거의 빈정대며 말한다. 그러면 'ritual'에서 'ri', 'politics'에서 'li' 그리고 'soteriology'에서 'gy'를 따와서 'religy'라고 불러야 할 까? 더욱이 종교 개념에 기독교적 함의가 포함되어 있다고 펄펄 뛰던 피츠 제럴드가 명백하게 기독교 신학적인 용어인 'soteriology'에 대해서는 너그 러운 것이 도대체 앞뒤가 맞는 것이냐고 비판한다.[57] 쉴부라크는 종교 개념 이 분석적으로 쓸모없다는 피츠제럴드의 주장에는 날선 비판으로 유명한 맥커천도 동조하지 않음을 밝히면서, 자신이 사용하는 개념과 관섬에 내포된 편향된 가치를 성찰함으로써 문제 해결의 방향을 잡을 수밖에 없다고 말한다.[58] 게다가 쉴부라크는 결핵이라는 아이디어가 근대 서구적 개념이므로 이집트 파라오 람세스 2세가 결핵에 걸릴 수 없다고 주장한다면 얼마나 우스꽝스럽겠냐고 공격적으로 힐난한다.[59] 어떤 문화에 관련된 개념이 없다고 해서, 그것이 지칭하는 사물이 존재하지 않는다고 주장하는 것은 말이 안 된다는 것이다.[60]

피츠제럴드가 종교 개념의 부적합성을 주장하며 잘게 세분화하여 제의·정치·구원론이라는 세 가지 요소로 나눈 반면, 종교 개념의 국지적 편향성을 주장하며 좀 더 포괄적인 개념으로 종교 개념을 대체하려는 시도도 나타났다. 프랑스 국립과학연구센터 (CNRS, Centre national de la recherche scientifique) 의 다니엘 뒤비송(Daniel Dubuisson)은 그의 책 『종교의 서구적 구성』에서 그런 작업을 펼쳐 보였다.[61] 뒤비송은 종교 개념이 서구의 전형적인 창안물이며, 서구의 가치와 표상계 형상에 핵심적 역할을 하고, '우리'가 세상을 보고 생각하는 방식 전체에 영향을 미친다[62]고 주장한다. 종교 개념에는 너무 깊이 기독교 및 서구 중심적인 관점이 스며들어 있기 때문에 인간이 만들어 낸 구성물 전체를 제대로 이해하기에는 턱없이 역부족이라는 것이다. 그래서 뒤비송은 인류 문화와 상징체계를 모두 아우를 수 있는 포괄적인 개념을 종교 개념 대신 제시한다. 그것이 바로 '우주-그래프적 형성체(cosmographical formation)'이다. 그는 이를 간혹 우주론적 '체계', '생산물' 혹은 '창안물'이라고도 부르며, 인간이 만들어 내고 의미를 부여한 세계 전체를 지칭하는 데 사용한다.[63] 2006년 종교 연구의 전문저널 『릴리지온』은 이 책만을 놓고 특집호를 만들었는데, 여러 논평자의 의견을 들은 다음, 자신의 견해를 밝히는 자리에서 뒤비송은 '우주-그래프적 형성체' 개념이 다음의 사중(四重)적 목표를 지니고 있다고 주장한다.

첫째는 기독교적인 인간학 범주를 벗어나 인간을 연구하는 것이다. 그렇게 되면 덮어놓고 본래 인간이 '종교적'이라는 주장은 할 수 없게 된다. 둘째, 인간이 자신의 세상을 만들어 가면서 나타나게 된 많은(예컨대, '종교적', '상징적', '정치적', '문화적', '우주론적' 등) 구성물을 인간의 존재 조건의 시각에서 표상하기 위한 것이다. 인간으로서 우리는 우리 자신의 세상을 만들어 내기 마련이다. 셋째, 과학적인 논쟁을 벌이면서 빠져드는 속수무책의 형이상학적 문제를 배제하기 위한 것이다. 넷째, 서구 고유의 '종교적' 범주를 지식의 도구로 간주하지 않고, 연구의 대상으로 삼는다는 '건강한' 인식론적 전환을 이루기 위함이다.[64] 뒤비송은 종교 개념 대신 이런 포괄적인 대안을 통해 그동안 부당하게 소홀히 취급되었던 여러 측면, 즉 무신론, 불가지론, 유물론에 대해 좀 더 관심을 기울일 수 있으며, 종교/비종교의 구분에 대한 집착도 완화할 수 있다고 본다.

하지만 그에 대한 평가가 그리 호의적이지만은 않다. 중요한 비판 가운데 하나는 그의 바람대로 과연 그가 서구 중심성을 극복했다고 볼 수 있느냐 하는 것이다. 예컨대 다음과 같은 의문이 제기된다. 즉 경험된 세계와 세계 그 자체의 구분이 중요함을 역설한 칸트는 뒤비송이 존경해 마지않는 사상가인데, 뒤비송이 유럽 계몽주의의 핵심부를 이루는 칸트 프로젝트에 바탕을 두고 주요 이론을 세웠다고 할 수 있다면, 과연 뒤비송이 얼마나 서구 중심주의에서 벗어났다고 할 수 있는가?[65] 분명한 점은 서구 중심적인 관점을 벗어나는 것이 뒤비송의 생각만큼 그리 간단한 문제가 아니라는 것이다.

종교 개념과 관련하여 서구 중심주의를 뒤비송보다 더 근본적으로 분석하고 비판한 학자가 바로 벨기에 겐트(Ghent) 대학교의 발라강가다라(Balagangadhara, S. N.)이다. 그의 관점은 1994년에 간행되었고, 2005년에 증보

된 『'눈이 먼 이교도…': 아시아, 서구, 그리고 릴리지온의 역동성』에 자세하게 제시되어 있다.[66] 그의 문제의식의 중요성 때문에 명망 있는 저널인 『컬처럴 다이내믹스(Cultural Dynamics)』는 전체 지면을 할애하여 이 책에 관해 논의 공간을 제공하였다.[67] 발라강가다라는 한국에 거의 소개되지 않았지만, 그의 문제의식의 중요성을 고려한다면 우리가 집중적으로 논의할 필요가 있다. 여기서는 간단한 스케치를 통해 대체로 그의 주장이 무엇인지 살펴보고자 한다.

발라강가다라(이하, 발루Balu)는 릴리지온(religion)이 문화적인 보편성을 가지고 있다는 '상식'에 집요하게 물음을 제기하면서, 그런 상식이 어떻게 나타나서 유지되고 있는지 분석한다. 발루가 자신의 책에서 관철되고 있다고 주장하는 두 가지 전략도 이 점과 연관이 있다. 첫째는 릴리지온의 보편성에 대한 '상식'이 연구의 결과에서 도출된 것이라기보다는 경험적, 이론적 연구의 선험적 기반을 이루고 있다는 것이다. 둘째는 어떻게 그토록 명민한 서구의 사상가들이 누대(累代)에 걸쳐서 이런 문제를 간과해 버릴 수 있었는지 그 이유를 추적하는 것이다.[68] 그러면서 발루는 릴리지온의 보편성에 대한 잘못된 믿음이 당연하게 여겨진 근거를 드러내고자 한다.

발루는 서구 문화에서 릴리지온을 보편적이라고 믿은 이유가 다른 문화(예컨대 인도 문화)와는 달리 서구에서는 릴리지온이 그 문화의 핵심적 구성 요소이기 때문이라고 본다. 그리고 그런 관점의 배후에는 기독교의 영향력이 강하게 작용하고 있다고 주장하는데, 바로 여기에서 발루 관점의 특징이 드러난다. 이미 많은 학자들이 서구가 만들어 낸 것으로서의 릴리지온 개념에 대해서 적지 않은 언급을 하였다. 하지만 발루처럼 릴리지온 개념에 기독교의 영향력이 강하게 스며들어 있으며, 기독교가 릴리지온의 원형(prototype) 노릇을 한다고 강조한 이는 그리 많지 않다. 그에 따르면 유일신이 인류에게 릴리지온을 하사했다는 주제는 릴리지온이 모든 문화에 존재한다는 것으로 연결되며, 그것도 '하나의' 릴리지온을 하사했다는 것은 모든 릴리지온에 공통점이 있다는 생각으로, 그리고 유일신이 인간에게 자신을 드러낸다는 것은 시공간의 차이에도 불구하고 동일한 릴리지온 경험이 공유된다는 것으로 이어지게 된다.[69]

발루는 기독교의 핵심 성격을 두 가지로 파악한다. 하나는 우주를 설명하는 것이 가능하다고 보고, 이런 설명으로 우리가 우주를 이해할 수 있다고 여기는 것이다. 다른 하나는 세계의 창조와 기원에 대한 주장을 하며, 이런 주장이 절대 진리라고 강조하는 것이다. 따라서 발루가 파악하는 바의 릴리지온 개념은 우주를 이해할 수 있게 해 주는 설명 방식이며(세계 창조에 관한 설명 포함), 그런 설명을 절대 진리라고 간주한다는 점에서 독특한 성격을 지닌다. 여기에서 발루는 릴리지온이 특정 지식을 산출하는 학습 방식이라는 점을 부각시키기 위해 '이론적 지식'이라고 명명한다.

반면 서구와 비교하고자 하는 인도 문화에서 릴리지온을 찾아볼 수 없는 이유로서 발루는 다음의 세 가지를 들고 있다. 첫째, 인도 문화에는 세계의 기원에 관한 설명이 없거나, 설명할 필요를 못 느낀다. 둘째, 간혹 기원에 대한 이야기가 나타나더라도 어느 하나가 독점하는 일은 없다. 어느 것도 절대적 진리의 위치를 차지하지 않는 것이다. 셋째, 인도는 이론적 지식이 아니라, 프랙티스적/수행적 지식 혹은 퍼포먼스적/실천적 학습이 지배적인 문화이다. 이처럼 수행(遂行)적 지식이 지배하는 문화는 반복되는 의례를 통해 지식이 전수되고 학습되는 문화이며, 이론 지식이 지배하는 문화와 커다란 차이가 있다. 인도 사람들이 의례를 수행하는 것은 진위(眞僞)를 가려서 올바르다고 판단했기 때문이 아니라, 앞선 세대에서 이어져 왔기 때문이다. 수행적 지식을 놓고 진위를 가릴 수는 없는 일이다. 발루는 진위를 가리는 일에 집착하고, 신학(神學)과 텍스트를 유별나게 중시히며, 교리와 신념의 측면을 강조하는 성향을 기독교의 이론적 지식 오리엔테이션/교육 방법에 근거를 둔 것으로 본다. 그리고 이처럼 '~에 대해 아는 것'을 지향하는 이론적 지식 성향으로 인해 서구에서의 근대과학 발전도 설명할 수 있다고 생각한다. 우주를 파악할 수 있고 설명할 수 있다고 보는 기본 성향으로 인해 지식을 중심에 놓는 학습 방법이 지배적으로 될 수 있었다는 것이다. 한편 인도의 지배적 학습 방법은 '세계에 대한 지식(knowledge about the world)'을 추구하는 것이 아니라, '세상에서 살아가는 방법(how to go about in the world)'에 관한 것이며, 심지어 '의례에 대한 지식(knowledge about the ritual)'도 추구하지 않는다.[70] 인도에서 학습이란 무엇에 대해 아는 것이 아니라, 움직이는 방법을 배우는 것이다.

서구에서 유일신은 우주에 대한 가지성(可知性)에 바탕을 마련해 주며, 행위하는 주체로 나타난다. 그의 의지에 따라 세계를 창조하며, 자신의 행위에 대한 이유와 동기를 가지고 있다. 서구인들은 유일신을 따라 자신들을 주체(agent, self)로 파악하며, 다른 인간을 자신들과 같은 방식으로 파악하게 된다.[71] 이와 같은 서구 사회의 종교적 세계관은 자신과는 다른 방식으로 이루어지는 지식과 삶의 방식을 제대로 파악할 수 없다. 서구의 관점에서 타자는 '또 다른 자신(another of itself)'에 불과하다. 스스로 보편성을 구현하고 있다고 내세우면서, 그 틀에 벗어나는 이질적인 타자성(alterity)은 결코 허용하지 않는다. 발루는 불교(Buddhism), 힌두교(Hinduism), 유교(Confucianism), 도교(Taoism) 등이 서구의 상상에 의해 만들어졌으며, '서구의 팽창'과 함께 비서구에 확산되었다고 주장한다. 그뿐만 아니라, 그 저변에 기독교의 이미지가 작동하고 있다고 본다. 그리고 그 이미지는 단지 피상적인 닮음의 차원이 아니라, 세상을 보는 보다 근원적인 시야(視野)의 조건을 만들고 있다고 주장한다. 이것이 바로 발루가 "타자는 타자적 종교로 구성되었다."고 말하면서 종교 개념에 대한 문제 제기가 어째서 핵심적인지 강조하는 까닭이기도 하다.[72]

종교 개념과 관련한 발루의 서구 중심주의 비판은 데리다의 관점에서 자양분을 얻어 더욱 확산되어 발전하고 있다. 그 가운데 두드러지는 학자로 아빈드-팔 S. 만다이르(Arvind-Pal S. Mandair)를 꼽을 수 있다. 그의 논지는 『종교와 서구의 유령』에 개진되어 있는데,[73] 만다이르가 집중하는 문제는 종교와 세속 개념의 분리 불가능한 유착 관계이다. 그는 종교-세속 담론의 상호성을 하나의 패러다임으로 파악하고, 그 권력관계를 분석하여 종교-세속 패러다임의 한계를 드러내려고 한다. 만다이르는 'onto-', 'theo-', 'logos'의 세 가지 단어를 합해 만든 'ontotheology'라는 신조어를 제시하면서 그리스 존재론, 중세 스콜라 신학, 그리고 근대 세속적 휴머니즘이라는 서구 전통 내부의 변화에도 불구하고 서구 특유의 공통적 관점이 면면하게 이어져 내려왔다고 주장한다.[74] 그리고 그런 연속성을 망각하게 함으로써 좀 더 효율적으로 작동하게 만드는 주요 기제를 분석하고 설명하는데, 바로 세속적인 것에 스며 있는 종교적인 것과 종교적인 것에 스며 있는 세속적인 것이라는 양자의 상호 침투성이다.

이와 같이 만다이르는 종교와 세속의 긴밀한 연관성과 그 배후에 작용하는 그리스-중세-근대의 사상적 전통을 드러내고, 종교-세속 패러다임의 부분이 아니라 전체를 문제 삼으면서 극복하는 작업이 이루어져야 함을 역설한다. 그리고 이 패러다임의 핵심부에 서구적 정체성의 형성 기제가 작동하고 있음을 밝힌다. 그 장치 안에서 끈질기게 서구와 비(非)서구 사이에 본질적인 차이가 있다는 것을 각인하는 움직임이 이루어지는데, 여기에서 보편적인 범주로서의 종교라는 관점이 중요한 역할을 한다. 그리고 종교 범주의 보편화에는 자크 데리다가 '번역의 신학(theology of translation)'[75]이라고 부른 것이 작동하고 있다고 본다. 이 번역의 개념으로 인해 릴리지온이라는 관점이 핵심적으로 작용하는 곳과 전혀 생소한 곳의 간격이 사라지게 되고, 서로 등치관계로 연결되는 것이다. 만다이르는 이런 번역 가능성에 대한 믿음 때문에 한편으로 기독교의 유일신 개념이 이성(reason) 개념에 연결되고, 그리스-중세-근대 사상의 사고방식이 연속성을 갖게 되며, 다른 한편으로 릴리지온/유일신/신학이라는 주제가 비서구 지역에서도 마치 보편성을 지니는 것처럼 만들어진다[76]고 주장한다.

이와 함께 근대 세속주의는 "비판은 세속적인 것이다."라는 명제를 내세우며, 세속적 서구의 주도권을 계속 장악하고자 한다. 이렇게 볼 때, '릴리지온을 만들어 내는 것(Religion-Making)'은 서구의 비서구에 대한 정체성 만들기, 역사적 차이성의 주장, 세속적 비판, 그리고 문화적 보편성으로서의 종교라는 생각이 서로 작용하여 이루어지는 것이다.[77] 또한 근대 학문 체제 안에 자리 잡은 지적 장치와 (비학문적) 제도적 장치, 즉 '세계종교'의 담론 · 세속주의 담론 · 국민국가 체제 · 식민 체제와 식민성(coloniality)[78] 등은 종교-세속 패러다임을 집요하게 온존시키려는 강고한 권력 의지인 셈이다.

이 틀 안에 머물러 있게 되면 종교-세속-포스트 세속의 구도 이외의 것은 생각하기 힘들게 된다. 이 구도는 근대 서구의 상상계(imaginary) 안에서 움직이며, 인간 의식의 특정한 구조를 만들어 내고, 특정 유형의 비판과 비판적 사고(예컨대 자기 분리로서의 비판, critique as self-separation)를 보편화하면서 이루어진다. 기독교적 구조와 합리적 자기의식, 사고의 근대적 구조는 서로 긴밀하게 연관되어 있는 셈이다. 세속과 포스트-세속을 아무리 주장해도 결국은 기독교적 사유의 틀로 되돌아갈 수밖에 없는 이유가 여기에 있다.[79] 예컨대 '이슬람의 위협'에 대한 서구 지식인과 미디어의 반응은 서구 중심주의의 동어반복 틀이 전개되는 전형적인 사례일 것이다.

만다이르가 자신의 전공인 화공학과 직장을 버리고 이 문제와 씨름한 것은 서구에서 시크교도로 살아가면서 고통스럽게 경험했던 서구의 구조적 편견을 극복하고자 노력했기 때문이다. 그는 편견의 뿌리를 찾는 작업을 수행하였고, 그것이 유지되는 근원적인 기제를 밝히려고 했다. 하지만 그는 종교 개념의 폐기를 주장하지 않는다. 그는 종교-세속 패러다임 혹은 문제 틀의 핵심에 자리하고 있는 아포리아를 인식하고, 그 체제 전체를 문제 삼는 접근이 이루어져야 한다고 여기지만, 그 유산은 이미 수용된 것이기에 그 수용의 역사를 마치 존재하지 않는 것처럼 간주할 수는 없다고 보았다. 따라서 만다이르는 '그 유산(遺産)을 어쩔 수 없이 이어받으면서도 동시에 버려야 하는 작업(abandoning-embracing)'[80]을 수행해야 한다고 주장하는 것이다.

만다이르에게 탈랄 아사드는 뛰어넘어야 할 벽이다. 종교 개념과 종교-세속의 문제 제기에 선구적인 아사드에게 배우는 한편 그를 넘어서야 한다. 그래서 그는 이렇게 주장한다.

"(종교-세속 패러다임) 체제를 극복하기 위해서는 탈랄 아사드에 머물러서는 안 된다. 근대 세속주의가 갖고 있는 모순성, 애매성을 지적하는 곳에서 멈추지 말고, 더 밀고 나가야 한다. 푸코 스타일의 계보학적 비판에서 한 발자국 더 나아가야 한다. 세속주의와 그에 대한 비판이 암암리에 지니고 있는 한계를 넘어서서 다른 대안을 모색해야 한다."[81]

우리는 과연 만다이르의 제안을 그대로 이어받아야 할까? 그리고 여태까지 살펴본 바, 종교와 종교-세속의 체제에 대한 '그들'의 문제의식을 어떻게 평가해야 하나? 바야흐로 우리의 고민이 시작되는 지점이 아닐 수 없다.

III

교(敎)의 패러다임에서
종교(宗敎)의 패러다임으로의
전환과 그 배경

1. 일본에서 '종교' 개념의 의미와 그 성립의 역사
2. 중국에서 '종교' 개념의 의미와 그 성립의 역사

1. 일본에서 '종교' 개념의 의미와 그 성립의 역사

　동아시아 삼국 중에서 종교라는 용어를 가장 먼저 사용한 나라는 일본
이다. 일찍이 이 주제에 관해 단행본을 저술한 스즈키 노리히사(鈴木範久)는
1938년에「譯語, 宗敎の成立」이란 논문을 발표한 아이하라(相原一郎介)의 주
장을 소개하고 있는데, 아이하라는 메이지 2년인 1869년 독일 북부연방과
체결된 조약에서 독일어 'religion'의 번역어로 처음 '종교(宗敎)'라는 용어가
사용되었다고 주장하였다.[1] 그 이전인 1858년 미국과의 수호통상조약에는
religion에 해당되는 번역어가 '종법(宗法)'이었고, 그 후 다른 나라와의 조약
에는 '종지(宗旨)'라는 용어가 사용되었던 것이다. 또한 스즈키는 그리스정교
의 선교사 니콜라이가 1868년에 작성한 〈전도규칙(傳道規則)〉 안에 '종교(宗
敎)'라는 말이 보이지만, 이때에는 그리스정교의 교리를 지칭하는 데 쓰였기
때문에 일반 개념으로 볼 수 없다는 것도 언급하고 있다. 여기서 스즈키는
종교라는 용어 자체가 이 시기에 나타난 것은 아니라는 것을 덧붙인다. 12
세기『벽암록』이나, 7-8세기 법장(法藏)의 텍스트에도 그 용어가 보인다는 것
이다. 물론 그 의미는 근대적인 것과는 전혀 다르다. 언어로 표현되기 어려
운 궁극적인 진리를 '종', 그리고 그것을 사람들에게 가르쳐 주는 것을 '교'로
본 것이다.[2]

스즈키 자신은 종교 개념이 오늘날과 같은 의미로 쓰이게 된 것을 1867년과 1868년의 사이라고 보고, 기존의 아이하라 설보다 1-2년 앞서서 이루어졌다고 주장한다.[3] 스즈키는 그 예로서 1868년에 미국 공사가 외국사무국에 보내는 다음의 문서를 제기하고 있다. "the christian religion is the religion of the country I have the honor to represent…(耶蘇宗吾本國の宗敎…)"[4] 그리고 스즈키는 '종교(宗敎)'라는 용어가 보다 광범위하게 쓰이게 된 것은 메이지 10년대인 1877-1887년 사이이며, 자기의 종교만이 참된 것이 아니라 어떠한 종교도 모두 동질적이라는 관점이 정립되어 종교 일반의 개념이 정착되었다[5]고 주장하고 있다.

일본의 종교 개념 연구에서 전기를 만들었다고 평가받는 이소마에의 『近代日本の宗敎言說とその系譜:宗敎, 國家, 神道』은 2003년에 출판되었는데,[6] 여기서 그는 종교 개념의 정착 과정을 다음의 네 단계로 나누어 설명하고 있다. 첫째는 종교라는 역어(譯語)가 확립되는 시기, 둘째는 종교라는 용어가 서양 문명을 의미하는 것으로 나타나는 시기, 셋째 종교의 의미가 비(非)합리적이고 사적(私的)인 영역에 한정되는 시기, 그리고 넷째는 종교 개념의 정착이 완성되어 종교학이 출현하는 시기[7] 등이 그것이다. 일본에서 종교 개념의 정착 과정이 이소마에의 소론에서 잘 나타나 있다고 보이므로 그의 논지를 따라서 살펴보도록 한다.

이소마에는 스즈키가 언급한 것처럼 릴리지온이라는 서양어가 일본어로 처음 번역된 것이 1858년 미일수호통상조약의 신앙의 자유를 다룬 조항이라고 다시 확인한다. 이때 사용된 용어는 '종교(宗敎)'가 아니라, '종법(宗法)'과 '종지(宗旨)'라는 용어였으며, 신앙의 자유도 개인이 아니라 국가 단위였다는 것을 밝힌다. 여기서 릴리지온에 해당하는 새로운 단어, '종교(宗敎)'의 출현이 서양 여러 나라의 외교문서에서 시작되었으며, 개인이 아니라 국가 단위의 차원에서 의미를 지니는 것이었다는 사실을 파악할 수 있다. 여기서 이소마에가 주장하는 특징적인 점은 종교라는 용어로 통일되기 이전에 두 가지 개념적 계통이 존재했다고 하는 것이다.[8] 하나는 언어가 아니라 관습적인 행위를 가리키는 의미로서, '종지(宗旨)' 혹은 '종문(宗門)'이 나타내는 것이고, 다른 하나는 개념화된 신념 체계를 가리키는 의미로서 '교법(敎法)', '성도(聖道)' 등이 나타내는 것이다. 전자가 보다 광범위한 범위에서 사용된 반면, 후자는 교리와 경전에 해박한 지식인층에서 사용된 용어인 셈이다. 영향력의 측면에서는 전자가 보다 강력한 힘을 가지고 있었다고 볼 수 있다. 하지만 종교라는 용어가 사용되면서 그런 상황은 역전되어, 행위적인 측면보다는 교리적인 측면이 강화된 것이다.[9] 이소마에는 종교라는 용어가 다른 경쟁자를 물리치고, 일본에서 릴리지온의 역어로서 정착한 것을 메이지 10년대로 보는 점에서도 스즈키와 같은 견해이다. 그 예로서 그는 1881년에 간행된 『철학자휘(哲學字彙)』에 종교라는 단어가 게재된 것을 들고 있다. 이소마에는 종교라는 신조어가 신념의 측면을 강조하게 된 것이 릴리지온 개념에 함축되어 있는 개신교의 영향력 때문으로 본다. 메이지 시대 초기에 서양 문화를 접촉하게 된 소수 지식인들이 개신교의 중요성을 인식하였고, 기존의 의례 중심적인 것으로부터 교의(敎義) 중심적인 경향으로 이동했다는 것이다.[10]

일반 신도와 연관되어 있으며, 사회제도 및 관습적 행위 측면과 결부되어 있던 '종지(宗旨)' 혹은 '종문(宗門)' 대신에 교리와 신념 중심의 '종교(宗敎)'라는 용어가 중심적인 자리를 차지하게 된 것이다.

두 번째 단계는 1868년의 신불(神佛)분리령이 가져다 준 효과로서 등장한 것이다. 그동안 혼연일체의 상태였다가 신불분리령으로 나뉘어지게 된 불교와 신도는 각각 새롭게 자신의 정체성을 수립해야 하는 상황에 처하게 되었다. 게다가 메이지 정부의 기독교 묵인 정책으로 불교, 신도, 기독교는 서로를 의식하면서 경쟁 체제에 돌입하게 되었다. 여기서 기독교는 서양 문명을 대변하며 그 상징으로서 간주되었기 때문에, 불교와 신도는 기독교과 대면하여 이중의 과제를 짊어지게 되었다. 즉 한편으로 기독교를 모방하고, 다른 한편으로는 기독교에 대항하여 일본의 집단적 정체성을 수호해야 하는 것이다. 불교가 새로운 정체성을 수립하고자 노력하면서 기존의 의례 중심적 성향에서 벗어나 교리를 체계화하고 철학화 하는 모습을 보인 것은 기독교를 모델로 진행된 것이었다. 그리고 신도가 천황을 중심으로 일본의 국체를 세우는 데 전력을 다한 것은 기독교에 대항할 만한 일본의 체제 이데올로기를 만들려는 노력이었다.

한편 이소마에는 메이지 10년대에서 20년대에 걸쳐 일어난 일련의 정교분리 정책, 즉 1877년의 교부성 폐지, 1884년의 교도직 폐지 등으로 정교일치를 꾀한 교부성 정책이 붕괴하고 정교분리가 일본에서 확립되는 것과 함께, 종교적인 것과 윤리적인 것의 분리가 일어났다고 주장한다.[11] 종교는 현세적인 윤리와는 달리 내세적이고, 초월적인 차원을 다루는 것이므로 현세 비판적인 성격을 지닐 필요가 없다는 것이다. 이는 기독교의 현실 비판적인 성향을 견제하려는 의도가 개입되어 있다. 따라서 정교분리를 주장한다고 해서 말 그대로 정치와 종교의 분리를 주장하는 것이 아닌 셈이다. 왜냐하면 종교가 윤리와 구분되지만, 전체적인 국민 통합에 기여해야 한다고 주장되기 때문이다. 만약 기여하는 바가 없거나 유해하다고 간주되면 그것은 이미 종교로서의 자격을 박탈당하고, 미신으로 전락해 버리게 되는 것이다.

세 번째 단계는 서양 문명과 일체화된 종교 개념이 서서히 변화하기 시작하여 과학과 종교가 대립하고, 국가와 종교가 대립하게 되는 상황에 처하게 된다. 과학과 종교의 대립은 일본에 진화론이 도입되면서 불거졌는데, 진화론 논쟁을 통해 기독교가 서양 문명을 대변하는 것이 아니라는 점이 부각되면서, 서양적 합리성에 적합한 기독교와 계시만을 강조하는 복음주의 기독교의 양자택일이 요청되게 되었다.

국가와 종교의 대립은 1891년 1월 우치무라 간조(內村鑑三, 1861-1930)의 이른바 '불경(不敬) 사건'으로 부각되었는데, 우치무라가 〈교육칙어(敎育勅語)〉 봉독식이 거행될 때, 허리를 숙여 존경심을 표시하지 않고 서 있던 것이 커다란 사회 문제로 비화된 것이다. 이는 1889년의 〈대일본제국헌법〉과 1890년의 〈교육칙어〉 반포로 천황제의 권위를 공고히 하려는 때에 우치무라의 행위를 천황에 대한 불경으로 몰아간 것이다. 우치무라가 당시 유명한 개신교인이었다는 점에서 종교가 국가의 권위에 도전한 것으로 받아들인 것이다. 〈제국헌법〉 제28조에는 "일본 신민은 안녕 질서를 해치지 않고, 신민(臣民)이 지켜야 할 의무를 저버리지 않는 한도 안에서 신교의 자유를 갖는다."고 규정되어 있으므로, 종교인의 천황제와 국가권력 비판은 도저히 용납될 수 없다는 것이었다. 이에 대해 이소마에는 다음과 같이 정리하고 있다.

> 메이지 10년대 후반부터 20년대에 걸쳐, 종교는 한편으로 과학, 다른 한편으로 국가와의 대립 축에 놓여 있었다. 그래서 국가와 과학이 결부된 공적 영역이 합리적인 것으로 형성되어, 그것을 체현하는 도덕은 도쿄제국대학 등에서 윤리학이나 국문학 등의 근대 서양 학문에 의해 '국민성(國民性)'이라는 형태로서 천명(闡明)되어 갔다. 반면 종교는 그로부터 떨어져 나와서 사적(私的)이고, 비(非)과학적인 영역에 위치하게 되었다.[12]

이와 같이 종교를 사적인 영역에 위치시키면서 천황제와 밀접하게 연관이 있는 신사(神社)를 종교가 아니라고 하는 '신사 비(非)종교론'이 나타나게 되었고, 불교와 기독교 등의 '종교'와 분명하게 구별을 짓기 위해 '신도'(神道)라는 용어가 부각되었다. 그 이전에 많이 사용되던 것이 신교(神教)라는 용어였고, 불도(佛道) 혹은 불법(佛法)이라는 용어였지만 이제는 신도(神道)와 불교(佛教)라는 용어로써 각각 종교를 넘어서 있는 것과 종교인 것을 구분하여 차등화한 것이다. 일본 국민이 의무적으로 지켜야 할 공공 도덕과 천황제에 대한 복종은 종교가 아닌 것인 반면, 개인적으로 신사에 가서 참배하는 것은 종교라고 구분하여 예컨대 국가신도(國家神道)와 신사신도(神社神道)의 구분이 이루어지게 되는 것이다.

이렇게 볼 때, 국가신도는 근대 천황제 체제의 이데올로기적 기반으로서 성립되었다고 할 수 있다. 여기서 흥미로운 점은 국가신도의 수립 의지가 메이지 정부가 기독교의 통합력을 높이 평가하면서 마련되었다는 점이다. 기독교가 지닌 힘을 서구 열강의 세력 기반 가운데 하나로서 파악하고, 이를 모방하고자 한 것이다. 일본도 기독교에 대항할 수 있는 강력한 정신적 기반을 가져야 한다고 생각했고, 바로 신도가 천황제를 뒷받침할 수 있는 힘을 가지고 있다고 보았다. 전통적으로 서로 구분 없이 결합되어 있던 신도와 불교를 분리시킨 1868년의 신불(神佛)분리 정책과 그를 이은 배불훼석(排佛毀釋) 운동은 신도 국교(國教)화의 맥락에서 일어난 것이다. 하지만 여전히 강력한 세력을 가지고 있던 불교의 무시하지 못할 저항, 그리고 국민교화 운동에 불교의 협조가 필요한 점, 또한 정부의 조치가 신교 자유와 정교 분리 원칙을 침해한다는 강력한 비난 때문에 노골적인 신도 국교화 작업은 불가능하게 되었다. 여기서 메이지 정부가 마련한 해결책이 신도를 국가신도와 교파(教派)신도로 나누는 것이었다. 이를 위해 제사와 종교의 영역을 분리시키고자 하였으며, 국가신도는 국가의 제사만을 다루는 것으로 일반 종교와는 전적으로 구별된다는 논리를 바탕으로 하였다. 반면 교파신도는 종교의 영역에 속한 것으로 간주되었다. 국가신도는 '비(非)종교' 혹은 '초(超)종교'이므로 신교의 자유나 정교분리의 원칙에도 적용받을 필요가 없다는 주장이었다. 그래서 일본 정부는 황실과 국가의 제사를 담당하는 국가신도를 천황제 이데올로기의 핵심적 장치로서 기능하도록 하면서도 일본 제국헌법의 신교자유 및 정교분리 조항과도 양립될 수 있다고 주장하였다. 하지만 앞에서 언급했듯이, 제국헌법에서 신교의 자유는 사회의 '안녕 질서를 해치지 않고, 신민(臣民)이 지켜야 할 의무를 저버리지 않는 한도'안에서 보장되는 것이었다. 일본에서 '종교' 개념을 둘러싼 논의는 바로 이런 맥락 속에서 이루어진 것이었다.

네 번째 단계는 종교에 대한 이런 담론을 바탕으로 종교학에 대한 논의가 나타난 것이다. 일본에서 종교는 공적 도덕과는 다른 사적 개인에 속한 것으로 간주되었기 때문에 개인의 종교 의식(意識)에 강조를 두었다. 종교는 모든 인간에게 나타나는 보편적인 것으로 파악되었기 때문에 종교의 차이에 관계없이 모든 종교에 내재된 공통점이 있다고 보았다. 이와 같이 인간 본유의 보편적 차원을 전제하고, 그 바탕 위에서 종교를 서로 비교 연구하는 비교종교학이 등장하였는데, 서로 다른 종교를 비교하여 유사점과 차이점을 드러내고자 한 것이다. 이런 비교종교학은 한편으로 당시 유행하던 진화론의 영향으로, 동일한 진화 단계를 상정하고, 시간의 척도 위에 인간의 여러 종교를 발달 단계별로 위치시켰으며, 다른 한편으로는 전파에 의한 종교 전개 과정을 추구하는 경향도 만들어 냈다.

이처럼 종교학은 특정 종교 집단에 소속되어 발언하는 것이 아니라, 객관성을 무기로 하면서 인간의 전체적 맥락에서 보편적인 종교 의식(意識)에 관해 발언하였다. 또한 국가권력에 대해서 종교의 강력한 영향력을 내세우면서 국민 통합의 중요한 기반임을 강조하여 국가의 제도적 학문 체계에서 종교학의 필요성을 주장하였다. 일본에서 종교학이 제도권에 자리 잡은 것은 1898년 도쿄제국대학에서 종교학개론이 설치되면서 이루어졌다. 일본 종교학의 아버지라고 일컬어지는 아네자키 마사하루(姉崎正治, 1873-1949)가 1900년 『종교학개론』을 발행하면서 종교학은 학문적인 기반을 마련하였고, 사회적인 영향력도 점차 확대되어 갔다.

1945년 패전과 함께 국가신도 체제가 붕괴되자 일본에서 신교의 자유는 이전의 제한에서 벗어나 기본적 인권으로서의 지위를 누리게 되었다. 최대한의 신교 자유와 엄격한 정교분리가 새로운 헌법의 기본적 원칙으로 확보되었다는 것은 일본에서 종교 영역이 서구와 같은 방식으로 배치되게 되었음을 나타낸다. 그러나 천황제가 계속 유지되고, 어느 정도 과거 국가신도 체제에 대한 향수가 남아 있는 한, 일본에서 종교 영역에 대한 논의는 끊이지 않을 것으로 보인다.

2. 중국에서 '종교' 개념의 의미와 그 성립의 역사

중국의 경우에도 19세기 말까지 릴리지온에 해당되는 개념을 지니지 못하다가, 서구화의 진전과 일본을 통한 근대적 지식의 유입에 따라서 '종교'로서 개념 정착이 이루어졌다. 그 과정을 19세기 중반의 청나라 상황부터 간략하게 살펴보는 것이 필요하다. 왜냐하면 이 과정 속에서 '종교' 개념이 등장하게 되는 맥락이 드러나기 때문이다.

청나라가 서양의 군사기술 도입의 필요성을 느끼게 된 것은 엄청난 규모로 중국 사회를 혼란으로 이끈 태평천국의 난(1851-1864)과 제2차 아편전쟁(1856-1860)을 계기로 서양 병기의 우수함을 부인할 수 없게 되었기 때문이었다. 청의 양무운동은 군사기술을 중심으로 서양의 기계와 기술의 도입을 추진했다. 그러나 청일전쟁(1894-1895)에서 패배하자, 청은 정치적 · 세계관적 인식에 심각한 혼란을 경험하게 되었다. 양무운동의 단계에서 청은 서양 군사기술의 우수성을 인정하면서도, 정치제도와 도덕 질서에서는 자신이 우월함을 의심치 않았다. 그러나 이제 청보다 먼저 서양 제도를 본받은 일본에 패배한 후, 청은 양무운동의 사고방식을 근본적으로 재검토할 수밖에 없게 되었다.

역사상 이제야 처음으로 중국은 자기 자신에 뭔가 결핍되어 있는 것이 있다는 인식을 하게 된 것이다. 그래서 서양과 비교해서 자신에게 무엇이 문제인지 파악하려는 시도가 분주하게 일어났다. 자신을 하나의 덩어리로 하고, 서양을 또 다른 덩어리로 단위 지으면서 양자 간의 차이성이 무엇인지, 왜 어느 쪽이 우월한지에 대해 무수한 평가가 나타나기 시작하였다. 당시에 나타난 두 덩어리 사이의 평가 중에서 가장 두드러지게 영향력이 있었던 것은 진화론에 입각한 평가였다. 두 덩어리를 평가할 수 있는 신빙성 있는 기준으로 당시 가장 설득력을 지녔던 사회진화론적 관점이 채택된 것이다.

사회진화론은 사회가 생물유기체처럼 진화의 법칙대로 움직인다고 주장한다. 진화의 법칙은 보편적이기 때문에 중국과 서양 모두에 적용될 수 있다고 간주되었다. 진화론에 따르면 진화의 궤도를 달리는 것은 동일하지만 앞서고 뒤서는 선후의 차이가 있을 뿐이다. 따라서 사회진화론은 중국과 서양이라는 두 덩어리를 한편으로 인류 진화라는 공통의 기반으로 묶으면서, 다른 한편으로 두 덩어리 사이의 우열을 가르는 방식이라고 할 수 있다. 이제 서양은 한때 그랬듯이 비(非)서양을 '비인간'으로 파악하지 않는다. 하지만 같은 인간이되 진화론적 시간대에서 서양은 비서양보다 저 멀리 앞서 있다. 비서양은 서양을 향해 열심히 쫓아올 것이다. 그러면 서양과 같아질 수 있다. 그러나 서양은 또 저 만큼 앞에 달아나 있다. 언제나 비서양은 서양이

지나간 길을 따라갈 수밖에 없다. 서양은 따라야 할 모델이고 지켜야 할 규범이 된다.

사회진화론을 중국에 널리 알리는 데 기여한 옌푸(嚴復, 1854-1921)는 중국과 서양이 어떻게 다른지 무수한 이분법으로 비교 설명하였다. 그리고 두 덩어리의 근본 차이가 결국 자유에 대한 상이한 태도에서 기인한다고 보았다. 중국은 개인이 자유롭게 능력 발휘하는 것을 억제했기 때문에 사회진화의 에너지가 생겨나지 않았다는 것이다. 과거 진화 단계에서는 앞섰던 중국이 이제는 서양에 뒤처지게 되었으므로, 빨리 개인 능력을 자유롭게 발휘할 수 있도록 하여 서양을 따라가야 한다는 것이 옌푸의 주장이었다.

캉유웨이(康有爲, 1858-1927)의 영향 아래 있던 초기의 량치차오(梁啓超, 1873-1929)는 중국이 뒤처지게 된 주요 이유가 공자의 가르침을 제대로 따르지 않았기 때문이라고 생각했다. 하지만 량치차오는 곧 그 입장을 버리고, 진화의 원동력이 바로 경쟁이라는 사회진화론의 관점을 취하였다. 그 관점은 경쟁을 통해 우수한 것이 이기고 열등한 것이 패배하면서 진화가 일어난다는 것이었다. 그리고 진화는 보편적이고 단선적인 과정으로 전개된다고 여겼다. 경쟁은 사회유기체 사이와 사회유기체 내부 모두에서 일어나며, 진화 단계를 높이는 데 기여한다. 중국은 하루바삐 서양을 본받아야 한다. 그렇지 않으면 우승열패의 원리가 적용되어 생존경쟁에서 도태되기 때문이다.

옌푸와 량치차오 모두 보편적이고 단선적인 사회진화 과정을 상정한 다음, 뒤처져 있는 중국이 앞서 있는 서양을 따라가야 한다고 주장하였다. 중국의 입장에서 볼 때 서양은 도달해야 할 목표였다. 문명과 야만은 바로 진화의 트랙에서 앞섬과 뒤처짐을 나타내는 중심 개념이었다. 문명은 진화의 노선 위에서 최첨단을 달리고 있는 단계로서 이미 서양이 달성해 놓은 것이었다. 이제 할 일은 뒤처져 있는 야만과 반(半)야만이 서양의 제도와 사상을 내재화하며 문명을 향해 매진하는 것이다.

장빙린(章炳麟, 1868-1936)은 옌푸와 량치차오와는 매우 다른 사상을 보여준다. 옌푸와 량치차오가 사회진화론의 틀을 수용하면서 자신들의 입장을 전개했던 반면, 장빙린은 사회진화론의 기존 틀을 그대로 받아들이지는 않는다. 대신 그가 내세우고 있는 것은 '구분진화론(俱分進化論)'이라는 쌍방적 진화론이다. 즉 사회진화가 한 방향에서 다른 방향으로만 진행하는 일방적인 것이 아니라, 병행적 혹은 쌍방적으로 진행한다는 것이다. 예컨대 선(善)이 진화해 간다면 반드시 선에 대립적인 악(惡)도 따라 진화한다. 만약 어느 한 방향만을 절대적 선의 방향이라고 주장하며 사람들을 몰고 간다면, 다른 방향에 대한 선택을 억압하는 것이 된다. 이런 장빙린의 관점에 따르면, 전 인류가 가야 할 길을 제시하고 있는 사회진화론은 매우 폭력적으로 서양의 가치 기준을 다른 지역의 사람들에게 부과하는 것이다. 이는 문명의 보편성을 빙자하여 개별적 집단의 고유 가치를 침해하는 것으로 '개(個)의 억압'에 이르게 된다. 여기에서 장빙린이 강조하는 것은 바로 문화이다. 각 민족 고유의 개별적인 가치로서의 문화는 문명의 단일 기준에 맞서 다양성을 강조한다. 장빙린의 혁명론은 만주족을 타도하고 한족의 문화를 다시 세우려는 주장이다. 이와 함께 그것은 문명이라는 이름으로 서양의 문화가 한족 문화의 주체성을 파괴하지 못하도록 저항하는 것이다. 보편적이고 단일한 문명에 비해 그의 문화는 개별적이고 상대적이다.

이처럼 청나라가 19세기 후반에 처한 상황에 대해 당시 사상가들은 다양한 처방을 내놓고 서로 각축을 벌였다. 하지만 그들의 공통된 문제는 다음과 같았다. 뒤처진 중국이 부국강병의 서양을 따라잡기 위해서는 어떻게 해야 하는가? 서양을 모방할 때, 어떤 것부터 우선적으로 해야 하는가? 그 모방 과정에서 어떤 위험성이 있는가? 캉유웨이(康有爲)와 그의 영향력 아래에 있던 초기의 량치차오(梁啓超)는 서양의 기독교와 같은 종교의 구심점이 필요하다고 생각하여 유교를 중시하였다. 반면 옌푸(嚴復)와 후기의 량치차오는 서구 문명이 더 이상 종교에 의존하지 않고 있음을 파악하고 탈종교적인 대안을 제시하였다. 그리고 장빙린(章炳麟)은 서구의 모방이 가져올 수 있는 위험성을 간파하고, 한족 문화의 주체성을 확립하는 것이 무엇보다 중요하다는 점을 강조하였다.

여기에서 캉유웨이가 중국에서 종교 개념이 정착하는 데 중요한 역할을 담당하였다는 것을 지적하고 싶다. 왜냐하면 캉유웨이는 중국에서 서양의 기독교가 했던 역할을 유교가 하도록 만들기 위해 온갖 노력을 다하면서 자신도 모르는 사이에 서구적 종교 개념의 정착을 위한 정지(整地) 작업을 하였기 때문이다. 캉유웨이는 1898년 광서제의 후원 아래 유교를 국교로 만들고, 정부 조직, 과거제도, 교육제도를 개혁하여 군사력과 경제력을 강화시키고자 한 무술변법(戊戌變法)을 추진한다. 바로 '변법자강책(變法自疆策)'으로 일컬어지기도 하고, 짧은 기간 동안 지속되었기 때문에 100일 변법이라고도 하는 개혁 조치가 그것이다. 하지만 위안스카이(袁世凱)의 배반과 서태후(1835-1908)를 중심으로 한 수구파의 강력한 저항으로 광서제(光緖帝)가 유폐되면서 실패로 돌아갔다. 서태후가 권력을 잡으면서, 캉유웨이가 건의했던 개혁 조치는 거의 모두 폐지되었다. 하지만 그 가운데 이후에도 계속 추진된 것이 있었으니, 바로 '훼묘변학'(毀廟辨學) 혹은 '묘산흥학'(廟産興學)이라고 불린 개혁안이다. 캉유웨이의 '묘산흥학'이 이후의 중국 종교 지형에 끼친 영향은 나중에 논의하기로 하고, 우선 그 이전에 서구적 종교 개념이 중국인에게 얼마나 생소한 것이었는지를 무술변법이 일어나기 바로 몇 년 전에 일어났던 상황을 통해 살펴보고자 한다. 그것은 바로 1893년에 미국 시카고에서 개최되었던 세계종교회의(World's Parliament of Religions)에서 일어난 일이다.

1893년의 세계종교회의는 1893년 5월부터 10월까지 시카고에서 개최된 콜럼비아 세계박람회의 일환으로 개최되었는데, 이 박람회는 크리스토퍼 콜럼버스가 아메리카 신대륙을 이른바 '발견'한 400주년을 기념하기 위해 마련된 것이었다. 1893년 9월에 열린 세계종교회의에서 10개국의 종교 대표자가 자신의 종교에 관해 강연하였는데, 중국을 대표하는 팽광예(彭光譽)가 중국 종교에 관해 연설하였다. 그 내용은 'Chinese religion'라는 제목으로 영문으로 된 텍스트에서 살펴볼 수 있고, 총리아문이 1896년 황제에게 제출한 〈설교〉라는 중국어 텍스트에서도 찾아볼 수 있다. 그 주요 내용을 분석한 쑨장(孫江)에 따르면 당시 팽광예는 세계종교회의를 기독교 종파 가운데 하나인 네스토리우스파(Nestorianism), 즉 경교(景敎)의 관점에서 파악하고 있었다. 그 회의를 기독교의 여러 종파가 모여서 논의하는 곳이라고 보았다는 것이다. 팽광예는 '릴리지온'을 '얼리리징(爾釐利景)'으로 음역하였는데, 거기에 '경(景)'이라는 글자가 포함되어 있는 것도 그와 관계가 있다는 것이다.[13] 팽광예는 명나라 말엽에 유럽인들이 교(敎)라는 글자를 종교의 의미로 사용하였으나, 이는 잘못된 것이라고 주장한다. 왜냐하면 교는 가르침을 의미하기 때문이다. 그에 따르면 서양어 '릴리지온'에 적합한 중국어는 '빌다'와 '기원하다'는 뜻의 '축(祝)'이다. 그리고 '릴리지온'에 관한 담론은 중국에서 '참위지학(讖緯之學)'에 대응될 것이라고 한다.[14]

쑨장은 중국에서 서구적인 의미의 종교적 의미가 처음 사용된 것은 옌푸(嚴復)가 애덤 스미스의 『국부론』을 『원부(原富)』라는 제목으로 번역하면서 '루리리징(魯黎禮整)'으로 옮겼을 때라고 주장한다. 이때가 바로 1901-1902년인데, 그 의미는 바로 신(神) 및 영혼과 관련되며, 신도를 규율하는 예절 및 계율과도 연관되었다는 것이다. 캉유웨이의 '리리진(釐利盡)'도 비슷한 맥락을 지니며, '이익을 제거한다'는 의미가 부가되었다.

'종교'라는 단어는 1908년에 주요한 사전에 등장하면서 중국에 정착하였다. 근대 중국 종교의 전문가 빈센트 구새어트(Vincent Goossaert)도 1901년에 전통적인 교(敎)의 개념과는 다른 서구적 종교 개념, 즉 신념과 의례의 구조화된 체계, 독점적 진리 주장, 사회와 분리된 성격, 교회와 같은 배타적 신도(信徒) 조직 등이 함축된 의미가 중국에 나타나기 시작했다고 본다. 바로 기독교의 모델에 근거한 종교 개념이 나타난 것이다.[15]

구새어트는 캉유웨이가 무술변법을 실시하면서 채택했던 '묘산흥학' 정책이 지닌 중요성을 강조하면서 1898년이 획기적인 성격을 갖고 있다고 주장한다.[16] '묘산흥학'은 중국이 부국강병을 이루기 위해서는 교육을 강화해야 하므로 지방의 불교 사찰과 민간신앙의 공간을 접수하여 학교로 만들자는 것이었다. 1898년 무술변법이 실패로 돌아가고, 유교를 바탕으로 한 국교화 움직임이 좌절된 후에도 '묘산흥학'의 정책은 지속되었다. 이후에는 유교 국교화가 아니라, 비(非)종교적인 관점에서 전통을 재발명하는 방안이 부각되었는데, '묘산흥학'이 근대적 교육의 강화 방침으로 연결된 것이다.

1911년 신해혁명이 일어난 후에는 과학·민족주의·근대화라는 명분이 강조되었고, 민족국가와 민주주의 그리고 과학의 가치에 부합하는 종교와 그렇지 못한 것의 구분이 중시되었다. 그것이 바로 종교와 미신(迷信, superstition)의 구분이다. 이 구분은 근대적인 성격을 지닌 것으로, 전통 시대의 정통과 이단의 구분과는 성격이 전혀 다르다. 종교는 민족국가 수립에 긍정적 역할을 하고, 도덕적 가치와 과학적 기준 그리고 통합적 기능을 하는 것으로 그런 기능을 할 수 없는 미신과는 근본적으로 차이가 있다고 보았다. 그래서 무엇보다도 종교와 미신을 준별하는 것이 중요하게 부각되었다. 국가는 미신을 진정한 종교 또는 진짜 종교와 엄격히 구별해서, 진정한 종교에는 종교의 자유를 부여하고, 미신은 척결하는 것이 의무라고 간주되었다. 1912년부터 종교와 미신을 구별하기 위한 기준이 만들어져서, 그 기준에 따라 어떤 의례는 허용하고, 다른 의례는 금지하며, 어떤 사원은 보호하지만 다른 것은 파괴하였다. 이런 조건 아래에서 당시 어느 정도 사회적 기득권을 지니고 있던 5개의 세력 집단, 즉 가톨릭·개신교·이슬람·불교·도교는 어느 정도 자체를 정비하며 미신이라는 비난으로부터 벗어날 수 있었다. 예컨대 불교와 도교는 1900년도 초기부터 서구의 종교 개념을 도입하여 경전에 바탕을 둔 교리·보편적 구원·독립된 조직체·신도 소속의 명문화·자선사업 등을 펼쳐 나갔다. 그러나 지방의 전통적 신앙 공동체는 속수무책이었으므로, 미신으로 간주되어 배척받을 수밖에 없었다. 대대손손 믿어 왔던 대부분의 중국인 신앙이 미신으로 간주되어 박해를 받게 되었던 것이다. 미신 척결 정책은 1927년부터 국민당 정부가 시작하였고, 1928년 11월에 보다 공세적으로 전개되었는데, 공산당도 이를 이어받았다. 그 결과 종교와 미신의 대립 구도는 중국인의 마음속에 깊이 내면화하여, 전통적 신앙조직에 속한 이들도 자신의 신앙을 일컬어 "내가 믿는 것은 종교가 아니라, 미신이다."라고 자인할 정도에 이르게 되었다.

1960년대의 타이완과 홍콩, 그리고 1980년대의 대륙에서 이런 신앙을 미신의 범주에서 민중종교 혹은 민간신앙으로 구출하는 움직임이 나타날 때까지 이런 내면화 과정은 국가의 탄압 정책 속에서 계속되었다.

IV

종교로서의 정체성

1. 한국에서 종교 개념의 정착 과정

한국에서 종교라는 용어가 처음 나타난 것은 1883년 11월 10일 자《한성순보》이다. 그 이전에 기독교·도교·유교·불교·유태교·회교 등이 언급되기는 했지만 이를 총칭하는 범주로서의 종교라는 개념은 사용되지 않았다. 종교라는 보편 개념이 사용되기 시작하면서, 여러 가지 다른 외양에도 불구하고, 공통된 성격을 지닌 신앙의 존재가 당연하게 여겨지게 되었다. 간혹 종교 개념에 대응하는 이전의 개념으로 '교(敎)', '도(道)', '학(學)' 등을 거론하며 개념적 연속성을 주장하는 경우도 있지만, 종교 개념의 작동방식은 전통적인 '교(敎)', '도(道)', '학(學)' 등의 개념군의 방식과는 전혀 다르게 전개되었다. 종교 개념 안에는 당시 재편(再編)되고 있던 동아시아 질서의 맥락이 담겨져 있기 때문이다. 새로운 질서의 재편에 대한 관점은 결코 단일하지 않았으므로, 종교 개념도 복합적인 의미를 지니게 되었다.

그 복합성을 이해하기 위해 당시 시대적인 요청이라고 간주된 두 가지의 핵심적 노력을 기준으로 하여 살피는 것이 필요하다. 하나는 서구의 부국강병을 모방하기 위해 제시된 '문명화의 달성' 노력이고, 다른 하나는 위기에 처해 동요하고 있는 '집단 정체성의 유지'를 위한 노력이다. 당시 지향했던 것은 이 두 가지 기준을 양립시키는 것이었지만, 두 방향이 서로 상반되게 전개될 수도 있기 때문에 복합적인 경우가 나타나게 된다.

　두 축을 기준으로 하여, 각각의 경우 종교에 대한 네 가지 서로 다른 담론을 유형화할 수 있다. 첫째는 '종교'가 문명화의 방향과 양립할 수는 있지만, '집단 정체성의 유지'와는 관련이 없다는 것이다. 여기서 종교가 지닌 문명화와의 연관성은 적극적인 것이 아니다. 종교가 자신의 영역에 머무르면서 제 몫을 하는 경우에만, 문명화의 방향과 양립할 수 있게 된다는 것이다. 이 관점은 인간 본성에 종교적 차원이 있음을 인정하면서, 종교의 영역은 바로 개인의 내면에 있다고 주장한다. 따라서 종교가 공적 차원의 문제에 개입하지 않고 개인의 정신적·영적 문제에 국한하여 활동하는 한, 종교의 자유는 무제한으로 허용된다. 정교분리와 신교의 자유란 원칙이 주장되는 것은 바로 이런 맥락 속에서 이루어진다.

　둘째는 종교가 문명화의 방향과는 어긋난다고 보고 종교의 쓸모없음을 주장하는 관점이다. 이 관점에 따르면, 문명화의 방향을 선도하는 것은 종교가 아니라, 과학적 합리성의 발달이다. 이는 계몽주의-실증주의로 이어지는 반(反)종교적 관점으로, 종교와 과학의 대립·세속화로 인한 종교 소멸의 불가피성을 주장한다. 집단 정체성의 측면에 대해서는 종교의 기여가 있음을 인정하는 쪽과 그렇지 않음을 주장하는 쪽으로 나누어진다. 존속하고 있는 동안 종교가 계급과 같은 집단 정체성의 형성과 유지에 기여한다고 보는 쪽도 허위의식 혹은 이데올로기의 기능이라고 하여 주로 부정적으로 보는 경향이 있다.

　셋째는 '종교'가 문명화의 방향과 동시에 집단 정체성의 유지를 이끌어 나갈 수 있다는 주장이다. 대표적인 것은 서구 부강의 기반이 종교개혁 때부터 마련되었다는 것을 내세우며 개신교가 서구 문명의 뿌리라는 것을 강조하는 관점이다. 개신교를 국교로 삼는다면, 문명화와 집단 정체성 유지라는 두 가지 문제를 한꺼번에 해결할 수 있다는 주장이다. 19세기 말과 20세기 초의 한국에서 문명의 상징으로서 개신교를 보는 관점은 널리 확산되었으며, 한국에서 개신교가 세계 선교사상 유례없는 성공을 거둔 것도 일정 부분 이런 관점의 확산과 관련이 있다.

넷째는 문명화보다는 집단 정체성 유지의 측면에 중요성을 부여하면서 '종교'의 흥망성쇠와 집단 정체성의 존속을 직결시키려는 입장이다. 집단 정체성 유지에 '종교'의 통합력이 결정적인 몫을 한다는 것이다. 이 관점은 나라마다 종교가 있어야 국민을 제대로 통치할 수 있다고 본다. 당시 다른 나라와의 생존경쟁이 필수적이라고 여기고 있던 상황에서 종교가 국민정신을 단합시키는 데 반드시 요청되는 것이라고 본 것이다. 유교를 국교로 삼아 서양 세력에 대항하려는 것이 대표적인 경우이다.

첫 번째의 입장은 현재 서구의 지배적 체제 원리의 하나로서 작동되고 있는 관점으로, 종교를 사적 영역에 배당하여 정치가 이루어지는 공적 영역과 충돌을 일으키지 않도록 하려고 노력한다. 두 번째 관점은 종교에 대한 1930년대의 사회주의자·공산주의자의 주장, 그리고 1960-1970년대 근대화론자의 주장에서 그 전형을 찾아볼 수 있다. 이런 반종교적인 관점은 종교 진영으로 하여금 심각한 도전을 받고 있다는 위기의식을 불러일으켜서, 교리적·조직적인 측면에서 자체 정비를 하게 만드는 역할을 한다. 세 번째와 네 번째 입장은 나라마다 종교가 있어야 국민을 제대로 통치할 수 있다는 관점이다. 차이가 생기는 것은 서구 모델의 문명화 방향에 대한 태도 때문이다. 이 관점은 집단 정체성의 위기상황에서는 영향력이 있다. 하지만 정교분리론이 헤게모니를 장악하게 되면, 주변적인 위치에 머무를 수밖에 없는 처지가 된다.

현재 한국에서는 네 번째 관점을 제외하고 나머지 세 가지의 종교 개념이 자리 잡고 있다. 이 가운데 공식적으로 지배적인 것은 첫 번째 관점이다. 반종교적인 관점은 소수 지식인 집단을 중심으로 존속하고 있으나, 전반적으로 크게 두드러지지는 않는다. 반면 세 번째인 개신교 국교화의 관점은 남한 개신교 특유의 반공주의와 결합되어 암암리에 번성하고 있다. 이런 점은 정교분리를 주장하면서도 개신교계가 선거 때에 정치 세력화하는 경우가 많다는 것에서 확인할 수 있다. 일본의 종교 개념이 천황제 유지와 밀접하게 연관되어 전개되어 왔다면, 한국의 종교 개념은 개신교 세력의 강력한 정치력 영향력과 적지 않게 관련되어 있다고 할 수 있다. 예컨대 "유교가 종교인가?"의 물음이 끊임없이 제기된다는 점이나, 이단과 정통 여부에 관한 논의가 일반 매스컴에서 이루어진다는 것은 암묵적으로 아무 의심 없이 개신교를 종교의 모델로 간주하고 있음을 보여준다.

현재 우리가 종교 개념을 통해 떠올리는 것은 종교라는 총칭 아래 포섭되어 있는 여러 가지 종교이다. 기독교·유대교·이슬람·불교·힌두교·도교, 그리고 유교가 바로 그것이다. 종교 개념 안에는 암암리에 개신교를 모델로 삼는 기준이 있으므로 이 기준에 잘 맞지 않는 유교는 언제나 종교 개념에 소속될 수 있는지가 논란이 된다. 개신교를 중심으로 동심원적인 인접 관계로 볼 때, 가톨릭이 그 옆에 있고, 유대교는 기독교의 모태이므로 빠질 수 없다. 또한 기독교와 많은 전통을 공유하지만 강력한 라이벌인 이슬람이 있다. 다음에는 이런 유일신론적 종교와 교리적·교단적인 차원에서 필적할 수 있는 불교가 자리 잡으며, 힌두교는 불교의 모태이고 인도인의 종교라는 자격으로 포함된다. 불교가 종교 범주에 포함되는 한, 불교와 쌍벽을 이루고 중국 전통을 이어 온 유교와 도교가 빠질 수 없다. 그리고 중국 종교를 다루었으므로, 서양인에게 중국과 더불어 동양 정신을 대변한다고 여겨지는 일본의 신도가 포함된다.

바로 위와 같은 종교들이 이른바 '세계종교'라는 명칭 아래 소속되어 있다. 민족종교라는 범주는 '세계종교'에 포함되지 않은 종교 가운데 특수한 민족 집단에 국한된 종교로서 아직 보편성을 지니지 못하고 있다는 의미가 함축되어 있다. 한편 민간에서 신봉되고 있는 종교는 무정형의 민속종교라는 명칭이 준비되어 있다. 한마디로 종교의 분류가 신자 집단 권력이 얼마나 강력하냐에 따라 이루어지고 있는 셈이다. 따라서 세력의 판도가 변하면 종교 분류의 기준도 바뀌게 마련이다. 종교와 권력의 밀접한 관계를 보여주는 좋은 예이다. 개신교가 종교의 모델로 간주된 것도 개신교 세력의 강성함 때문이므로, 같은 경우라고 할 수 있다. 따라서 우리가 종교라는 말을 듣고 이른바 '세계종교'에 속한 여러 종교들을 떠올린다면, 우리는 개신교 중심의 종교 개념이 헤게모니를 잡고 있는 상황 속에 있는 것이다. 기존 종교 개념의 틀에 사로잡혀 있으면, 그 틀을 벗어나는 새로운 변화를 알아채기 힘들다. 이럴 경우, 종교가 다른 인간 활동 영역과 연관되는 측면을 지칭하는 데 사용되어 온 '종교적'이라는 형용사는 유용한 역할을 할 수 있다. 기존의 개념 틀에 얽매이지 않으면서 새롭게 전개되는 변화의 양상을 '종교적'이라는 범주 안에 포섭하여 살필 수 있기 때문이다. 그래서 '종교적'이란 범주는 종교 개념의 기존 영역을 확장하면서도, 그것을 변형시킬 수 있는 잠재력을 지니고 있다.[1]

동아시아에서 종교 개념은 대개 19세기 말 20세기 초에 새롭게 형성되었으며, 한국·일본·중국은 대체적으로 서구 근대성과의 대면이라는 비슷한 맥락을 지니고 있었다. 그러나 당시 비슷한 맥락을 지니고 있었다 하더라도 서구의 충격에 대처하는 방식은 한·중·일 삼국이 저마다 다를 수밖에 없었다. 이어져 온 역사적 전통과 동아시아 삼국 사이에 놓여 있는 서로의 위치가 달랐기 때문이다. 따라서 동일한 개념을 비슷한 시기에 삼국이 사용하게 되었다고 해서 각 개념이 함축하고 있는 의미의 미묘한 차이성을 간과해 버릴 수 없다. 여기에 동아시아 삼국 사이의 주요 개념을 추적하여, 그 상호 관계와 차별성을 밝힐 필요성이 있는 것이다.

우리의 종교 개념에는 다른 주요 개념에서처럼 서구의 근대성과 대면한 이래의 고단한 역사적 과정이 함축되어 있다. 종교 개념의 의미가 단일하고 고정된 것이 아니라는 사실은, 그 개념이 여러 가지 역사적 단계에 걸쳐 복합적인 인식론적·도덕적 문제에 결부되어 왔다는 점을 암시한다. 그 기나긴 과정을 거쳐 종교 개념은 이제 우리의 일상사에서 뺄 수 없는 말이 되었다. 개념사의 연구가 필요한 것은 그 개념의 자연스러움과 당연함에 문제를 제기하기 때문이다.

2. 한국에서 종교 개념 연구사

한국에서 종교 개념에 대해 문제를 제기한 최초의 연구는 장석만의 1992년도 박사 학위 논문인 「개항기 한국 사회의 '종교' 개념 형성에 관한 연구」[2]이다. 장석만은 이 논문이 "우리가 현재 사용하고 있는 종교라는 개념이 선험적인 성격을 띤 것으로 파악되어서는 안 된다는 점에서 출발한다."라고 주장하면서, "그 개념은 특정한 역사적 조건 아래에서 성립된 것이기 때문"이라고 밝힌다.[3] 이 논문의 특징은 종교 개념의 등장을 서구 근대성의 수용이라는 맥락에서 파악하고, 종교 개념이 어떤 방식으로 사용되는가를 살펴서 네 가지 유형으로 나눈 것으로 각각 이신론적 종교 개념·반종교 개념, 인민교화적 종교 개념·문명기호적 종교 개념으로 지칭하였다.[4] 이어서 이런 네 가지 종교 개념의 부침(浮沈) 및 그에 뿌리를 두면서 확산을 도모하는 파생 담론의 윤곽도 다루고 있다.[5]

이 논문에 대한 비편은 다음과 같다. 첫째, 종교 개념의 형성을 1905-1910년에 발행된 문헌 자료에 지나치게 의존하고 있다는 것이다. 둘째, 종교 개념을 중심으로 전개되는 종교 담론을 유형화하는 작업에 치중함으로써 종교 개념과 한국 사회적 맥락 사이의 역동적 연관성에 관한 분석이 소홀하게 취급되었다는 점이다. 셋째, 서구 근대성의 수용이라는 측면과 종교 개념의 형성이라는 점이 서로 유기적으로 연결되지 못하고 따로따로 언급되는 듯한 인상을 주고 있다는 점이다. 넷째, 종교 개념 형성 이전에 전통 사회에서 통용되고 있던 개념과의 관계가 다루어지지 못했다는 점이다.

김종서는 「개화기 사회문화 변동과 종교인식」[6] 및 「한국 종교의 개념과 동아시아의 종교경험」이라는 논문[7]에서 종교 개념에 대한 몇 가지 관점을 제시하고 있다. 그는 우선 '종교'라는 용어가 서양어 'religion'의 번역어이지만, 양자는 동일하지 않음을 지적한다. 'religion'이 유대-기독교적 배경을 가진 것이지만, '종교'라는 용어는 동아시아에서 처음부터 기독교 중심적 배경 없이 여러 종교전통들을 포괄하면서 사용되기 시작하였다는 것이다.[8] 둘째는 그의 논지 가운데 핵심적인 것으로, 전(前)근대사회에서는 종교가 정치·교육·의료 등과 미분화된 상태였으나, 근대사회에 접어들면서 분화되어 종교 고유의 영역이 나타나게 되었다는 것이다. 김종서는 이 과정을 "비본질적이고 불순한 내용이 떨어져 나가고 심층적 순수화가 이루어지는" 것으로 본다. 또한 "사회제도적 차원보다는 오직 개인적인 진리, 구원적 관심 위주로 바뀌는" 것으로 파악한다.[9] 셋째는 한국 종교의 개념 변화는 서구적 'religion' 개념의 변화와 상관이 없는 것이어서, 서구적 시각으로서는 이해할 수 없는 요소가 너무 많다[10]고 주장하면서 한국 종교 개념의 독특성을 강조하는 것이다.

그에 대해 제기될 수 있는 비판은 다음과 같다. 첫째, 그는 '종교'라는 용어가 서양어 'religion'의 번역어임을 말하면서 그 개념적 차이성을 강조하는 경향을 보이는데, 그 차이에 대한 설명이 지나치게 단순하다는 것이다. 유대-기독교적 배경을 지닌 'religion'과 기독교 중심적 배경 없는 '종교'라는 구도는 너무나 피상적이어서 별로 쓸모가 없다. 그뿐만 아니라, 더 큰 문제는 '종교'라는 개념에 내포되어 있는 기독교적 함축을 간과하고 있는 것이다. 이런 상황에서 '종교' 개념의 독특함을 내세우면서 서구적 시각으로는 이해하기 힘들다고 주장하는 것은 스스로 자신을 막다른 골목에 가두는 모습이 된다. 둘째, 김종서는 종교 영역의 드러남을 미분화에서 분화의 도식으로 설명하고 있다. 이럴 경우, 종교는 항상 존재하고 있다는 전제를 상정해야 한다. 단지 섞여 있어서 그 순수함이 가려져 있을 뿐이라고 보는 것이다. 그는 당연하다는 듯이 종교는 불순한 상태에서 순수한 상태, 표층적인 것에서 심층적인 것으로 바뀌어 간다고 본다. 사실 이러한 주장은 자신의 선입견을 마치 본질인양 투사한 것이기 때문에 지나치게 나이브하다는 비판을 면하기 어렵다. 이에 관해서는 길게 말할 필요가 없을 정도이다.

김종서의 논문과 대조적인 것이 심형준의 석사 학위 논문, 「종교 개념의 적용과 해석에 대한 연구: 삼교, 유교, 무속을 중심으로」이다.[11] 심형준은 '교(敎)'와 '종교(宗敎)'를 일치시키는 우리의 습관적인 사고방식을 문제 삼는다. 그가 다루는 주제는 전근대 시대의 '삼교(三敎)'와 근대적인 '종교' 개념을 서로 비교하는 것이다. 그는 이를 동서양의 종교 문화에 대한 이해 방식의 차이를 보여주는 것으로서 이해한다. 여기서 그의 문제 제기는 중요한 의미가 있다. 종교 개념에 대한 무(無) 역사적이고, 본질적인 접근에서 벗어나 종교 개념의 문제가 던지는 역사적 맥락과 씨름할 자세를 갖추었기 때문이다.

조현범이 제기하는 문제도 흥미롭다. 그는 「선교와 번역: 한불자전과 19세기 조선의 종교용어들」이라는 논문[12]에서 종교에 관련된 여러 용어에 관심을 기울이는 것이 지니는 중요성을 언급하고 있다. 서구 근대성의 수용이 유일무이한 대안이 아니라, 다양한 가능성 가운데 하나라고 봐야 한다면 그 것이 마치 유일무이한 것처럼 간주되어 온 과정을 문제 삼고 연구를 할 필요가 생긴다는 것이다. 이때 효과적으로 제시되는 것이 용어들의 변천사이다. 용어들이 새롭게 생성되고 변화하면서, 대세(大勢)의 흐름을 만들어 나가고, 다른 갈래의 흐름은 배제시키는 과정이 중요한 문제로 부각될 수밖에 없다는 것이다.[13] 조현범은 이런 관점에서 본격적으로 서구 근대성이 수용되기 이전에 조선에 나타났던 종교적 용어를 분석하고 있다.

한편 조규훈은 「한국 사회 법의 영역에서 형성된 종교 개념: 지구적 관점의 적용」이라는 논문[14]에서 종교 개념에 대한 연구에 두 가지의 새로운 강조점을 제시한다. 하나는 하나의 국가 단위가 아니라, 지구적인 차원에서 종교 개념의 등장과 확산의 과정을 파악하는 것이다. 다른 하나는 법의 영역에서 진행된 종교 개념의 공고화 과정을 부각하는 것이다. 조규훈은 지구화와 법의 영역을 연결시키면서, 종교와 법이 서로 연관되는 한국의 구체적인 현상을 분석한다.[15] 그의 관점은 한국에서 종교 개념 연구를 보다 풍부하게 해 주었다는 점에서 긍정적 평가를 받을 만하다.

3. 교와 종교의 차이성

그동안 학계는 '종교(宗教)'의 전통이 지배적으로 되기 이전의 '교(教)'의 전통과 '종교(宗教)'의 전통이 얼마나 다른지에 관해 별로 관심을 기울이지 않았다. 이럴 경우, 단지 현재에 통용되는 '종교(宗教)'의 관점에서 그 이전의 상황을 해석하면서 '교(教)'와 '종교(宗教)'의 두 가지 개념 사이에 다른 점이 없다고 간주하게 된다. 이와 같은 관점은 '교(教)'와 '종교(宗教)'의 유사성을 표면적으로 파악해버렸기 때문에 생겨난 것이다. '교(敎)'가 '가르침'이라면, '종교(宗敎)'는 '으뜸이 되는 가르침' 혹은 '핵심적인 가르침' 정도로 이해한 것이다. 하지만 '교(敎)'와 '종교(宗敎)'의 개념은 매우 다른 의미적·역사적 맥락을 가지고 있어서 패러다임의 용어를 빌려 다음과 같이 그 차이성을 거론할 필요가 있다.

첫째, '종교'의 개념 틀은 '교(敎)'의 개념 틀이 지녔던 것과 같은 포괄성을 가지고 있지 않다. '교(敎)'의 개념 틀에는 모든 가르침이 포함될 수 있다. 예컨대 유교(儒敎)·불교(佛敎)·도교(道敎)·회교(回敎) 등 뿐만 아니라, 백련교(白蓮敎)·오두미교(五斗米敎)도 포함되었으며, 심지어 '사교(邪敎)'도 그 범주 안에서 거론될 수 있다. 반면에 종교의 개념 틀은 배타적이어서, '종교(宗敎)'와 '비종교(非宗敎)'를 가르는 분명한 구분선이 존재한다. 유사종교(類似宗敎), 사이비종교(似而非宗敎)라는 용어가 출현하는 것은 이런 맥락에서다. 그리고 미신(迷信)이라는 용어도 이런 개념군에 속한 것으로 서로 밀접한 연관성을 갖는다. 따라서 '교(敎)'의 개념 틀에서의 유교(儒敎)·불교(佛敎)·도교(道敎)의 관계와 '종교(宗敎)'의 개념 틀에서의 유교·불교·도교 관계를 동일한 것으로 파악한다면, 중요한 점을 간과하게 된다. 예컨대 근대적인 종교 개념과 그에 수반된 미신 개념이 정착하게 되면서 이전의 유교와 불교의 관계에 변화가 생기게 되었다는 점을 파악하지 못하게 된다. 교(敎) 상호 간의 갈등이 근대에 들어와 종교와 사이비종교 혹은 미신과의 대립으로 대체되어 버리는 것이다.

둘째, 교의 개념이 긍정적인 가치와 부정적인 가치 모두를 지니고 있는 반면, 종교의 개념은 긍정적인 가치만을 갖는다. 종교에 포함되지 않는 부정적인 가치는 사이비종교에 배당된다. 여태까지 종교에 포함이 되었던 것도 사회적인 역기능이나 부작용이 나타나면, 종교의 자격을 잃고 사이비종교로 전락한다. 따라서 현재에도 사용되는 사교(邪敎)라는 용어는 종교의 영역에 포함되지 않는다. 비사회적, 반인륜적 혹은 '반인간적'인 성격은 종교에 존재할 수 없는 성격으로 간주하는 것이다. '컬트(cult)'라는 용어도 특정 현상이나 집단을 종교에 포함시키지 않기 위해 만든 것이다.

셋째, 그리 배타적이지 않은 교(敎)의 정통에도 정통과 이단의 구분은 존재하지만, 그 구분선은 그리 엄격하지 않다. 그리고 정통의 집단은 이른바 이단의 집단을 교화하여 정통의 노선에 복귀시키는 것을 우선적인 의무로 간주했다. 따라서 국가의 법적 절차에 맡기는 것보다는 인심의 교화를 강조하였다. 반면에 종교의 전통은 사이비종교의 활동을 국가의 경찰력과 법률체계에 의해 통제한다. '교(敎)'와 '비교(非敎)' 즉 정도(正道)와 좌도(左道)의 구분이 그리 엄격하지 않고 유동적인 반면, 종교와 비종교의 구분은 엄격하고 분명하다. 국가의 법적 통치와 직접 연결되기 때문이다.

넷째, 종교와 비(非)종교의 구분은 종교의 영역 안에서뿐만 아니라, 보다 넓은 영역에까지 확대되어 적용된다. 즉 비종교의 공간이 세속의 영역으로 지칭되는 것이다. 종교와 세속의 영역은 동시에 출현하는 것으로 서로가 서로를 요청하는 짝패와 같다. 그리고 세속의 영역에서 구현되는 것은 근대의 합리성이라고 간주된다. 정치와 종교의 분리라는 주장은 각각 세속과 종교의 영역의 격리를 강조하는 관점이다. 하지만 교의 전통에서는 이와 같은 영역의 분리와 격리는 나타날 필요가 없다.

다섯째, 종교의 전통에서는 엄격하고 고정적인 종교 · 세속 · 미신의 3분법이 유지되며, 세속의 계몽 활동에 의한 미신의 제거가 기본 방향으로 제시된다. 과학은 바로 세속 영역의 나침반 역할을 하는 것이다. 세속과 종교는 미신의 제거를 위해 협력하는 관계로 설정된다. 종교는 끊임없이 세속으로부터 미신의 출처를 마련해 준다는 혐의를 받게 되는데, 특히 세계종교로 간주되지 못한 경우가 그렇다. 따라서 국가 주도의 계몽적인 교육이 일반인을 대상으로 이루어지며, 신자의 교육은 국가기관이 아닌 종교기관이 맡아 진행한다. 반면 교의 전통에서 교육이 이루어질 경우, 이런 구분이 나타나지 않는다.

위에서 언급된 내용은 종교의 보편성을 전제하면서 시작하는 우리의 익숙한 습관이 중단될 경우, 맨 처음 등장할 수 있는 질문이 무엇인지를 보여주고 있다. 그것은 이른바 '서양의 충격' 및 그에 대해 동아시아 사회가 대처하는 맥락에서 릴리지온이 종교 개념으로 전화되어 나타났는데, 그 이전의 상황을 과연 우리가 어떻게 정리할 것인가의 물음과 연결되어 있다. 이 문제의식 속에서 전통적 '교(敎)'의 의미망을 살피는 작업이 등장하는 것은 거의 필연적이다. 또한 유불도(儒佛道) 혹은 유불선(儒佛仙)의 삼교(三敎)에 관한 관점이 어떻게 만들어졌는지를 논의하고, 이런 것과 '종교'의 틀이 어떻게 차이를 보이는지 분석하는 작업도 반드시 요청되는 것이다. 릴리지온의 영향권에서 만들어진 '종교'의 틀이 일본·중국과 비슷한 시기에 등장하여 정착해 나갔다는 것을 알아채는 것은 그리 어려운 일이 아니기 때문에 이런 연구의 필요성이 제기되더라도 별로 이상하다고 할 수 없다. 한국에서 민족국가 수립의 과제 및 일제 치하에서 식민주의와의 길항 관계 속에서 '종교'의 문제 틀이 어떻게 작용하였으며, 결국 우리가 당연하다고 여기는 상식으로 자리 잡게 된 과정과 의미를 살피는 작업이 필요한 것이다.

현재 헤게모니를 장악한 '종교'의 틀에 의거하여 과거의 자료를 손쉽게 대입해 버리는 대신, 그 틀 자체를 묻기 시작할 때 무슨 일이 벌어지는가를 흥미롭게 지켜보는 것이 바로 우리의 연구 자세이다.

V

세속 개념의
연구 동향 검토

1. 세속의 연구에서 탈랄 아사드의 중요성

세속주의(secularism)에 대한 이야기가 최근에 적지 않게 들리고 있다. 특히 2010년 12월 북아프리카 튀니지에서 시작된 집단 시위가 알제리·요르단·이집트·예멘으로 퍼져 나가서 이른바 '아랍의 봄'이라는 일련의 사태로 전개되면서 세속주의 논의가 무성해졌다. 하지만 세속주의 담론이 나타난 지는 꽤 오래되었다. 세속주의의 성립은 유럽의 근대성 및 근대적 민족국가의 성립과 밀접하게 연관되어 있기 때문이다. 세속주의 담론에 유럽의 근대 역사가 함축되어 있다는 점을 인정하지 않는 학자는 없다. 다만 그들 대부분이 근대성과 마찬가지로 세속주의도 비유럽 사회에 별 무리 없이 적용될 수 있다고 간주하고 있을 뿐이다. 그러나 세속주의 담론이 성립하려면 먼저 세속이라는 개념이 작동되고 있어야 한다. 그리고 인식론적 범주로서의 세속과 정치적 교리로서의 세속주의를 구별하는 것이 필요하다. 이런 점을 주장하면서 세속주의에 관한 논의의 방향을 바꾸는 데 적지 않은 기여를 한 학자가 바로 탈랄 아사드(Talal Asad, 1932-)이다.

기존 논의는 세속과 종교 영역의 구별을 그대로 전제하고, 두 영역 사이의 관계를 조정하는 성격을 지니고 있었다. 이 가운데 세속주의의 적자(嫡子) 노선은 세속적 이성의 권위 아래 종교를 복속시키려는 것이다. 그러나 양자의 관계를 보다 세련되게 살피려는 관점도 나타났다. 예컨대 세속주의 담론에서 폭넓은 영향력을 지니고 있는 위르겐 하버마스(Jürgen Habermas)와 찰스 테일러(Charles Taylor)가 그런 주장을 펼치는 이들이다.

하버마스는 세속에 의한 종교의 일방적 복속이 아니라, 양자 사이의 상호학습을 주장하였다. 그러나 하버마스는 종교가 세속 영역에 기여하기 위해서는 종교에 내재된 위험한 요소가 중화(中和)되고 번역되어야 함을 강조하였다.[1] 찰스 테일러도 세속주의야말로 종교에 대한 다양한 관점이 서로 조정되는 기회를 제공해준다고 보며, 종교언어는 세속 영역에서 이해될 수 없는 부분이 있기 때문에 중립적인 공적 언어의 매개가 반드시 필요하다고 주장하였다.[2]

아사드가 보기에 하버마스와 테일러는 세속과 종교 영역을 본질적으로 고정화하고 있다는 점에서 세속주의의 적자(嫡子) 노선과 별반 다름이 없다. 그들이 세련된 논리를 구사하지만 세속-종교의 기본 틀을 당연하게 간주하는 점에서는 동일하다는 것이다. 아사드가 제시하는 방향은 기존의 논의가 생산되는 기반 자체를 근본적으로 검토하는 것으로, 어떤 조건 아래에서 세속-종교에 관한 논의가 이루어지고 있는가를 살피는 것이다. 이런 문제의식을 갖게 되면 세속과 종교의 영역을 더 이상 본질적인 것인 양 생각할 수 없게 되기 때문에, 그 두 영역이 등장해서 전개되는 역사적 과정에 대해 묻게된다. 이렇게 되면 세속의 영역을 종교의 통제력으로부터 해방된 공간으로 간주하면서 종교가 세속 영역을 오염시키는 것으로 보던 그동안의 관점은 더 이상 지속할 수 없게 된다. 그런 관점은 세속주의라는 교리 체계의 한 부분을 이루고 있으므로 쳇바퀴 안의 다람쥐처럼 정해진 코스를 벗어나지 않는 처지에 있다고 할 수 있다. 아사드는 우리의 생각과 느낌을 좌우하는 이런 쳇바퀴에서 벗어나기 위해 세속이라는 개념의 등장과 그 전개 과정을 묻고 있는 것이다. 이에 관해 아사드는 다음과 같이 주장한다.

> 특히 나의 관심을 끄는 것은 세속과 종교라는 범주를 만들어 내고자 하는 시
> 도이다. 그 범주를 통해 근대적 삶의 출현이 요청되며, 그 범주의 적절성을
> 판단해야 한다고 비(非)근대적 사람들에게 초대장을 보내는 것이다. 근대국
> 가와 근대화 도상의 국가에서 세속적인 것과 종교적인 것의 표상은 사람들
> 의 아이덴티티를 매개하고, 그들의 감수성을 만들며, 그들의 경험을 보장해
> 주기 때문이다.[3]

근대성의 이야기에서 정치와 종교의 분리, 세속화의 이야기는 핵심적인 위치를 차지하고 있다. 세속화의 이야기는 종교와 초자연의 위력이 쇠퇴하고 과학적 이성의 득세를 당연시한다. 초자연에서 자연으로, 저세상에서 이 세상으로 중심 이동이 이루어진다고 주장하면서 세상을 해석하는 세속주의가 자리 잡게 된 것이다. 여기서 세속화의 과정은 합리화의 직선적 전개 과정과 서로 일치한다고 여긴다. 하지만 목적론적으로 근대를 보는 이런 식의 관점에 반발하면서, 사회적 삶의 형태와 개념적 범주의 포괄적인 변화에 주목하는 새로운 시각이 등장한다. 새로운 개념적 구분과 새로운 대안, 새로운 선택 가능성의 중요성이 부각되는 것이다. 이런 시각의 변화와 더불어 세속-종교를 보는 자세도 바뀌게 된 것이고, 이런 관점의 변화를 잘 보여주는 학자로서 아사드가 꼽히고 있는 것이다.

아사드의 문제의식은 세속주의의 틀 및 세속화 이야기를 당연하게 전제하지 말고 그 틀 자체를 전면적으로 재검토하자는 것이고, 이를 위해 세속-종교의 개념이 어떻게 등장해서 유지되어 왔는가를 살피자는 것이다. 세속과 종교는 서로 그림자처럼 하나의 개념 쌍으로 움직이므로, 제각각 따로

살필 수는 없는 것이다.

2. 종교-세속 구분에 관한 논쟁

아사드로 대변되는 이런 연구 경향의 변화는 동아시아 연구에도 영향을
미치게 되어, 1990년대부터 연구 성과가 나타나게 되었다. 논쟁의 출발점을
마련해 준 마이클 파이(Michael Pye)의 논점을 우선 검토한 다음, 2003-2004년
에 걸쳐 두 차례씩 서로 논쟁을 교환한 티모시 피츠제럴드(Timothy Fitzgerald)
와 이안 리더(Ian Reader)의 주장을 소개하고, 그에 대한 비판을 정리하고자 한
다.

마이클 파이는 1990년 로마에서 열린 국제종교학회 모임에서 동아시아의
종교 개념에 대해 다음과 같은 주장을 하였다. 즉 그는 추상적이고 일반적
인 종교 개념 없이는 다양한 종교의 의미 · 기능 · 성질에 관해 생각할 수 없
다고 하면서, 그런 일반 개념이 유럽에서만 발생하여 발전해 왔다고 생각할
필요는 없다고 한다.[4] 파이가 비판의 표적으로 삼은 것은 '릴리지온' 개념이
구미(歐美)의 역사적 맥락에서 나타났음을 주장하며 그 개념을 비(非)유럽적
사회에 적용시키는 것에 문제를 제기하는 학자들이었다. 그들에게 맞서서
파이는 서구의 '릴리지온'과 동아시아의 '종교(宗教)'가 별 어려움 없이 서로
대응 혹은 일치될 수 있다고 주장한 것이다. 파이가 논거로 제시한 것은 두
가지인데, 하나는《삼교론(三教論)》에 나타난 명(明)나라 태조(太祖, 1328-1398)의
관점이고, 다른 하나는 18세기 일본의 사상가 도미나가 나카모토(富永仲基,
1715-1746)의 관점이다.[5]

파이에 따르면 명나라 태조 홍무제(洪武帝) 주원장(朱元璋)은 유불도(儒佛道)
가 각각 공자 · 석가 · 노자의 가르침을 따르는 이들이라고 보고, 이름은 다

르지만 그 밑바탕에는 공통점이 있음을 주장하였다. 주원장이 삼교(三敎)가 구별되어 있음을 알았으며, 나라의 통치를 위해 정치적으로 삼교의 공통점을 상정하였다는 것에서 파이는 종교 개념의 특수성과 추상적 일반성의 한 사례를 본 것이다. 도미나가의 경우에 삼교는 유불도가 아니라, 신유불(神儒佛)이다. 파이가 도미나가의 저술에서 강조하는 것은 각 교(敎)를 역사적인 검토 대상으로 삼는 객관적 태도이고, 삼교뿐만 아니라 다른 모든 전통까지 교로서 동등하게 바라보는 시각이다. 삼교의 공통점이 선(善)을 권면하는 데 있다면 굳이 삼교로만 제한할 필요가 없다는 것이다. 왜냐하면 다른 '외도(外道)'도 선을 행하라고 말하기 때문이다. 파이는 도미나가의 『슈쓰조코고(出定後語)』(명상에서 나온 후의 말)에 나오는 '니슈쿄(二宗敎)'라는 말을 지적하며, "여기서 슈쿄를 릴리지온으로 번역하는 이외에 도대체 다른 방법이 있을 수 있는가?" 하고 묻는다. 파이는 서구의 릴리지온에 해당되는 종교 개념이 동아시아에 이미 존재하였으며, 서구의 릴리지온 개념이 도입되기 이전에도 종교 개념을 통해 역사적이고 체계적인 성찰이 이루어졌음을 보여주고자 한 것이다. 파이는 서구의 영향이 없이도 적어도 18세기 전반에는 동아시아에서 다음 두 가지 점이 존재하였음을 도저히 반박할 수 없다고 주장한다. 하나는 서구의 릴리지온에 해당되는 개념, 그리고 다른 하나는 객관적이고 체계적인 종교 연구의 태도이다.[6]

2003-2004년에 걸쳐 피츠제럴드와 리더 사이에 벌어진 논쟁은 리더를 포함한 다른 일본 연구자들이 종교 개념과 종교-세속 구분의 이데올로기적 성격을 제대로 인식하지 못하고 있다고 피츠제럴드가 비판하면서 촉발되었다. 피츠제럴드는 이들 저술가들이 종교를 인간성의 본질과 인간 경험의 보편적인 측면을 나타내 주는 것으로 당연하게 받아들이고 있다고 지적하면서 이런 태도를 맹렬하게 비판한다.[7] 종교는 유럽의 역사적 맥락에서 등장

한 이데올로기적 산물임에도 그들이 이를 간과하면서 아무 데나 무분별하게 적용시키고 있다는 것이다. 특히 피츠제럴드는 윈스턴 데이비스(Winston Davis), 바이런 에어하트(H. Byron Earhart), 닐 맥팔랜드(Neill McFarland) 등 유명한 일본 연구자들이 이런 경향을 띠고 있다고 지적하는데, 그 가운데 주로 이안 리더의 논점을 대상으로 비판하고 있다.

리더가 일본인·일본 사회·일본 문화 곳곳에서 종교적 주제를 찾아내기에 매우 분주하다고 지적한 피츠제럴드는 리더가 종교 개념에 내재되어 있는 이데올로기를 인식하지 못한 채, 종교가 보편적 현상이라는 걸 믿어 의심치 않는다고 주장한다. 종교를 물화(物化)시켜서 마치 실체적인 본질을 지니고 있는 것처럼 여기는 저술가들이 많지만, 리더의 경우에는 그런 이데올로기를 상업화하여 널리 퍼뜨리고 있기에 더욱 문제라는 것이다. 피츠제럴드가 보기에 리더는 서구 이데올로기의 운반자일 뿐만 아니라, 그 이데올로기 담론을 재생산하는 데 기여하고 있다. 일본인이 인식하지 못하는 것까지 리더 자신은 알고 있다고 자부하면서 말이다. 이는 "일본인들은 스스로 종교적 행위를 하면서도 자신이 종교적이지 않다고 말한다."고 언급한 리더를 비판한 것이다. 리더는 무엇이 종교인지 일본인은 모르더라도 본인은 알고 있다고 주장한다. 다른 현상과 구별되는 것으로서의 종교를 리더 자신은 판별할 수 있다는 것이다. 하지만 피츠제럴드는 리더의 주장에서 모순점을 지적한다. 다른 쪽에서 리더는 일본 사회 혹은 일본 문화에 종교가 깊이 얽혀 스며들어 있어서 떼어 내기 힘들다고 주장하고 있기 때문이다. 피츠제럴드가 보기에 리더는 한편으로 종교 영역이 따로 분리되기 어렵다는 것을 말하고, 다른 한편으로는 자신이 분리해 낸 종교 영역을 마치 객관적인 것처럼 간주하며 다른 이들에게 받아들이라고 강요하고 있다.[8] 종교 영역을 분리해 낼 수 있다고 생각하게 되면 그 나머지 영역에 대한 생각도 자연스럽게 따라오게 된다. 그것이 바로 세속의 영역이다. 이렇듯 종교-세속의 구분은 밀접하게 연관되어 있다. 하나가 다른 하나를 서로 규정하고 있는 것이다. 종교의 개입 없이 독립적으로 존재하는 것이 세속 영역이 되며, 그 틀 안에서 새로운 주체 형성과 감수성의 등장, 그리고 새로운 제도가 만들어진다고 여기는 것이다.[9] 피츠제럴드는 리더를 비롯한 일본 연구자들이 이런 이데올로기와 그 기제(機制)를 인식하지 못한 채 그 톱니바퀴 역할을 한다고 보고 있기에 비판하고 있는 것이다.

피츠제럴드의 비판에 대한 리더의 반박은, 2004년 3월 같은 저널에 게재되었다.[10] 종교 범주가 서구의 창안물이며, 메이지 시대 이전의 일본에는 종교-비종교, 종교-세속의 구분이 없었고, 일본 문화에는 이런 범주가 있을 자리가 없다는 피츠제럴드의 주장에 대해 리더는 완전 오류라고 반박한다.[11] 그리고 종교보다는 '리추얼(ritual)' 개념이 더 적당하다는 피츠제럴드에 대해 리더는 '리추얼'은 서구 개념이 아니냐고 설득력 있게 힐난한다. 피츠제럴드는 서구 제국(諸國)이 종교-세속의 구분을 문명이라고 하며 일본에 부과하였다고 했는데, 그렇다면 예컨대 영국이 성공회(聖公會) 수장이자 국가수반인 자신의 체제를 비(非)문명적인 것으로 여겼을 것인가라고 리더는 반문한다.[12] 리더의 보다 강력한 주장은 적어도 8세기부터 종교-비종교의 구분이 이루어졌음을 피츠제럴드는 파악하지 못하고 있다는 것이다. 8세기에 등장한 율령제(律令制, Ritsuryō-sei)가 정치·종교·문화·국가를 통합시키고자 노력했는데, 법적으로 그런 통합 노력이 있었다는 것은 바로 서로 다른 영역으로 분할되어 있음을 증명한다는 것이다. 신을 모시는 부서[神祇官, The Jingi-kan: Department of Worship]가 따로 마련되어 있다는 점도 마찬가지다. 더구나 리더는 "헤이안 시대부터 왕법(ōbō)과 불법(buppō)이 구분되어 왔다는 것을 어떻게 설명하겠는가?"라고 묻는다.[13] 그는 양자가 밀접한 관계를 가지고 옆

치락뒤치락하는 모습을 보였지만 영역이 구별된 것은 틀림이 없다고 본다. 리더에게 왕법-불법의 이원 구조는 메이지 시대 이전의 일본 상황을 잘 보여준다. 사고와 행위 방식, 그리고 제도가 두 가지로 구분되어 있었던 것이다.[14] 리더가 말하고 싶은 것은 메이지 시대의 종교와 정치의 분리가 과연 서구의 영향에 의한 것이라고 말할 수 있느냐라는 것이다. '종교'라는 용어가 1860년대에 서구의 통상 압력이 이루어지는 과정에서 만들어졌다는 피츠제럴드의 주장에 대해서도 리더는 정면으로 반박한다. '종교'(宗敎)라는 용어는 8세기의 일본 문헌에 처음 등장하며, 그 이후 계속하여 특정 불교전통이나 학파를 지칭하는 데 사용하였다는 것이다. 그는 종(宗)과 교(敎)의 의미가 합쳐진 종교의 뜻은 한편으로 종파 혹은 학파, 다른 한편으로 그에 연관된 가르침이 결합된 것이라고 본다.[15] 그리고 이런 의미는 교리와 조직에 의해 마련된 19세기 종교의 의미와 별반 다르지 않다고 본다. 그는 묻는다. 메이지 시대 이전에 나타나는 종교라는 용어를 릴리지온 말고 어떻게 번역하겠는가? 그러면서 리더는 아예 결정타를 날리려는 듯이, 마이클 파이가 언급한 도미나가 나카모토(富永仲基)의 사례를 든다. 리더는 파이의 주장을 길게 소개하면서 피츠제럴드가 파이를 본격적으로 언급하지 않는 것이 놀랍다고 빈정대듯이 말한다.[16] 왜냐하면 리더가 보기에 파이의 주장은 피츠제럴드의 논거를 단번에 무너뜨릴 수 있기 때문이다. 리더는 이제 파이가 제시한 결정적 자료 앞에 피츠제럴드의 주장은 설 자리가 없어지고 붕괴되었다고 본다. 리더에게 파이는 든든한 논리적 기반인 셈이다.

피츠제럴드는 리더의 반론에 곧바로 응답한다. 피츠제럴드는 리더가 자신의 논점을 조금도 이해하지 못하고 감정적으로 대응할 뿐이어서 실망스럽다고 말하면서 리더의 논거인 마이클 파이의 문제점을 지적한다.[17] 피츠제럴드에 따르면 파이가 도미나가의 문헌을 통해 주장하고 싶은 것은 종교

번주가 아니라, 종교에 대한 과학적인 연구가 18세기 일본에 있있다는 점이다.[18] 파이는 그 점을 주장하기 위해 이미 여러 개의 종교가 독립하여 존재하고 있다고 상정한다. 미리 종교의 존재를 전제해 놓고, 그에 관한 과학적인 연구가 있었다고 주장한다는 것이다. 하지만 피츠제럴드가 보기에 먼저 질문을 던져야 할 것은 19세기 이전에 과연 종교가 근대적 의미의 독립되고 객체화된 모습으로 존재했느냐 하는 것이다. 그리고 피츠제럴드는 이런 질문이 일본의 경우뿐만 아니라, 15세기 유럽의 기독교와 로마 가톨릭 교회사 그리고 동남아시아의 승가(僧伽)를 비롯하여 이슬람과 힌두교를 서술할 경우에도 해당된다고 본다.[19] 파이와 리더가 '종교=religion'의 등치를 주장하며 전(前)근대에도 근대적 종교 개념이 존재했다고 주장하는 반면, 피츠제럴드는 독립된 실체로서의 종교 개념은 근대에 만들어진 것이므로 전근대와 근대의 개념적 연속성은 어불성설이라고 주장하는 것이다. 피츠제럴드는 리더가 의존해 마지않는 파이의 번역책, 즉 도미나가의 텍스트를 번역한 책의 색인에서 '종교(宗敎, shūkyō)'라는 단어를 찾을 수 없다고 말한다. 도미나가가 당시에 그 용어가 중요하게 쓰였다면 이렇지 않았을 것이 틀림없으며, 각주에서 나타나는 '니슈쿄'가 유일한 사례라고 지적한다. 파이는 이를 두 가지 종교라고 해석하여 근대적 종교 개념이 사용되었음을 보여준다고 보았지만, 피츠제럴드는 '니-슈쿄'의 결합으로 보지 않고 '니슈-쿄'로 본 이시다를 따라 파이의 해석이 틀렸다고 주장한다. 두 가지 종교가 아니라, 두 종파의 경전을 나타낸다는 것이다.[20]

피츠제럴드는 만약 파이와 리더의 주장이 맞다면, 어째서 메이지 정부가 19세기 후반에 정교분리를 강조하면서 추진했으며, 서구 열강이 종교의 자유를 보장하라고 요구했겠느냐고 반문한다. 게다가 피츠제럴드는 이소마에 준이치(磯前順一)의 소론(所論)을 빌려와 1860년대 일본에서 종교라는 용어의 뜻이 매우 모호하였고, 여러 가지 비슷한 용어가 각축하고 있었음을 주장한다. 전근대 시대부터 종교라는 용어가 파이와 리더의 주장대로 그렇게 지속적이고 분명하게 사용되었다면 도대체 이런 상황이 이해될 수 없다는 것이다.[21] 파이와 리더의 주장대로라면, 근대적 종교 범주·종교-세속의 구분·교회와 국가의 분리·종교 자유의 원칙은 메이지 시대 이전에도 존재했다. 이에 대해 피츠제럴드가 던지는 의문은 이렇다. "만약 그들의 주장대로라면 도대체 왜 메이지 시대에 릴리지온의 번역어를 찾으려고 그렇게 긴 논의가 필요했는가? 이전 것을 그대로 이어받아 사용하면 되지 않았겠는가?"[22] 피츠제럴드가 보기에 파이와 리더는 이 질문에 대한 답변이 매우 궁색하다.

피츠제럴드의 반박에 대한 리더의 답변도 빠르게 이루어졌다. 피츠제럴드와 학문적 소통이 어렵다는 불만을 표시한 후에 그는 다음과 같이 피츠제럴드와 관심의 차이가 있다고 말한다.

> 피츠제럴드의 관심이 '종교'에 대한 특수한 해석이 어떻게 전개되어 왔는가에 있으며, 그런 특수한 이데올로기적 개념화를 비판하는 것, 즉 이른바 19세기에 뿌리를 둔 종교의 사물화를 비판하는 것으로 그의 경력을 쌓아 왔다면, 나의 관심은 종교라는 용어가 19세기의 틀에서 벗어나서 어떻게 현재 사용되는 방식으로 이동해 왔느냐 하는 것이다.[23]

리더는 자신의 관심이 현재 일본에서 제기되고 있는 문제, 예컨대 민권 문제에 종교 개념이 연관되는 방식이나 옴진리교 사건 이후에 종교단체의 재범주화와 같은 현대적 문제에 있기 때문에 피츠제럴드가 종교 개념이 등장하는 과거 19세기에 관심의 초점을 맞추는 것과는 다르다고 주장한다. 리더가 이렇게 운을 떼는 것은 피츠제럴드와 자신이 다른 학문적 배경과 훈련을 받아 왔기에 역사적 초점의 차이가 생긴다는 것을 강조하게 위함이다. 19세기 후반을 중심으로 역사적인 단절만을 강조하는 피츠제럴드와는 달리 자기 자신은 역사가로서 연속성도 고려하지 않을 수 없다는 것이다.[24] 단절을 강조하는 피츠제럴드가 도쿠가와 시대와 메이지 시대는 전혀 다른 성격을 지니고 있다고 본 것에 반해, 많은 변화와 혁신이 있었다고 하더라도 자신은 이미 도쿠가와 시대에 존재하던 것과의 연속성을 말하지 않을 수 없다고 주장한다. 그렇다고 해서 자기가 메이지 시대 이전에도 고스란히 근대적 종교 범주가 있었다고 주장하는 것은 아니고, 단지 '릴리지온'이 일본어 '슈쿄'로 번역되는 데 촉매 작용을 하고 발전해 나가는 데 도움을 준 지적 유산(遺産)이 있었다는 것을 지적하려는 것이라고 한다.[25] 리더가 연속성의 기반으로 삼고 있는 것은 전통적으로 사용된 '교'라는 용어와 근대적 종교 개념 사이의 연관이다. 여기서 리더는 다시 파이와 시마조노(島薗進) 교수의 도미나가에 관한 언급을 상기시킨다. 전근대 사회에서도 "교"라는 용어를 사용하면서 나름대로 구별과 배제의 개념을 작동시킴으로써 근대적 종교 개념과 비슷한 역할을 수행하였다는 것이다.[26] 신도(神道)라는 말과 불교라는 말도 메이지 시대의 근대적 창안물이 아니라 그 이전부터 존재하고 있었다는 것을 고려할 때, 종교의 경우도 마찬가지라는 것이 리더의 소견이다. 한마디로 리더는 피츠제럴드가 역사적 자료에 근거하지 않고 자신의 이론적 전제를 상정해 놓고 거기에 맞춰 단순하고 줄기차게 자기 관점의 올바름만 주장한다고 보는 것이고, 피츠제럴드가 한쪽 측면만 과장하여 말하고 있다고 비판한다.

또한 리더는 종교-세속의 구분에 대해서도 언급한다. 물론 그는 메이지 시대 이전에도 종교-세속의 구분이 있었다고 주장한다. 여기서 리더는 세속적인 것을 이 세상(this world)의 장소와 연결시킨다. 이 경우에 종교적인 것(혹은 성스러운 것)은 저세상적인 것과 연결될 것이다. 리더는 종교-세속의 구분과 성-속의 구분을 서로 대응하면서 사용하고 있다. 리더는 종교-세속의 구분을 승가(僧伽)의 영역과 보통사람의 영역과도 관련시키는데,[27] 이는 앞서 거론한 이 세상-저세상의 구분과는 다른 관점이다. 피츠제럴드가 이소마에를 거론하여 자신의 관점을 주장한 것에 대해서도 리더는 이소마에가 메이지 시대 이후를 분석한 것은 설득력이 있지만, 그 시대 이전에 대해서는 별로 분석한 것이 없으며, 설득력도 없다고 본다. 게다가 메이지 시대의 종교 개념이 모호하다는 피츠제럴드의 주장도 받아들일 수 없다고 강조한다.[28]

결론적으로 리더는 자신의 입장을 다시 확인한다. 종교 개념은 일본에서 19세기 중반에 이전과 단절해서 나타난 새로운 것이 아니며, 전근대와 근대의 전환은 피츠제럴드가 생각하듯이 그리 극적인 단절의 성격을 띠지 않는다고 말이다. 하지만 리더는 반박을 하면서 피츠제럴드의 논점 가운데 중요한 몇 가지를 수용한다. 리더는 현재 사용하고 있는 종교 관련 범주가 근대의 맥락에서 등장하였으며, 이데올로기적 성격을 띠고 있다는 것을 인정한다.[29] 그리고 피츠제럴드가 종교라는 용어를 함부로 사용하는 것에 대해 주의를 기울이도록 만들었다고 긍정적으로 평가한다. 물론 리더는 피츠제럴드가 너무 단선적이고 좁은 시야를 가지고 있어서 자기처럼 넓게 보지 못한다는 것을 빼놓지 않는다.[30] 그리고 종교라는 용어의 폐기를 주장하는 피츠제럴드와는 달리, 리더는 종교 개념이 많은 문제가 있지만 여전히 유용함을 강조하며 글을 마무리한다.[31]

3. 논쟁의 평가

리더와 각각 2차례의 공방을 펼친 후, 피츠제럴드가 논쟁의 후기를 쓴 것[32]이 있다. 하지만 기본 논지에는 변화가 없기 때문에 여기에서는 포함하지 않았다. 논쟁이 끝난 후에도 두 사람의 입장은 바뀌지 않았고 서로의 관점이 다르다는 것만 확인하였다. 하지만 서로의 관점이 평행선을 달리는 와중에도 종교 개념을 둘러싼 문제가 매우 중요하다는 점에 관해서는 일치를 보았으며, 종교 개념의 역사성과 이데올로기적 성격에 대해서도 나중에는 상당 부분 합의가 이루어졌다고 보인다. 다만 메이지 시대를 전후로 하여 연속성과 불연속성의 정도(程度)에 대해서 서로 차이를 보였을 뿐이다. 일단 종교 개념의 역사적 맥락을 중시하게 되면 종교 개념의 일반적 추상화 혹은 보편화를 당연하게 받아들이기가 어렵게 된다. 리더는 메이지 시대 이전에도 종교 개념이 있었다고 주장하지만 근대적 종교 개념과 그대로 등치시키는 것은 아니기 때문에 근대적 종교 개념에 대한 역사성은 인정하고 있다고 보인다. 다만 리더는 그것이 과거와 전면 단절하면서 나타난 것이 아니라, 과거 용어와 일정 부분 연관 속에서 등장했다고 주장한다. 마찬가지로 리더는 종교-세속의 구분도 메이지 시대 이전에 존재했다고 보지만, 근대적인 구분과 그대로 동일하다고는 주장하지 않을 것이다. 그래서 종교 개념 및 종교-세속 구분은 단절 및 연속성을 어느 정도로 인식하느냐의 문제로 바뀌게 된다. 또한 종교-세속과 성-속의 구분을 섞어 쓰면서 혼동도 야기되었고, 이 세상-저세상의 구분과 연결시키다가도, 수도원 및 승가집단에 가입해 수도생활을 하는 것-보통인의 일상생활을 하는 것의 구분과 연결시키면서 혼란을 야기하고 있음도 논쟁 과정에서 목도(目睹)하게 되었다. 이런 점은 앞으로 종교-세속의 구분에 관해 검토할 때, 좀 더 면밀하게 살펴봐야 할 것으로 보인다.

　필자는 피츠제럴드와 리더가 모두 종교 개념의 역사적 맥락에 대해서는 대체로 인정하였다고 보았다. 그렇다면 논지의 방향은 아무래도 리더보다는 피츠제럴드에게 유리하게 작용하게 될 것이다. 다만 피츠제럴드의 약점으로 지적된 것, 즉 종교 개념에 대응될 수 있는 메이지 시대 이전 용어(用語)군(群)과의 연관 관계에 대해 보완할 필요성이 대두될 것이다.

　피츠제럴드의 논지가 파이와 리더에 비해 보다 타당하게 간주될 것이라는 점은 미국 윌리엄스 대학교의 제이슨 아난다 조셉슨(Jason Ānanda Josephson) 교수의 주장에서도 확인할 수 있다. 조셉슨은 파이와 리더를 비판하기 전에 그들의 주장을 다음과 같이 세 가지로 요약한다.

　첫째, 근대적 종교 개념과 전근대적 용어 사이에 중요한 연속성이 존재한다는 것, 둘째, '슈쿄(宗敎)'라는 일본의 용어가 릴리지온이라는 구미(歐美) 개념에 대한 자연스러운 번역어라는 것, 셋째, '슈쿄'라는 개념은 조직적 혹은 제도적 정체성('슈': 종파/학파)와 일련의 가르침("쿄")을 결합시킨 것이며, 릴리지온의 의미와 다름이 없다는 점이다.[33] 조셉슨은 리더가 파이의 주장에 근거하고 있다고 보고, 파이가 제시한 논리적 근거를 살핀다. 파이는 메이지 시대 이전의 일본에 토착적인 '종교' 개념이 존재하였으며, 독자적으로 발전시킨 객관적 종교 연구도 있다고 주장하였다.

　앞에서 살펴본 것처럼 파이가 의존한 자료는 도미나가 나카토모의 『슈쓰조코고(出定後語)』이다. 결정적인 것은 그 문헌에 나오는 '니슈쿄(二宗敎)'라는 구절이다. 파이는 그 구절을 '두 가지 종교'라고 해석하였는데, 조셉슨은 이것이 명백한 오류라고 주장한다. 거기서 도미나가가 논의하고 있던 것은 마니교의 이원론에 관한 내용이었기 때문에 '두 원리의 가르침'이라고 번역해야 올바르다는 것이다. '니슈쿄(二宗敎)'를 '니-슈쿄(二-宗敎)'로 읽느냐 아니면

'니슈-쿄(二宗 敎)'로 읽느냐의 차이이다.[34] 당시에는 '슈쿄(宗敎)'라는 용어가 독립 명사로 사용되지 않았으므로 파이의 해석이 오류일 수밖에 없는 셈이다.

이렇게 정리된다면, 종교-세속의 구분이 메이지 시대 이전에도 존재했다는 주장도 그 근거를 잃어버리게 된다. 현재 파이와 리더의 주장에 대해 많은 학자들은 그 논리적 설득력을 의심하고 있다. 종교 개념의 역사적 맥락뿐만 아니라, 종교-세속 구분의 역사성을 탐구해야 할 필요는 거의 모든 종교 연구자가 인정하고 있다. 그렇다면 한국의 경우에 어떤 탐구가 이루어져야 하는가? 다음 장은 그 문제에 관한 서론적인 시도이다.

VI

한국에서 종교와
세속의 구분선 설정과
그 모호성

세종 29년인 1447년 4월 20일(음), 안평 대군은 꿈속에서 도화원(桃花源)을 유람한다. 깨어난 후에 안평 대군은 그 꿈의 내용을 안견(安堅)에게 말해 주고 그리게 한다. 안견은 3일 후에 그림을 완성하는데, 그것이 바로 유명한 〈몽유도원도(夢遊桃源圖)〉다.[1]

- 안견, 〈몽유도원도〉, 1447년, 한국의 중요문화재, 덴리대학 부속 덴리도서관 소장

〈몽유도원도〉의 구조는 그림을 보는 이가 마치 꿈속을 여행하는 듯이 시선을 옮겨 가며 감상하도록 되어 있다. 그래서 감상은 왼쪽 하단부에서 시작하여, 오른편 상단부의 대각선 방향으로 이루어진다. 그림의 왼쪽과 오른쪽은 다른 시점으로 그려져 있는데, 왼쪽 부분은 정면에서 파악된 모습인 반면, 오른쪽은 위에서 내려다본 모습이다. 이런 시점의 차이는 각각 현실 세계와 이상 세계를 묘사하기 위한 하나의 장치라고 볼 수 있다. 그림에

서 두 세계는 공간적으로 서로 단절되지 않고 연결되어 있다. 하지만 현실에서 벗어난 세계가 지닌 질적 차이성을 드러내기 위해 위에서 굽어보는 부감(俯瞰)법이 사용된 것이다. 이 작품은 중국 북송(北宋) 대의 시인 도연명이 쓴 『도화원기(桃花園記)』와 비슷한 분위기를 지니고 있다. 『도화원기』는 어느 어부가 배를 타고 가다가 복숭아꽃이 활짝 핀 이상향을 발견하는 이야기다. 안견의 〈몽유도원도〉에도 현실에서 벗어나 있는 세계가 복숭아꽃이 활짝 피어 있는 모습으로 표현되어 있다. 이 그림이 당시 많은 공감을 불러일으켰다는 점은 안평 대군의 발문(跋文)과 그가 1450년 정월 초하룻날 지은 시, 그리고 신숙주·이개·정인지·박팽년·서거정·성삼문 등의 신하들이 쓴 모두 23편의 찬문(撰文)이 포함되어 있다는 것으로도 엿볼 수 있다.

안견의 〈몽유도원도(夢遊桃源圖)〉는 일상의 삶이 이루어지는 세상과는 다른 곳이다. 조선 시대에는 이런 다름을 '이(異)'라는 용어로 표현하였다. 〈몽유도원도〉의 신선(神仙) 세계와 민담의 용궁(龍宮)은 이런 '이(異)'의 세상이며, 공간적인 불연속성의 영역이다. 사후 세계, 천당, 지옥 등의 시간적인 불연속성의 세상과는 차이가 있다. 산속을 헤매거나 배를 타고 가다가 문득 들어갈 수 있는 곳이 바로 신선의 세상이고, 용궁이다.

한편 조선 시대 가톨릭과 유교 사이에서 벌어졌던 갈등의 적지 않은 부분이 사후 세계와 조상의 위상(位相)을 둘러싸고 일어났다. 유교에서 조상은 이승을 떠났지만 여전히 후손과의 관계를 유지하고 있는 존재인 반면, 조선 시대 가톨릭은 조상의 이런 모호한 위치를 인정하기 어려웠다. 불교전통에서는 한편으로 차안(此岸)과 피안(彼岸)의 세계를 상정하고, 다른 한편으로 세간(世間)과 출세간(出世間)의 영역을 구분한다. 차안과 피안은 각각 현재의 몸이 거하는 세상과 앞으로 나아가고자 하는 세상을 뜻하고, 세간과 출세간은 수행공동체의 수도 생활 여부를 중심으로 영역을 나누는 것이다. 이 세상과 저세상, 차안과 피안의 구별, 세간과 출세간의 구분 모두 제각각의 기준으로 '이(異)'의 세상을 나타내고 있다. 이 맥락에서 제기되는 질문은 다음과 같다. 이와 같이 여러 차원의 '이(異)'의 세상과 종교-세속이 구분하는 영역은 어떤 관련이 있는가?

1. '이(異)'의 영역과 종교-세속의 구분

'이(異)'의 영역에 시간적 · 공간적 '이(異)'가 있다는 것은 앞에서 언급하였다. 〈몽유도원도(夢遊桃源圖)〉의 신선계는 바다 속의 용궁처럼 공간적인 '이(異)'이다. 천당과 지옥은 죽음 이후에 상정되는 세계이므로, 시간적인 '이(異)'에 해당한다. 종교-세속의 구분은 서로 다른 영역을 나타내고 있지만 이와 같은 시간적 · 공간적 '이(異)'와는 차이가 있다. 왜냐하면 시간적 · 공간적 '이계(異界)'가 이 세상(this world)과는 다른 곳을 가리키고 있는 반면, 종교-세속은 모두 이 세상에 속해 있기 때문이다. 종교 영역이 비록 저세상 혹은 초월을 향한 지향성을 지니고 있다고 하더라도, 그 지향성의 기반은 현세에 놓여 있는 것이다. 종교와 세속의 이분법은 이 세상 안에서 나타나는 두 가지 다른 사고(思考), 감수성 그리고 행위의 성향을 지칭하는 것이다. 예컨대 계몽주의 시대에 세속 영역은 인간 행위가 행해지는 자연의 영역으로 간주되어, 초(超)자연적 종교 영역과 구별된다. 그 결과, 세속의 영역이 자연적 인간 행위가 행해지는 영역으로 간주된 반면, 종교는 그 반대쪽의 영역, 즉 인간이 초자연적 · 초인간적 · 초월적인 것과 관계하는 영역이 된다. 종교와 세속이 서로 대등한 영역처럼 여겨진 적도 없지 않았다. 하지만 점차 세속 영역이 팽창하여 종교의 상당 부분을 흡수하는 방향으로 진행한다. '종교도 하나의 사회현상'이라는 주장은 이런 국면에서 나타난다.

종교와 세속의 이분법이 당연하게 여겨지게 되면, 종교는 울타리가 쳐진 영역을 벗어나지 않아야만 본연의 자세를 견지하는 것이라는 관점이 힘을 얻는다. 여기서 종교 개념의 핵심적인 성격을 다시 확인할 수 있다. 즉 종교는 한정(限定)된 영역을 가리키는 것이라는 점이다. 종교는 특정(特定)된 울타리를 지니며, 이 영역에 머무르도록 요청된다. 여기서 다음과 같은 일련의 질문을 연달아 제기할 수 있다. "도대체 누구에 의한 요청인가?" "왜 그 안에 머물러야 하는가?" "그것이 종교의 성격 규정에 부합하기 때문이라면, 그런 머무름으로 인해 초래되는 것은 무엇인가?"

첫 번째 질문, "도대체 누구에 의한 요청인가?"에 대한 답변은 다음과 같다. 종교가 정해진 영역에 머물러 있어야 한다는 요청을 하는 것은 바로 국가권력이다. 이런 의미에서 국가권력과 종교는 서로 뗄 수 없이 연결되어 있다. 종교와 비(非)종교 영역의 구분(區分) 혹은 분리(分離)는 두 영역 사이의 긴밀한 연관성을 전제하고 있다. 게다가 이 구분을 유지하는 장치와 국가권력은 언제나 연동(聯動)되어 있다. 이런 점을 놓치게 되면 많은 중요한 점을 제대로 파악할 수 없다. 두 번째 질문, "왜 그 안에 머물러야 하는가?"에 대해 구분을 유지(維持)하려는 쪽이 내놓은 전형적인 답변은 "종교는 개인의 내면적인 영역이기 때문"이라는 것이다. 그것은 종교가 본래 내면적인 것이고 개인적인 것임을 내세운다. 그것은 종교가 종교이기 위해서 반드시 지켜야 할 '조건' 같은 것이라고 볼 수 있다. 종교가 지켜야 할 이런 '조건'이 충족된 연후에야 비로소 종교의 사회적 관계가 성립할 수 있다는 주장이다. 그렇다면 세 번째의 질문, "그런 조건이 지켜지면서 생기는 일은 무엇인가?" 그것은 "개인의 내면적인 사항은 정치나 역사와 같은 외면적인 것과 관계가 없으며, 시간을 초월한 영원성·보편성을 본질로 한다."라는 주장을 강화한다. 또한 "종교의 진면목은 세속 일에 간섭하는 것이 아니므로, 정치와 종교는 서로 간섭할 수 없고 따로 존재해야 한다."라는 관점으로 연결된다. 그리고 이런 조건이 훌륭하게 지켜질 경우, 국가권력은 약속 준수자(遵守者)에게 특혜를 부여한다. 약속을 지키는 종교는 국가권력이 우선적으로 보호해 주고, 경제적 특권과 사회적 권위를 포함하여 각종 혜택이 제공된다. 이런 의미에서 종교는 특권의 영역이라고 할 수 있다. 마치 외교관이 국제 관계에서 면책특권(diplomatic immunity)을 누리듯이, 종교가 국가권력과의 약속을 잘 이행할 경우, 각종 특권을 누릴 수 있다. 하지만 종교 영역의 반대편에는 늘 사이비종교(似而非宗教)와 미신(迷信)의 영역이 마련되어 있어서 특혜자는 거기에 연루되지 않도록 언제나 긴장을 늦출 수 없다. 이 체제(體制)하에서는 종교의 특권적 영역에서 사이비종교와 미신의 저주 받은 영역으로 이동이 쉽게 이루어지는 반면, 그 역의 방향은 거의 이루어지지 않는다. 이와 같은 체제가 정착하게 되면, 종교는 세속 권력의 근대성의 체제 아래에서 강력하게 개인의 내면을 통제하는 장치로 작용하게 된다.

2. 한국의 전(前)근대 문헌 자료에 나타난 세속이라는 용어
: 원광(圓光)의 〈세속오계〉와 『조선왕조실록』

현재 자주 사용되는 '종교'라는 말과는 달리, '세속'이라는 말은 그리 자주 사용되지 않는다. 그렇다고 해서 세속이라는 말의 중요성이 종교에 비해 덜한 것은 아니다. 오히려 은밀하기 때문에 더 강력하고 편만(遍滿)하게 작용한다고 볼 수 있다. '세속'이라는 말로 우리가 떠올리는 이미지는 『삼국사기』에 나오는 원광(圓光)의 〈세속오계(世俗五戒)〉 혹은 "세속을 떠나다"라는 구절과 연관된 깊은 산중의 절이나 수도원이다. 하지만 전근대 문헌 자료에 나타난 세속은 현재 우리가 사용하는 의미와는 다르다. 원광의 〈세속오계〉를 통해 이런 점을 살펴본다.

원광의 〈세속오계〉는 한국의 고문헌 가운데 '세속'이라는 용어가 나타나는 가장 오래된 자료이다. 1145년에 완성된 김부식(金富軾)의 『삼국사기(三國史記)』에 나타난다.[2] 그 내용은 이렇다. 600년경에 신라의 승려인 원광에게 두 젊은이[귀산(貴山)과 추항(箒項)]가 가르침을 청하자, 원광은 그들을 위해 지침을 내려 주는데 그것이 바로 〈세속오계〉이다. 그 가르침의 내용은 다섯 가지인데, 사군이충(事君以忠), 사친이효(事親以孝), 교우이신(交友以信), 임전무퇴(臨戰無退), 살생유택(殺生有擇)이 그것이다. 그리고 〈세속오계〉는 그 젊은이들이 속한 귀족청년집단, 즉 화랑(花郞)의 행동 규범이 된다. 여기서 원광이 세속이라고 지칭한 영역은 자신처럼 불교 승려가 속한 영역과는 다른 것이다. 원광은 자신이 세속에 속해 있지 않으며, 세속과는 구별된 영역에 있다고 스스로 인식한 것이다. 여기에서 작동하고 있는 것은 바로 탈속(脫俗)과 세속의 구분이다. 그 기준은 불교 수행 공동체에 속해 있느냐 아니냐에 있다. 이를 통해 알 수 있는 것은 당시 귀족청년의 조직인 화랑과 불교 승려집단이 분명히 구별되었다는 점이다. 여기서 우리는 이 구별을 화랑이 속한 세속 영역과 승려가 속한 종교 영역의 구분으로 보기 십상이다. 하지만 이미 527년부터 신라가 불교를 국교로 공인해 왔다는 사실을 상기할 필요가 있다. 탈속(脫俗)과 세속의 구분은 지배층 내부에서 이루어진 것일 뿐이다. 원광의 〈세속오계〉에서는 일반인의 일상적 삶을 포괄하는 세속의 의미가 드러나 있지 않다.

세속이라는 용어는 『조선왕조실록』에도 약 150차례 나타난다. 이를 정리한다면 세 가지 유형으로 구분할 수 있다.[3] 첫째, 어리석음과 천박함의 부정적 의미가 두드러지는 것이 특징이며, 양반의 품격을 갖추지 못한 보통 사람들의 천박한 견해를 나타낸다. 둘째, 어느 정도 객관적인 의미를 띠며, 보통 사람들의 생활 방식과 풍습을 가리키는 것이다. 셋째, 신긴의 불교 사원이나 극락세계 혹은 선경(仙境)과 대조적으로 사용되며, 인간이 사는 세상 전체를 가리키는 것으로 사용된다. 첫 번째와 두 번째의 의미는 지배층인 양반과 관료층과는 다른 평민들의 사고와 행위 방식, 그리고 풍습을 가리키는데 종종 부정적인 함축을 띤다. 반면 세 번째의 의미는 현세적인 삶 전체를 가리키며, 대부분 긍정적인 의미를 띤다. 세속에 대한 세 가지 유형의 의미를 살펴볼 때, 지금 우리에게 익숙한 세속의 개념과는 상당한 차이가 있음을 알 수 있다. 그 차이를 어떻게 이해해야 하는가?

3. 근대성 형성과 종교-세속의 구분

전통 시대의 세속 용어는 근대성의 형성과 함께 만들어진 종교-세속 이분법에서의 세속과는 다르다. 종교-세속 이분법에서 종교라는 범주와 세속이라는 범주는 서로 의존적이다. 종교가 아닌 것이 세속 영역이고, 세속이 아닌 것이 종교 영역이다. 하지만 영역이 어느 정도 분명하게 드러나는 종교와는 달리, 세속 영역은 그 윤곽이 모호하다. 정치 · 경제 · 문화 · 예술 · 학술 등 광범위한 영역을 아우를 뿐만 아니라, 경우에 따라서는 종교까지도 포괄하기 때문이다. 종교-세속 이분법에서 세속은 이중적인 성격을 갖는다. 한편으로는 종교와 대립적이고, 다른 한편으로 종교 자체를 포괄할 정도로 그 범위가 넓다. 하지만 세속은 늘 종교를 파트너로 삼아 자신의 정체성을 만든다. 종교-세속의 이분법이 만들어지는 모습을 파악하기 위해서는 1890년부터 1940년까지의 시기를 고찰하는 것이 필요한데, 1890-1919년, 그리고 1919-1940년의 두 시기로 나누는 것이 편하다. 여기에서는 첫 번째 시기를 다룬다. 다음의 세 가지 담론이 서로 작용하며 종교-세속의 이분법을 공고

하게 하였으므로, 각각을 검토한다. 세 가지는 각각 종교 신앙의 자유, 정치와 종교의 분리, 교육과 종교의 분리 담론이다.

첫째, 종교 신앙 자유의 담론이다. 1876년 일본과 조약을 맺은 이후, 조선 정부는 서구 열강들과 통상조약을 체결하고 근대적 외교관계를 수립하게 된다. 이러한 과정에서 조선 정부는 서구적 권력의 통로인 서양 종교가 내정에 간여하지 못하도록 주의를 게을리하지 않았다. 서구 세력이 비(非)서구 지역에 들어오면서 무엇보다도 먼저 요구하는 것이 바로 종교 신앙의 자유였기 때문이다. 종교 신앙의 자유는 정교(政敎)분리와 함께 서구인이 문명의 보편적인 지표로 여겼다. 서구인은 신앙의 자유를 비서구 지역에서 확보하는 일이 서구인의 사명이라고 생각했다. 서구의 역사에서 배태된 신앙의 자유에 대한 주장은 서구 세력의 전 세계적 확산과 더불어 보편성의 성격을 띠게 되었다. 또한 서구 부국강병의 근원을 탐구하는 비서구의 지식인에게 종교 신앙의 자유는 서구 부국강병의 비밀 가운데 하나로 간주되었다. 종교 신앙의 자유는 강요된 것이 아니라, 점차 비서구 사회가 자발적으로 요청하는 것이 되었다. 그 결과, 서구가 주도하는 국제사회에서 각 나라가 제대로 활동하기 위해서는 종교 자유의 보장이 필수적인 조건이 되었다.

하지만 한국에서 종교 신앙의 자유라는 주장이 수용되기 위해서는 먼저 종교의 영역이 상정되어 있어야 했다. 한국에서 '종교'라는 용어가 19세기 말에 새롭게 등장한 것은 이런 필요에 따른 것이었다. 종교를 포함한 당시 새로운 용어는 전통적인 인식 틀을 바꾸어야 한다는 당시의 위기의식의 소산이었다. 강력한 서구 세력이 부강해진 비밀을 찾아내어 빠르게 모방하는 것이야말로 서구의 위협을 극복하는 방법이며, 문명을 달성하는 길이었다. 여기에서 새로운 인식의 틀이 요청되었다. 이 위기의식의 주체는 개인이 아니라, 서구의 위협에 반응하는 기존의 정치체제였다. 이 정치체제는 조선왕조가 멸망한 후에 왕조가 아니라 민족국가로 바뀌게 되었다. 한국 근대사에서 종교 영역이 개인의 사적인 의식보다는 민족국가로 대표되는 집단 정체성의 유지와 관리가 이루어지는 곳에서 두드러지게 나타난 것도 이 때문이다. 종교란 개념적 영역을 요청하게 만든 위기의식에는 전통적인 인식 틀의 폐기 혹은 수정이 함축되어 있다. 그런 변화는 기존의 정치체가 위기상황을 극복하고 유지되기 위해 필요한 것이었다. 이런 맥락에서 종교 신앙의 자유라는 새로운 주장이 개인적 신앙의 측면이 아니라, 집단적인 성격이 강조되는 것은 이상하지 않다. 종교 신앙의 자유는 개인적 신앙의 자유라는 측면보다는 종교단체가 선교할 수 있는 권리가 강조되어 왔다. 개인의 신앙 자유는 집단 정체성의 유지와 관리에 종속되었다. 식민지 시대는 개인의 신앙 자유가 언제든 식민 통치의 필요에 의해 제한될 수밖에 없다는 것을 확인해 주었다.

둘째, 정치와 종교의 분리 담론이다. 개신교는 19세기 말에 한국에 들어오면서 오랫동안 조선 정부와 갈등을 유지하여 왔던 가톨릭과는 달리, 정치에 직접적으로 개입하지 않고 의료·교육 등을 통한 간접적인 선교 방식을 택하였다. 서구의 부국강병과 개신교가 밀접한 연관성을 가지고 있다는 인식을 의도적으로 유포하면서 선교사들은 개신교가 문명의 종교임을 강조하였다. 각각 프랑스 종교 대 미국의 종교라는 이미지뿐만 아니라, 정치에 개입하는 종교 대 불간섭하는 종교라는 가톨릭과 개신교의 이미지는 개신교의 교세가 확장되면서 더욱 고착되었다. 1901년 장로회선교공의회에서 채택한 기본 원칙은 나라 일과 정부 일에 교회가 간섭하지 않겠다는 것이었다. 여기에서 세상 일과 천국 일의 영역이 다르다는 점을 분명하게 강조하였다. 1905년을 기점으로 하여 가톨릭과 개신교의 교세는 역전의 양상을 보이기 시작하여 점점 그 격차가 확대되었다. 그에 따라 정치와 종교가 분리되어야 한다는 개신교의 관점도 점차 영향력이 커졌다. 1905년 일제의 강압 지배가 구체화되는 조약 체결과 거의 동시에 개신교의 대부흥 운동이 일어나는 것도 이런 배경과 무관하지 않다. 대부흥 운동은 부흥회(復興會)라는 의례를 확산시킨 것으로, 이 의례의 참가자는 자신의 죄를 자복(自服)하고 격렬한 통성기도를 함으로써 죄의식을 내면화 한다. 이런 대부흥회가 확대되면서 국가와 민족에 관한 위기의식이 지워지고, 그 결과로 정치적 문제가 개인적인 것으로 환원되는 효과가 발생되는 것이다. 1906년 10월에는 가톨릭 교회도 정교분리 원칙에 따르겠다고 밝히게 되었다.

일제치하에서도 개신교 세력의 확대를 위해 정교분리의 전략은 더욱 강화될 필요가 있었다. 기존의 권력 체제와 갈등을 일으키지 않고 개신교 세력을 정착시켜서, 가능한 한 빨리 현실적인 기득권을 획득하는 것이 급선무였기 때문이다. 일제의 권력도 이런 관점을 강력하게 지원하면서 종교가 정치에 간섭하지 않을 경우에 특혜를 베풀 것임을 분명하게 하였다. 일제의 강력한 정교분리 정책은 종교 세력이 총독부 권력에 도전하는 것을 원천적으로 차단하기 위한 것이었다. 특히 외국 세력과 연관성을 지닌 개신교와 가톨릭교회가 정치에 간섭하지 말 것을 강조했다. 이 경우 정교분리는 문명화의 방향이었다. 문명의 종교인 개신교와 가톨릭이 문명의 원칙인 정교분리를 확고하게 견지하고, 조선의 문명화를 위해 매진해야 한다는 논리였다. 그러나 정교분리는 총독부가 인정한 종교에 한정된 것이었다. 1915년 8월에 발표된 〈포교규칙〉은 "여기에서 종교라 함은 신도, 불교, 기독교를 일컫는다."[4]고 하면서 종교자유를 보장하며, 포교 행위를 인정하고, 종교 간의 평등한 대우를 하기 위하여 마련되었다고 주장했다. 이 법령은 종교의 자유를 인정한다고 하면서 실제로 종교를 통제하려는 의도를 지니고 있었다. 이에 따르면 포교자의 인적 사항과 포교 방법을 총독부에 보고해야 하며, 포교의 목적과 다른 활동을 할 경우에는 종교 시설을 폐쇄할 수도 있었다. 총독부가 인정한 세 가지 종교 이외에는 모두 배제의 대상이 되었다. 배제의 이유는 정교분리를 지키지 않고, 정치와 종교를 혼합한 것이므로 위험하다는 것이었다. 불교는 이미 1911년 〈사찰령〉을 통해 총독부의 통제를 받고 있었기 때문에, 1915년의 〈포교규칙〉은 기독교를 통제하고, 천도교를 유사 종교로 확인하는 효과를 얻기 위해 만들어진 것이라고 볼 수 있다. 〈포교규칙〉은 1920년 4월과 1933년 12월 두 차례에 걸쳐 보다 통제를 강화하는 방향으로 개정되었다.

셋째, 교육과 종교의 분리 담론이다. 1915년에 개정된 〈개정 사립학교규칙〉에서 교육과 종교의 엄격한 분리가 강력히 요구된 것을 확인할 수 있다. 여기에서 전 세계의 문명국을 미국과 프랑스 같이 정교를 완전하게 분리하는 나라와 영국과 독일 같이 국교를 정하여 교육시키는 나라로 구분하고, 일본과 조선에는 국교가 없다는 것을 강조한다. 국교가 없음에도 교육과 종교가 혼합되면 조선의 교육제도는 포교 경쟁의 희생물이 되고, 종교적 분쟁을 일으킬 수도 있다고 보았다. 이 법령 제6조 2항에는 "성서, 지리, 역사 등의 교육과정을 행해서는 안 된다."는 규정이 포함되어 있다. 총독부는 민족주의 교육을 배제하기 위해 지리와 역사의 교육을 금지했고, 교육과 종교의 분리를 명분으로 교육과정에 성서를 포함시키지 못하게 한 것이었다. 교육과 종교의 분리를 주장하는 것은 정교분리가 규범적인 위치를 차지하면서 제기되었다. 이 법령은 당장 시행되었지만, 이전부터 종교교육을 해 왔던 사립학교의 경우에는 10년의 유예기간을 두어 적응할 시간을 주었다.

1919년 3 · 1운동이라는 한국인의 대규모 저항운동이 진압된 후, 일제는 강압적인 무단통치에서 문화통치로 정책의 방향을 바꾸게 된다. 개신교 선교부는 이런 분위기 변화를 감지하고, 조선총독부에 사립학교에서 종교 교육하는 것을 허락해 달라는 건의를 올린다. 1922년과 1923년에 조선총독부는 사립학교에서 성서 교육과 예배 의식을 할 수 있도록 법령을 개정하였다. 조선총독부의 이런 완화 조치는 종교단체가 일제의 통치에 결코 간섭하지 않으며, 신민의 의무를 준수하고, 사회질서 유지에 적극 협력하겠다는 다짐이 이미 내포되었기에 가능했다. 하지만 1930년대에 신사참배 문제가 등장하면서 우상숭배라고 하여 신사참배를 거부한 개신교계 사립학교가 폐쇄되고, 외국 선교사들은 추방되게 된다.

VII

초기 개신교 신자의
개종이 지닌 성격

: 1900-1910년을 중심으로

1. 단절의 수사학
2. 지식인의 옥중 개종
3. 1907년 대부흥 운동의 개종

개종이란 신앙을 지니고 있지 않다가 신앙심을 가지게 되거나, 이전에 믿었던 신앙 대신 새로운 신앙으로 바꾸어 믿게 되는 것을 일컫는다. 그래서 흔히 개종의 주요 특징 중 하나가 과거와의 전면적 단절이라고 꼽히게 되는 것이다. 그리고 이 점에서 개종과 근대성의 경험에는 서로 닮은 성격이 있다. 개종처럼 근대성 또한 이전의 전통과 철저한 단절을 주장하는 것이다. 개종과 근대성 모두 낡음과 새로움의 이분법을 포함하면서, 새로움에 대해 적극적인 가치 평가를 내린다. 이와 같은 작업에는 종교학자 피터 반 데어 비어가 말한 대로, 새로움이 무엇인가에 대한 개념화와 동시에 낡은 것의 내용이 무엇인지 상상함을 요청하는 것[1]이 포함된다.

한국에서 개신교는 1884년 선교사 알렌(H. N. Allen)이 최초로 입국한 이래 1890년에서 1910년 사이에 비약적으로 발전하였는데, 바로 이 시기에 한국 사회도 급격한 변화를 경험하였다. 개신교는 스스로를 새로움의 화신으로 부각시킨 반면, 반드시 척결해야 할 낡은 전통을 제시하면서 자신의 정체성을 세워 나갔다. 무속과 민간신앙을 믿는 일, 조상 제사를 행하는 일, 풍수지리를 믿는 일, 점(占) 보는 일, 첩(妾) 두는 일, 도박하는 일, 술 먹는 일, 담배 피는 일 등이 과거의 나쁜 짓으로 범주화되어 개신교 신자들이 해서는 안 되는 행위로 금지되었다. 그리고 이런 행위들은 새로운 시대인 '근대'와는 어울릴 수 없는 것이라고 선전되었다.

제7장은 특히 1900년에서 1910년 사이의 10년 동안 개신교의 개종과 한국의 근대성 경험을 서로 연관시켜 봄으로써, 한국의 개신교와 한국의 근대성의 성격을 보다 잘 이해하려는 의도를 가지고 있다. 내용은 다음과 같이 이루어져 있다. 첫째로 개신교 선교사 및 개신교도들의 전통적 관습과 '미신' 타파 운동을 기술하고, 전통과의 단절이 근대성의 확립으로 이끈다는 주장을 분석한다. 둘째, 1902년 옥중에서 일어난 지식인의 집단적 개종에 대해 분석하면서, 한국의 초기 개신교 신자들의 개종 동기를 살핀다. 그리고 이러한 초기 개신교 신자들의 개종 동기가 선교사들이 바라는 바의 개종과는 어떻게 다른지에 대하여도 언급한다. 셋째, 1907년의 대부흥 운동에서 나타난 개신교의 새로운 양상을 기술하고, 이 운동을 주도한 길선주 목사를 분석하여, 개신교 신자들의 경험 세계가 과연 어떠한 것이었는지를 검토한다.

결론으로는 근대성의 기본 원리에 속한다고 볼 수 있는 정교분리, 양심의 자유, 공(公)과 사(私)의 구분들이 개신교의 개종 경험과 어떤 연관이 있는지를 검토하고, 당시 등장하고 있던 민족 정체성의 형성과도 관련하여 설명할 것이다.

1. 단절의 수사학

DARKNESS

To fear for life and know not why;

To bear abuse without reply;

To give not half but all the road;

To be the ox, to bear the load;

To bow to wood and mound of sod;

To fill the earth with friends of hell;

To search for years and find no God,

But filthy rags and clanging bell;

To be content with house of clay;

To wade in mire of obscene street;

Fit mate for beast with husks to eat;

All night in sin, in sin all day.

이 시는 칼 루후스 목사(Rev. W. Carl Rufus)의 〈The Contrast in Korea〉라는 시 중에서 앞부분에 해당하는 것이다. 두려움과 혹사 속에서 살면서도 아무 문제도 느끼지 못하고, 우상숭배의 어리석음에서 빠져나오지도 못할 뿐 아니라, 보잘것없는 거주지와 음식, 더러움이 가득한 거리에서 살아갈 수밖에 없는 한국인의 어둠을 그리고 있다. 그러나 시의 나머지 부분에서는 앞부분과는 정반대의 모습이 나타나 있다.

LIGHT

There's a vision in the soul and the eye burns bright

With a light;

There's a purpose in the step

And might.

Jesus comes gives inspiration;

Lifts the load exalts the station;

Fills the soul with aspiration

For the right.

Toil is pleasure when the Master shares the thorn-cruel goad

Of the load;

Life is lifted from the debt

Once owed.

Free from sin and superstition,

Souls are thrilled with heavenly vision;

Earth becomes thru fond petition

Christ's abode.[2]

　여기서 이제 예수가 짐을 덜어 주고, 빚에서 건져 줌으로 말미암아, 어둠에서 빛으로의 극적인 전환이 가능해진다. 죄악과 미신에서부터 해방되어 밝게 빛나는 새로운 삶이 열리게 되는 것이다. 개신교를 영접하고 난 후, 이전과 전적으로 달라지는 모습에 대한 이러한 묘사가 그리 새로운 것은 아니다. 그리고 개신교로의 개종 경우에만 사실상 볼 수 있는 것도 아니다. 그러나 한국 개신교의 경우에는 개종 이전과 이후의 변화가 근대 이전과 근대 이후의 변화와 서로 겹쳐 나타난다는 데 그 특징이 있다. 여기에서 개신교가 해방시켜 준다고 하는 죄악과 미신이란 살인·강도·절도·간음 등의 범죄와 개신교 교리가 금하는 것만을 지칭하는 것이 아니다. 이른바 우상숭배에 해당하는 굿하기·점치기·조상숭배뿐만 아니라, 이전에는 관행적으로 행하여 온 노름·술·담배·조혼·축첩, '풍수지리로 명당 찾기' 등 또한 근대적 합리성과 맞지 않는 미신으로 치부됨에 따라, 바로 이런 행위를 하는 것이 죄악이 된 것이다. 이런 맥락에서 《독립신문》은 다음과 같은 주장을 펴고 있다.

> 우상에게 제사한다든지, 산천귀신에게 기도한다든지 하는… 이단의 사술을
> 좇는 백성들은 동서양을 물론하고 반드시 어두우며, 반드시 미약하게 되는
> 반면, 하나님을 존경하며 천도를 조종하는 나라들은 반드시 부강해질 것이
> 다.[3]

산천귀신에 기도하는 등의 우상숭배를 한다는 것과 이단의 사술을 한다
는 것이 의미하는 것은 무엇인가? 그것은 하나님을 존경하지 않는 것이란
점으로 미루어 볼 때, 유일신을 경배하지 않는 태도를 지칭한다고 보인다.
《독립신문》은 이 하나님 존경의 태도와 나라의 부강이 서로 연관되어 있다
고 주장하는 것이다. 이에 대해《독립신문》은 좀 더 명확한 입장을 개진한
다.

> 지금 대한국의 정치와 풍속을 보건대, 태서 문명의 나라에서 존숭하는 교회
> 는 이단이라 하여 근본 이치를 궁구하여 보지도 아니하고, 다만 태서 각국의
> 병기와 전보 · 전기 · 전기차 · 화륜선 · 우체법과 각종 기계는 취하여 쓰고
> 자 하니 이것은 근본을 버리고 끝만 취함이라. 나무뿌리 배양할 생각은 아니
> 하고 나뭇가지와 잎사귀만 무성하기를 바라니 실로 우스운 일이 아닐 수 없
> 다.[4]

나라의 부강을 이루기 위해서는 이전의 방식과 전적으로 다른 생활방식
과 사고방식이 요청되는데, 이것이 개신교 신앙을 받아들이는 것과 밀접히
연관된다는 것이다. 이런 주장에는 이중의 단절이 내포되어 있다. 즉 나라

의 부강을 위해 전통 사회와 근대 사회의 단절이 요청되듯이, 우상숭배와 미신의 단계와 개신교 신앙의 단계 사이에 단절이 필요하다는 것이다. 개신교가 처음부터 가톨릭과의 차별성을 강하게 주장하면서 자신의 정체성을 내세운 것도 이와 관계가 있다. 우주의 창조자 이외에 마리아를 숭배하는 것은 우상숭배에 해당하는 것이며, 가톨릭이 종교와 정치를 혼동하는 것은 근대사회의 원리를 제대로 파악하지 못했음을 드러내고 있다는 것이다. 즉 개신교의 관점에서 볼 때, 가톨릭은 비합리성과 전통의 영역에 안주해 있는 것으로 비추어진 것이다. 이제 새로움의 방향을 나타내 주고 있는 서구의 문명과 그 근본을 이루고 있는 개신교는 낡음의 영역에 속한 이전의 사회 원리 및 신앙과 철저히 단절해야 한다고 주장하는 것이다. 이런 이중의 단절을 강조하는 수사학이 영향력을 행사하게 되면서, 바야흐로 개신교는 한국 사회에서 새로운 문명의 상징으로 작용하게 된다.

2. 지식인의 옥중 개종

1902년 6월, 이상재·이원긍·유성준·홍재기·김정식·이승인 등 당시 정치의 개혁을 주장하던 이들이 정부 전복을 기도했다는 혐의로 한성감옥에 투옥되었다. 이들뿐만 아니라 이곳에는 이미 그 이전에도 당시 일본에 망명하고 있었던 박영효·유길준과 내통하여 정부 전복을 획책하였다는 죄목으로 이승만 등이 형(刑)을 살고 있었고, 안국선·신흥우 등도 옥에 갇혀 있는 상태였다. 그런데 감옥 생활을 하던 2-3년 동안, 이들은 대부분 세례를 받고 개신교 신자가 되었다. 일제시대에 한국 종교와 문화에 대해 광범위한 연구를 한 이능화는 이들의 집단적 개종이 관리와 양반 사회에서 개신교를 신앙하게 된 계기가 되었다.[5]고 하였다. 어떻게 이런 일이 생겨난 것일까?

이들이 믿고자 했던 개신교는 과연 어떤 성격을 지닌 것이었을까? 이 절에서는 이승만·유성준·김정식·안국선 등을 중심으로 이들이 본 개신교의 성격과 개종 동기를 살펴보고자 한다.

이승만(1875-1965)은 박영효와 연락하여 고종 폐위를 음모한 혐의를 받고, 1899년 1월 한성감옥에 투옥되었다. 원래는 종신형이었으나, 몇 차례 감형을 받아 1904년 8월에 석방되었다.[6] 감옥에 있는 동안 이승만은 1902년 12월 개신교에 입교하였다. 그는 1903년 10월부터 감옥 안에 세워진 학교에서 죄수들에게 한글·영어·일어·산수·역사·지리 등을 가르쳤고, 신약과 찬송가도 가르쳤다.[7] 그 자신이 밝히고 있는 개종의 동기는 다음과 같다.

> 혈육의연한 몸이 오륙 년 역고에 큰 질병 없이 무고히 지내며, 내외국 사랑하는 교중 형제자매들의 도우심으로 하도 보호를 많이 받았거니와, 성신이 나와 함께 계신 줄을 믿고, 마음이 점점 굳게 하여 영혼의 길을 확실히 찾았으며, 작년 가을에 괴질이 먼저 들어와 사오일 동안에 육십여 명을 목전에서 쓸어 내일 새, 심할 때에는 하루 열일곱 목숨이 앞에서 쓰러질 때에 죽는 자와 호흡을 상통하며, 그 수족과 몸을 만져 곧 시신과 함께 섞여 지내었으되, 홀로 무사히 넘기고….[8]

여기서 이승만은 열악한 환경의 감옥에서 고립된 채 살면서 개신교인의 많은 도움에 자신이 어떤 힘에 의해 보호받고 있다는 마음이 생겼다는 것, 전염병이 돌아 수많은 사람들이 죽는 것을 목격하면서 그 와중에서 자신이 살아남은 것에 감사하고 싶은 마음이 생겼음을 나타내고 있다. 그러나 이런 내용만으로는 이승만이 왜 하필 개신교로 개종하였느냐의 문제를 설명할 수 없다. 그가 옥중에서 썼다고 하는 다음과 위의 글은 좀 더 그의 개종 동기를 밝히는 데 도움을 준다.

지금 우리나라가 쓰러진 데서 일어나려 하며 썩은 데서 싹이 나고자 할진데,
이 교로써 근본을 삼지 않고는 세계와 상통하여도 참이익을 얻지 못할 것이
오, 신학문을 힘써도 그 효력을 얻지 못할 것이오. 우리는 마땅히 이 교로써
만사에 근원을 삼아 각각 나의 몸을 잊어버리고 남을 위하여 일하는 자 되
어, 나라를 일심으로 받들어 영미 각국과 동등이 되게 하며 이후 천국에 가
서 다 같이 만납시다.[9]

이승만에게 개신교는 멸망해 가는 나라를 부흥시킬 수 있는 근본적인 방
법을 제공해 주는 것이었다. 모든 백성이 개신교를 믿어 하나로 단결함과
동시에 이기심을 버리고 나라를 위해 헌신한다면 영미와 같은 선진국과 동
등하게 될 수 있다는 것이다. 여기에서 이승만이 개신교로 개종한 이유를
얼마간 짐작할 수 있다.

김정식(1862-1937)은 1898년 경무사의 직책에 있다가 독립협회에 대한 대처
가 미약하다 하여 목포로 좌천당하였다. 그 후 면직되어 상경하여 있던 중,
1902년에 체포되어 투옥되었다. 일본에 있던 박영효 · 유길준과 내통하여
정부를 전복시키게 했다는 것이 혐의 내용이었다. 고통과 억울함 속에서 1
년을 보낸 후, 김정식은 조금 한가로운 감방 생활을 보낼 수 있게 되었다. 이
때 그는 무료함과 걱정거리를 잊기 위해 감방에 들여온 예수교 관련 책을
읽기 시작하였다. 그는 그중에서 존 번연의 『천로역정』에 강한 감명을 받기
에 이른다. 주인공이 아무 잘못 없이 12년 동안 옥중 생활을 하게 된 것뿐 아
니라, 눈먼 딸을 데리고 고초를 겪는 이야기가 그의 심금을 울린 것이다. 여
기에서 김정식은 "그도 사람이고 나도 사람이거늘, 도대체 그는 어떠한 사

상과 정신을 가지고 있길래 이토록 이 세상의 고락을 담담히 지켜볼 수가 있는 것일까?"[10]라고 곰곰이 생각하게 된다. 그리고 번연의 그 능력이 예수교를 믿는 데서 나온다고 생각하여, 『신약』, 『구약』을 열심히 공부하게 되었다. 특히 『신약』에 나오는 "공중에 나는 새는 농사짓지 아니하되 먹는다."라는 구절에서 자신이 옥에 갇혀 처와 두 자식이 겪는 생활고에 의미를 부여할 수 있는 근거를 찾게 되었다. 그래서 "하나님이 우리 사람을 내실 때에 어찌 굶어 죽게 하실 이치가 있겠습니까? 야소(耶蘇) 잘 믿으시고 안심하여 지내시면 사는 도리가 있습니다…."[11]라고 주장할 수 있게 된다. 1912년 그가 자술한 〈신앙의 동기〉에서 김정식은 그 후 자신이 경험한 예수와의 만남을 이렇게 기록하고 있다.

슬프다. 나는 임금의 미워함을 받아 이 육신이 옥문 밖을 나가기는 바랄 수 없은즉 이 육신은 벌써 이 세상을 떠난 물건이라. 다만 깨끗한 마음으로 우리 예수를 따라가는 것이 나의 마땅한 본분으로 생각하니라. 그 후, 한밤 고요하고 잠들지 아니할 때에, 스스로 이 육신의 불쌍한 지경을 생각하며, 전전반측할 때에 예수께서 내 누운 요에 함께 앉으신지라. 그 무릎을 붙잡고 (내가) 하는 말이 "나는 육신(肉身)의 부모(父母)도 없고 형제(兄弟)도 없으니 내 불쌍한 사정(事情)을 고(告)할 곳이 없으되, 나를 지극(至極)히 사랑하시고 지극히 친절하시고 지극히 불쌍히 여기시는 예수 형님께 고하옵니다. 내가 전일에 주색에 침닉(沈溺)하여 선조(先祖)에게 불효함과 처자에게 박정함과 친구에게 교만한 죄가 많고 더욱이 나의 사랑하는 딸 鶯似의 나이 10세도 안되어 두 눈이 멀어 앞을 보지 못하는 것을 로마교당 양육원에 보내었으니 때때로 부모 부르짖을 생각을 하면 뼈가 저리고 오장이 녹는 듯합니다." 이에 예수께서 손으로 내 등을 어루만지며 위로하시되, "네 회개함을 내 아나니 너무

서러워 마라." 그 말씀이 귀에 들릴 적에 그 불쌍히 여기시는 음성에 감동하여 자연 마음이 주락(酒落)하여져서 무슨 큰 짐을 벗은 모양도 같고, 물에 빠졌다 나온 것도 같으매….[12]

이와 같은 김정식의 개종에서 살펴볼 수 있는 점은 자신의 옥중 생활의 좌절, 눈먼 딸을 양육원에 떼어 보낸 아픔, 그리고 가족이 겪고 있는 어려운 생활을 떠올리면서 다가오는 고통에 대해 신약에서 그 의미 부여의 근거를 발견함으로써 개종이 이루어졌다는 것이다. 아무런 죄 없이 옥에 갇힌 것에 대해 억울함과 분노가 솟구치는 단계가 지나자 좌절과 회한이 찾아왔으며, 가족이 겪는 어려움에 대한 연민으로 극심한 고통을 느끼고 있을 때, 신약의 내용이 그에게 따뜻한 위안을 마련해 준 것이었다. 그 후 그가 경험한 예수와의 만남도 전혀 초월적이거나 전율을 느끼게 하는 성격을 지닌 것이 아니라 마치 옆집의 형님이 가슴 아파하는 동생을 어루만져 주는 듯한 것이었다. 그래서 그의 '예수 형님'은 신과 인간 사이에 넘을 수 없는 거리를 상정하고 있는 선교사들의 예수와는 사뭇 다른 것이었다. 이러한 그의 개종 경험 때문에 김정식은 다른 신자들과 다르게 노장을 탐독하고 불교 사원을 방문할 수 있었으며, '불교인은 물론 기타 유사종교인들까지 회동'[13]할 수 있었던 것이다.

1894년 김홍집 내각에서 농상공부 회계국장을 역임하였으며, 대표적 개화파인 유길준의 동생이기도 한 유성준(1860-1934)은 1902년 수구파의 득세와 그에 따른 개화파의 탄압으로 인해 한성감옥에 투옥되었다. 다섯 평의 넓이에 20여 명의 죄수들을 가두어 운신도 제대로 할 수 없었고 잡범들과 함께 생활을 하게 되어 많은 고초를 겪을 수밖에 없었다.[14] 그렇게 억울함과 분노의 세월을 보내던 중, 하루는 감방 내에 순한문 성경 한 권이 들어와 이를 보게 되었더. 유성준은 자신이 성경을 읽게 된 이유를 다음과 같이 밀하고 있다.

> 글 읽을 욕심이 팽창하던 중에 다른 서적은 없을뿐더러 그 무지한 사람들과 접어(接語)하기가 싫어서 마태복음 1장에서 시작하여 아침부터 저녁까지 읽어 갔으나, 그 뜻을 깨닫지 못할뿐더러 구구절절이 다 허언(虛言)과 환술(幻術)에 불과한즉 우리 유교에 대하여는 참 이단이라 아니할 수 없다고 생각하였다.[15]

이런 입장은 1895년 일본 망명 중 윤치호를 만난 자리에서 윤치호가 자신은 개신교를 믿게 되었다고 하자 "외인을 사귀어 사교를 믿고, 우리 선조의 전하여 오는 공맹의 도를 배반코져 하니 진실로 한심한 일이로다."[16] 하면서 분노를 표시하였던 것과 맥을 같이하는 것이다. 그러나 유성준은 도저히 맘에 맞지 않아 구석에 던져 두었던 성경을 옆의 잡범들에 신경 쓰지 않기 위해 다시 읽어 보게 되었고, 선교사들의 정기적인 방문과 이승만의 권유 등에 의해 1년 동안 신약을 7번 읽게 된 후, 예수를 공자와 비등한 수준으로 인정하게 되었다.[17] 이는 1903년 11월 언더우드 목사가 유성준에게 "이제 성경을 읽은 지 1년이 지났는데 예수를 누구로 생각하느냐?"라고 물었을 때 그가 "공자와 같은 성인으로 생각하노라."[18] 라고 한 대답에서 잘 나타난다. 그때 언더우드 목사에게 기도는 목사만이 아니라 누구나 할 수 있으며, 주의 이름으로 기도를 해야 예수가 구세주인 줄 알게 될 것이라는 말을 듣고, 그 이튿날부터 기도를 지속적으로 해 나가게 되었다. 그러다가 그해 12월, 그는 극적인 종교체험을 하기에 이른다.

기도하던 중, 갑자기 가슴이 터지는 것 같고 눈물이 비 오듯 하며, 40평생에 경과한 일체 행동이 정직·염결·공평한 줄로 자신하고 자랑한 것이 다만 자기를 위하는 명예와 공리심이었다는 죄를 황연히 깨닫게 되었다. 그리고 같은 날, 마태복음 7장 9-11절을 읽다가 하나님 아버지의 은총과 구주의 공덕에 더욱 감격하게 되었다. 이후부터는 하나님을 원망하고 사람을 원망하는 마음이 전혀 소멸되고 다만 구주의 넓고 크신 은덕을 감사하며, 마음이 평안하여 무한한 즐거움이 생기었다.[19]

유성준을 비롯하여 비슷한 시기에 개신교로 개종 경험을 하게 된 이들이 어떻게 그런 변화를 갖게 되었을까? 다음과 같은 유성준의 글에서 그 단서를 찾을 수 있다.

이 해 12월 말에 투옥된 여러 동지들이 모여 서로 말하기를 우리 오늘날같이 하나님의 무한한 은총을 얻음은 모두 이근택 씨[20]의 덕이다. 출옥한 후에 그를 방문해서 치사함이 옳다 하면서 이전의 원수 갚을 생각이 이처럼 변한 것에 대해 감사하는 뜻으로 모두 하나님께 기도하였다.[21]

유성준이 개종을 하게 되는 과정은 세가지로 나누어 볼 수 있다. 첫째는 개신교를 사교(邪敎)로서 파악하고, 공맹의 도를 적극적으로 수호하려 한 단계이다. 둘째는 『신약』을 반복해 읽은 후, 예수를 공자와 비슷한 반열에 있는 존재로 인정하게 된 단계이다. 셋째는 자신의 죄를 깨닫는 종교체험을 거치면서 개신교로 개종하는 단계이다. 첫 번째에서 두 번째 단계로 옮겨가는 과정에서 특이한 것은 『신약』을 접하게 된 계기가 감옥에서 어떤 글이라도 읽을 욕심에서 시작되었다는 점이다. 자신의 마음에 맞지 않아 『신약』을 여러 번 내던졌다가도, 단지 감옥 생활의 고초를 책 보는 것으로 벗어나기 위해 계속 읽게 된 것이다. 책을 읽은 후, 어떠한 측면에서 그가 예수를 공자와 같은 성인으로 여기게 되었는가는 자세히 알 수 없다. 다만 윤리적인 관점에서 공자와 예수를 같은 수준에 있는 것으로 여기게 되지 않았을까 짐작할 뿐이다. 자신의 죄를 깨닫게 되는 세 번째 단계에서, 유성준은 하나님의 은총과 자신의 죄가 확연히 대조되는 경험을 하게 된다. 그 종교체험의 계기가 되는 것이 마태복음의 한 구절인데 그 내용은 다음과 같다. "너희 중에 누가 아들이 떡을 달라 하면 돌을 주며, 생선을 달라 하면 뱀을 줄 사람이 있겠느냐? 너희가 악한 자라도 좋은 것으로 자식에게 줄 줄 알거늘 하물며, 하늘에 계신 너희 아버지께서 구하는 자에게 좋은 것으로 주시지 않겠느냐?" 이 내용에서 현저한 것은 아들에 대한 아버지의 자애로운 사랑이다. 아들과 아버지 · 인간과 하나님이 서로 상응되고 있는 것으로 묘사되면서, 아버지의 사랑에 대한 신뢰가 강조되어 있다. 그래서 공자와 예수가 나누어지는 점이 바로 예수에게서 찾게 된 바의 자식에 대한 보다 친밀하고 자애로운 배려에 있었다고 추측할 수 있다. 하지만 예수를 믿게 되었다고 해서 공자에 대한 존경심이 사라진 것은 결코 아니다. 〈심사(深思)하자〉라는 글에서 유성준은 무엇을 기준으로 깊이 생각할 것인가라는 질문을 던진 다음 이렇게 주장한다. "기독의 지(旨)와 공자의 여(慮)와 은왕(殷王)의 근(勤)과 화옹(華翁)의 명(明)과 이문성(李文成)의 지(智)와 정충무(鄭忠武)의 능(能)으로 양감(良鑑)을 작(作)할 것이나…."[22]

그런데 도대체 어떻게 예수와 공자가 나란히 숭앙될 수 있었을까? 우선 유성준은 옛 관습에 중독되고 마취되어 빠져나오지 못하고 있는 이들을 어떻게 치료해서 각성시킬 것인가라는 문제를 중요한 것으로 제기한다. 그가 개신교인임에 긍지를 느끼는 것도 개신교도 중에는 '술 먹고 도박하는 자가 없으며, 관혼상제의 번문허례와 성황 사찰의 축원하는 미신과 무격승니(巫覡僧尼)의 유혹이 없는'[23] 것 때문이다. 이런 구습에서 벗어나게 하기 위해서는 만물 중의 영장인 인간의 지능을 제대로 활용해야 하는데 이것을 이루기 위해서는 '종교의 진리로 기초를 정하고, 철인(哲人)의 양규(良規)로 문로(門路)를 작(作)할 것'[24]이 필요하다. 여기서 종교의 진리와 철인의 규범 사이의 상호 연관성을 인정하게 됨으로써, 자연히 예수와 공자의 관계도 서로 배타적일 필요를 지니지 않게 되는 것이다.

안국선(1878-1926)은 1895년 군부대신을 지낸 안경수(1853-1900)의 가까운 친척이며, 그의 추천으로 일본에서 유학 생활을 하였다. 그가 동경전문대학을 졸업하고 귀국한 직후인 1899년 11월에 체포되는데, 박영효와 연관된 역모 사건에 연루되었기 때문이다. 그 후 1904년 3월 종신유형을 선고받을 때까지 4년 동안 그는 옥에 갇혀 살게 된다. 그리고 이 기간 동안, 그는 개신교로 개종하게 된다.[25] 그가 어떤 동기에서 개종하였는지는 구체적인 자료가 없기 때문에 알 수 없다. 그러나 1907년 3월 유배에서 풀려나 쓴 글을 통해 그의 개신교 신앙 성격을 파악할 수 있다. 안국선은 〈대한금일선후책(大韓今日善後策)〉이란 글에서 20세기 조선이 나아가야 할 방향을 '교화(教化) 조선'과 '실업(實業) 조선'으로 들고 있다.[26] 조선이 부흥하기 위해서는 근본적으로는 인민 교화를 해야 하고, 실제적으로는 실업을 발전시켜야 한다는 주장이다. 교화에는 두 가지가 있는데 하나는 종교이고, 다른 하나는 교육이다. 안국선은 이 두 가지야말로 사회가 문명을 이루는 근본이며, 특히 종교로 인하여 문명이 발달하는 것임에도 지금 한국에는 종교가 없기 때문에 커다란 문제가 되고 있다고 진단한다.

인도의 문명은 불교에 기인된 것이었고, 중국의 문명은 유교로 인해 일어난 것이었다. 터키, 이집트 등의 고대 문명은 이슬람에 그 근원이 있는 것이며, 서구의 금일 문명은 예수교가 그 근본이다.… 그래서 금일의 서구 문명을 수입하고자 한다면 예수교를 믿어 종교를 개량하는 것이 필요하다.[27]

안국선의 주장은 서양 문명을 수입하려면 인민의 성질을 전면적으로 감화시켜야 하는데, 그것을 위해 서양 문명에 알맞는 종교를 택해야 한다는 것이다. 이것이 20세기의 대세에 적응하는 것이고, 그럴 때에만이 국가의 독립과 사회의 문명이 성취될 것[28]이기 때문이라는 것이다. 그러나 그뿐만이 아니다. 안국선은 예수교를 믿음으로써 일본을 넘어설 수 있는 가능성도 엿보고 있다.

일본이 만약 종교까지 바꾸었더라면 정말 서양 문명과 나란히 같은 위치에 놓였을 것이다. 그러나 종교의 문명은 이루지 못하고 물질적 문명만 이루었기에 정치, 법률, 기계, 농·공·상 등은 문명을 이루었으나 도덕상에는 아직 야만을 면치 못하고 있다.”[29]

서양의 물질적 문명은 서양의 종교에 그 바탕을 둔 것임에도, 그 종교를 취하지 않고 물질문명만 취한 것은 커다란 결함이 있는 태도라는 것이다. 이런 태도로는 문명의 근본을 발전시킬 수 없기 때문이다. 그에게는 단지 정부의 관제(官制)나 바꾸고 인민의 의관(衣冠)이나 새롭게 하는 것은 근본적인 것이 아니라[30] 피상적인 것이다. 이런 피상적 조치로는 새로운 문명을 이룰 길이 없다. 인민의 성질을 완전히 바꾸어 병의 근원을 도려내야 한다. 여기에서 서양 종교인 예수교가 요청되는 것이다.

인민의 의관 변화를 근본적인 변화가 아니라고 보게 된 안국선의 관점은 조선 시대의 유교적 예절 관념과 매우 다른 것임을 보여주고 있다. 1895년 12월의 단발령 이후, 의복과 머리 스타일의 변화를 둘러싸고 심각한 갈등이 여전히 계속되고 있던 와중에서도[31] 안국선과 같은 입장은 이전과 같은 인간관계의 예절이 아니라, 인민의 내면적 측면에 대해 관심의 초점이 점차 옮겨 가고 있음을 나타내고 있기 때문이다. 앞서 유성준이 관혼상제의 형식성에 대해 비난하고 있는 것도 이와 같은 맥락에서 나온 것이라 볼 수 있다. 인간 내면의 중요성이 강조되면 될수록, 유교 의례의 번잡한 형식성은 그만큼 비난받게 마련이었다. 일제시대에 이러한 경향은 더욱 강화되어, 유교의 허례허식 때문에 나라가 망했다고 하는 담론이 지금까지 상당한 영향력을 지니게 되었다.

기독교를 믿어야 서양 문명의 근본을 얻을 수 있다는 주장은 당시 상당히 강력한 세력을 지니고 있었는데, 여기에는 두 가지의 기본 전제가 있다. 하나는 종교가 문명의 핵심적 기반을 이루고 있다는 점이며, 다른 하나는 종교의 기본 모델이 기독교 특히 개신교라고 보는 점이다. 안국선도 이런 두 가지 전제를 당연시하였으며, 특히 인간의 위치를 금수(禽獸)·초목(草木)과 비교하면서 기독교 신앙의 필요성을 언급하고 있다. 즉 본래 인간은 만물 중에 가장 뛰어나므로 하나님을 대신하여 금수·초목 등 세상 만물을 다스릴 수 있는 권능이 있다. 그러나 지금 인간은 만물 중에 제일 귀하고 뛰어난 위치에 있는 것이 아니라 오히려 제일 어리석고 제일 더러운 지경에 처해 있다. 어떻게 해야 할 것인가? "사람이 떨어져서 짐승의 아래가 되고, 짐승이 도리어 사람보다 상등이 되었으니, 어쩌면 좋을꼬?"[32] 이에 대한 그의 대답은 "예수 씨의 말씀을 들으니 하나님이 아직도 사람을 사랑하신다고 하니…회개하면 구원 얻는 길이 있다."[33]는 것이다.

이승만·김정식·유성준·안국선은 모두 1902-1904년의 기간 동안, 한성감옥에 투옥되어 있던 도중에 개신교로 개종하였다. 이승만·안국선의 경우, 개신교와 서구의 문명은 뗄 수 없는 관계로 인식하였다. 서구 문명의 근본을 이루고 있는 개신교를 수용하는 것이 서구와 같은 문명 수준으로 나라를 만드는 유일한 방법이라고 생각하였다. 반면 김정식과 유성준은 자신의 죄에 대한 자복을 통해 개신교로 개종하였다. 김정식은 옥중에서의 좌절감, 그리고 자신이 투옥되어 가족이 겪고 있는 어려움에 마음 아파하다가 '예수 형님'의 따뜻한 위로를 받고 개신교를 받아들이게 되었다. 유성준은 옥중에서 글을 읽고 싶은 욕심에서 『신약』을 보게 되었고, 자신의 자만심에 대한 깨달음, 그리고 부모-자식 사이의 자애로운 관계에 비추어진 하나님의 은총에 감격하여 입교하였다.

선교사들의 입장에서 보았을 때, 이승만·안국선과 같은 개종은 환영할 만한 것이 아니었다. 개신교를 믿는 나라가 가장 높은 문명을 지니고 있기 때문에 그와 같은 문명을 달성하기 위해서 나라 안의 모든 이들이 당연히 개신교를 믿어야 한다는 논리는 그들에게 못마땅한 것이었다. 샤프 목사는 이런 동기를 가지고 개신교를 믿으려는 자들을 이렇게 평가하고 있다.

> 그들은 개신교 자체와 개신교로 인한 결과물을 구별하지 못하는 자들이며, 개신교의 영적 본질을 제대로 파악하지 못한 자들이다.[34]

그러나 이런 선교사들의 주장에 대해서 만만치 않은 비판이 제기되어 서로의 입장이 팽팽히 맞서게 되었다. 다음은 국민교육의 필요성을 강력히 주장하는 당시 신문의 논설이다.

> 예수교 학교에서는 국민을 양성치 아니하고, 예수교도를 양성하며, 천주교

학교에서는 국민을 양성치 아니하고, 천주교도를 양성하며, 천도교 학교에서는 국민을 양성치 아니하고, 천도교도를 양성하고 있다.… 그럴 경우 예수교는 흥왕할지언정 국가는 흥왕치 못할지며, 천주교는 흥왕할지언정 국가는 흥왕치 못할지며, 천도교는 흥왕할지언정 국가는 흥왕치 못할 것이다.[35]

기독교가 민족과 국가는 어떻게 되든 상관없이 천국 가는 것만 골몰하게 된다면 가히 두려워할 만한 문제가 아닐 수 없다는 이런 입장은 나중에 선교사들과 갈등을 불러일으키게 된다. 이에 대해서는 다음 절에서 언급될 것이다.

김정식과 유성준의 경우 종교체험을 통해 개신교 신자가 되었지만, 역시 선교사들의 개신교와는 성격을 달리하고 있다. 김정식은 옆집의 인정 많은 형님처럼 예수를 묘사하면서, 다른 종교인들과 거리낌 없는 교제를 하였으며, 신종교 혹은 민간종교에 종사하는 사람과도 어울렸던 것이다. 이에 비해 유성준은 어떤 경우에도 술을 하지 않고, 조상 제사도 지내지 않는 등 단호한 신앙생활을 하였으나, 여전히 공자를 대성인(大聖人)으로 숭앙하는 모습을 보여주고 있다. 그러나 개종한 지 25년이 지나 자신의 개종 체험을 적어 둔 유성준의 기록에서 선교사들의 신앙과 가장 근접해 있는 개신교인을 만날 수 있게 된 것이 그저 우연이라고는 여겨지지 않는다. 1928년 당시 유성준의 입장이 25년 전의 개종 사건을 회상하는 데 영향을 안 미쳤으리라고는 생각할 수 없기 때문이다.

3. 1907년 대부흥 운동의 개종

1903년 하디(R. A. Hardie)라는 선교사가 원산에서 열린 기도 모임에서 자신의 선교 실패를 자인하고, 그 원인이 자신이 한국인에 대해 지녔던 우월감과 권위의식에 있었음을 고백함으로써 시작된 부흥 운동은 자신의 죄를 회개하는 운동으로 전개되었다. 1905년 8월부터 보다 본격적으로 진행된 부흥 운동은 빠른 속도로 전국 각지에 퍼져 나갔으며, 1907년 평양에서 그 절정에 달하였다. 교회사가 민경배는 언더우드의 자료를 인용하여 1905-1907년 사이의 개신교 교세 확장을 다음 〈표〉에서 보여 주고 있다.[36]

연대	교회 수	전도소 수	세례교인 수	학습교인 수	헌금(달러)
1905	321	470	9,761	30,136	13,528.67
1907	642	1,045	18,964	99,300	53,197.85
증가율(%)	200	222.3	194.2	329.5	393.2

이 표에 의하면, 2년의 기간 동안 개신교는 교회 수, 전도소 수, 세례교인 수 모두 대개 2배의 증가를 보인 것으로 나타나 있다. 하지만 다른 통계에 따르면 증가율이 2배에 달하지는 않은 것으로 되어 있다.[37]

연도	장로교 교인 수	전년 대비 증가율(%)	감리교 교인 수	전년 대비 증가율(%)	전체 교인 수	전교인 중 장로교인의 비율(%)
1907	72,968	28.16	33,319	1.84	106,287	68.65
1908	94,981	30.16	37,030	11.14	132,011	71.95

이 표에 따르면, 장로교의 경우 1907년에 전년 대비 28%의 신자 수 증가를 보인 데 반해, 감리교는 겨우 2% 정도 증가에 그치고 있다. 감리교와 장로교 사이의 이런 차이는 부흥 운동에서 장로교가 주도권을 쥐고 있었다는 점, 그리고 본래 정치적·사회적 성향이 강하였던 감리교 신자 중에서 부흥 운동의 탈정치적 경향에 불만을 느끼고 교회에서 나간 사람이 상당수 있었

다는 것[38]을 보여준다. 통계 숫자가 지니는 이데올로기적 측면을 감안하더라도, 상당수의 사람들이 부흥 운동에 활발하게 관여하였던 장로교로 개종하였음을 알 수 있다. 다음의 내용은 당시 미국에 있었던 이승만이 피츠버그 연회에서 부흥 운동에 대해 언급한 내용으로, 그 분위기를 짐작할 수 있게 한다.

> 최근에 벌어졌던 소동 이후에 놀랄 만한 힘이, 엄청난 부흥의 성령이 나라에 임하였습니다. 평민과 시골의 가난한 농부뿐만 아니라, 왕족·정부 고관·보수적인 유학자·불교 승려·상류층 부인에 이르기까지 전국의 모든 종류 사람들이 자신들이 갈 수 있는 하나님의 집에 쏟아져 들어왔습니다.[39]

그런데 이와 같이 부흥 운동을 통해 개종한 사람들은 어떠한 동기에서 개신교를 믿게 된 것일까? 이들은 앞에서 언급한 바 있던 옥중의 지식인들처럼, 자신들의 개종에 대해 남겨 놓은 글이 없기 때문에 그들의 구체적인 개종 동기를 파악하기란 쉽지 않은 일이다. 그러므로 간접적인 방식으로 그에 관해 살펴볼 수밖에 없다. 다음 부분에서는 우선 선교사들이 기록해 놓은 내용을 통해 그들의 개종 상황을 알아본 후, 1907년 평양 대부흥회를 이끌었던 길선주 목사를 살펴봄으로써 부흥 운동을 통해 개종한 사람들의 성격을 파악해 보고자 한다.

샤프 목사는 1906년 황해도 지방에서 개신교로 개종한 이들의 동기를 다음과 같은 세 가지로 정리하고 있다.[40] 첫 번째는 보호를 얻고 권력을 지니려고 하는 욕구 때문에 개신교로 개종하는 경우이다. 상호 도움을 얻기 위해 우후죽순 격으로 수많은 단체들이 만들어지고 있던 가운데, 개신교회에 가입하는 것이 권세와 보호를 얻을 수 있는 좋은 방책이었음은 의심할 수 없는 것이었다. 두 번째는 개신교가 서구 문명의 원천이기 때문에 개신교를 믿어 서구와 같은 문명 수준을 달성해야 한다는 것이다. 세 번째는 샤프가 보기에 진정으로 영혼의 목마름을 가지고 있으며, 성령의 은사를 받고 개종한 이들이다. 이들은 개종을 통해 근본적으로 다른 인간으로 탈바꿈하였으며, 가장 바람직한 개종 동기를 보여주는 경우라고 간주되었다. 두 번째의 동기는 앞서 언급한 바 있던 옥중 지식인의 경우에 전형적으로 나타나는 것이다. 첫 번째 개종 동기에 대해 좀 더 구체적으로 살펴봄으로써 이것이 세 번째 개종 동기와 어떻게 차이를 보이는지 알아보고자 한다.

한국 개신교의 초기 역사에서 완만한 증가를 보이던 신자 수가 갑자기 늘어나게 되는 계기는 1894-1896년과 1905-1906년 사이라고 알려져 있다. 장로교 선교 보고서를 중심으로 작성된 통계에 의하면 장로교인은 1895년의 180명에서 1896년에는 2,000명으로 10배 이상의 증가를 보였다. 장로교의 중심지였던 평양이 청일전쟁의 전쟁터가 되었던 것으로 인해 그런 신자 수의 성장이 이루어졌다고 흔히 분석되고 있다. 1905년에서 1906년 사이에도 미(美) 감리회의 경우 7,796명에서 12,719명으로, 그리고 장로교의 경우에는 37,407명에서 56,943명으로의 비약적인 신자 증가를 나타내고 있다.[41] 이처럼 1894-1895년의 청일전쟁과 1903-1904년의 노일전쟁의 기간 동안 개신교로 개종한 신자가 급증하였다는 것은, 당시 일본·청·러시아의 어느 세력도 무시할 수 없었던 상황에서 미국과 서구 나라에 많은 조선인들이 의존하려고 하였음을 보여 주는 것이다. 이러한 개종자에게 개신교란 조선 정부의 탐학으로부터 자신들을 보호해 줄 뿐만 아니라 일본·청·러시아의 침략으로부터도 안전하게 자신들을 지켜줄 수 있는 방패막이이자 피신처였던 셈이다. 조금 긴 에피소드이지만 밀러 목사가 전해 주는 다음의 이야기는 이와 같은 개종의 성격을 생생하게 묘사하고 있다.

나는 언제 한 번 우리 클라스의 사람마다 어떻게 예수를 발견하게 되었느냐고 물은 적이 있었다. 김 씨가 일어나 이렇게 말했다. "내 이야기는 그리 특별하진 않지만 말하겠습니다. 아내와 나는 우리가 알고 있는 모든 정령에게 숭배하는 것을 법으로 하고 있었습니다. 그래서 집과 뜰에는 산신, 뒤뜰신, 부엌신, 집안신 등 수많은 신을 모시는 곳으로 가득 차 있었습니다. 방 안에도 그런 곳으로 가득하여 밤에 자러 방에 들어가는 것도 무서웠습니다. 머리를 그곳에 부딪혀 그 신들이 화가 나기라도 하면 우리 가정에 재앙이 떨어지기 때문이었죠.… 그런데 기독교인들은 그런 정령들에게 두려움도 없고 별 관심도 보이지 않으면서도 번성하고 있다는 것을 알게 되었습니다. 저는 그들 중 누군가 내게 귀신으로부터 자유로워질 수 있는 비밀을 알려 주었으면 하고 바라게 되었습니다. 그러다가 어떤 연못골 사람이 저를 야소교회로 초청하였습니다. 그래서 교회에 몇 주 동안 나갔지요. 마침내 저는 집사 중 한 분에게 이렇게 말했습니다. '내 마누라와 저는 우리 집에 있는 귀신단자 만지는 것이 두렵습니다. 그렇지만 당신네들은 그것을 무서워하지 않더군요. 그래서 우리들은 당신네들이 우리 집에 오셔서 그것들을 모조리 치워 주시면 좋겠다고 생각합니다. 이제 우리는 그리스도를 믿고 따르고 싶기 때문이지요.' 그래서 교회 사람들이 우리 집에 와서 그 단자들을 모두 모아 불에 넣어 태워 버렸습니다." 그는 이렇게 말하였다. "그날 밤 꿈에서 저는 사탄이 집 뜰 뒤 담장을 넘어 사라지는 것을 보았고, 그 뒤부터는 더 이상 귀신을 두려워하지 않게 되었습니다. 집안에 병든 사람이 생겨 어머니께서 무당을 불러오려고 하면, 집사람과 저는 이렇게 말합니다. 안됩니다. 어머니! 그리스도가 귀신들보다 더 힘이 셉니다. 우리는 그리스도를 믿어야 합니다. 그분이 무엇을 주시든 그것은 좋은 것입니다."[42]

이 이야기에서 김 씨가 예수를 믿은 이유는 개신교의 교리가 설득력이 있다거나 그 윤리적인 가르침에 감복해서가 아니다. 그가 개종한 까닭은 오직 '예수귀신'이 다른 귀신보다 훨씬 더 강력하기 때문이다. 이처럼 더 강력한 힘을 가진 존재에 의해 보호받고자 하는 바람은 당시 갖은 간난과 고초를 겪고 있던 서민들에게는 절박하고 어쩔 수 없는 욕구였다. 그래서 김 씨와 같은 이유에서 개신교로 개종한 경우가 당시 상당히 광범위하게 발견될 수 있다는 것은 이상하지 않다. 청일전쟁이나 노일전쟁과 같은 비상시에는 이런 경향이 좀 더 가속화되어 나타난 것일 뿐이다.

여기에서 선교사가 본 조선인의 개종에 대해 좀 더 살펴보고자 한다. 우선 제임스 게일(James Scarth Gale, 奇一, 1863-1937)이 1898년에 간행한 책 『코리언 스케치(Korean Sketches)』의 관련 내용을 검토한다. 게일은 1888년 12월에 캐나다 장로회 선교사로서 한국에 도착하여 1927년 6월 떠날 때까지 전도 활동과 교육, 번역 활동을 활발히 전개하였다. 『코리언 스케치』는 한국 체류 10년 만에 간행한 책으로, 당시의 여러 가지 흥미로운 내용이 기록되어 있다. 그 가운데 외국 선교사에 관심을 보이는 조선인의 동기(動機)에 관한 다음의 내용이 주목할 만하다.

사람들은 우리들이 기독교를 전도하러 그곳에 갔다는 것을 알자마자 사방에서 갖가지의 이유 때문에 몰려들었다. 어떤 사람은 쌀 때문이었고, 어떤 사람은 일 때문이었고, 어떤 사람은 돈 때문이었고, 또 어떤 사람은 악귀와 악령에서 벗어나기 위해서였다. 말하자면 기독교에 대한 갈망 때문에 찾아온 사람은 하나도 없었다. 사실 그들은 누구에게도 기독교에 대한 이야기를 들은 적이 없었으니, 자기가 알지 못하는 것에 대해서 욕망을 가질 수는 없는 노릇이다. 나쁜 기운에 시달렸던 많은 사람들이 겁에 질린 채로 와서, 그로부터 벗어날 방법을 물었다. 우리가 제시한 치료 방법은 『신약』의 구절을 읽어 주는 것이었는데, 우리는 지금 『신약』을 영어에서 조선말로 번역하는 일을 진행 중에 있다. 그들은 열심히 경청한다. 나는 복음서의 이야기를 듣고, 송두리째 삶이 바뀌어 이전의 속박된 삶에서 벗어나게 된 이들을 알고 있다. 그 결과, 그들의 가정은 더 깨끗하고, 정돈되었으며, 그들이 섬기던 우상과 숭배 물건들은 자취를 감추었다. 그들이 커다란 해방감을 경험하게 되었다고 말할 때, 그 말이 진실이라는 것을 금방 느낄 수 있을 것이다.[43]

여기에서 게일은 조선인이 기독교에 관심을 보일 때, 선교사가 바라는 이른바 '순수한' 동기에 의해 그 관심이 나타난 것이 아니라, 쌀·돈·일·축귀(逐鬼)에 대한 바람 때문에 나타난 것이라고 주장한다. 1898년 당시 기독교가 그리 넓게 전도되지 못했으므로, 게일은 조선인이 기독교를 알지 못한 것도 무리가 아니라고 본다. 위의 인용문에는 쌀·돈·일로 대표되는 현실적인 요청, 그리고 축귀로 대변되는 바, 즉 불가시 영역의 지배권을 둘러싸고 벌어지는 각축(角逐)이 생생하게 기술되어 있다. 이 밖에도 게일은 개종에 관한 두 가지 재미있는 에피소드를 소개하고 있는데, 하나는 김 영감 이야기이고, 다른 하나는 신 씨라는 머슴 이야기이다.

김영감 이야기는 제12장 〈잊을 수 없는 친구들〉에 나오는 내용으로, 김 영감은 게일이 전도하러 북동 해안 지방(아마도 함흥 지방)에 갔을 때, 만난 노인이다. 김 영감은 첫날의 전도 집회에 참석하여 게일의 말을 귀 기울여 듣고 있다가 부모를 증오하고 형제의 아내와 결혼하라고 하는 것이 기독교 교리냐고 성을 내면서 자리를 박차고 떠났다. 그러나 다시 와서는 게일의 설명을 듣고 나서 그는 개종의 경험을 하게 된다. 그의 태도가 극적으로 바뀌게 된 것은 다음과 같은 예수의 이야기를 들은 것이 계기가 되었다.

길손에게 쉬게 해 주라. 굶주린 자에게 먹을 것을 주라. 근심이 있는 자는 모두 오라! 그리고 죽었던 사람이 주님의 음성을 들었다. 가난하고 집 없는 여인은 주님이 자기를 돌봐 준 것을 깨달았다. 마땅히 처벌받아야 했던 도둑은 천국에 가서 평안을 얻었다. 주님 자신은 양손을 못 박히고 발을 찢기고 옷이 피투성이가 되는 고통을 겪으셨다.[44]

게일이 기록한 바에 따르면, 김 영감은 눈물을 흘리면서 예수의 이야기에 큰 감명을 받았다고 말했다. 50여 년을 살아오면서 처음으로 하나님을 가까이 하게 되었다고 했다. 그의 얼굴이 달라져서 주위 사람들이 깜짝 놀랄 정도였다. 고뇌의 표정이 사라지고 평온한 표정이 나타났다. 김 영감은 마을 사람들에게 가서 자신의 변화를 말해 주었다. 마을 사람들은 김 영감의 갑작스런 변화로 혼란에 빠졌고, 공포에 사로잡혔다. 김 영감이 밤에 큰 소리로 기도했기 때문이다. 다음의 내용은 김 영감의 변화에 대해 마을 사람들이 보였던 부정적인 반응을 잘 보여준다.

그들은 차례로 고사를 지내고, 마을에 들어온 귀신한테서 구출해 달라고 자기네 신들에게 빌었다. 그중 대담한 사람 하나가 하나님을 거역하고, 김 영감을 위협하고, 비열하고 무식한 말투로 하나님을 모독하고 나서 산 밑에 있는 자기 집으로 돌아갔다. 그러나 큰비가 내려서 산사태가 일어나 그 사람을 파묻어 버렸다. 그러나 김 영감은 하나님께 사람들을 구해 주시고 산사태가 그치게 해 주십사고 기도했다.[45]

산사태는 전통적으로 숭배되었던 신들이 이제 '잡신(雜神)'으로 강등되어 유일신인 '하나님'의 지배하에 놓이게 되는 상황을 상징적으로 보여준다. 하나님은 김 영감의 기도에 산사태로 응답하셨고, 김 영감은 산사태를 그치게 해 달라는 기도를 다시 드림으로써 승자(勝者)의 여유를 보인 것이다.

신 씨라는 머슴 이야기는 아주 가난한 머슴 신 씨가 게일을 찾아오면서 시작된다.[46] 머슴이 방에 들어오자 게일과 함께 일하던 양반들은 머슴이 더럽고 고약한 냄새를 풍긴다고 방에서 쫓아내라고 야단을 쳤다. 그래서 신 씨가 집회에 참석할 때에는 항상 제일 먼 구석에 앉아서 들어야 했다. 하지만 두어 달 후에 그는 전혀 다른 모습으로 교인들 사이에 앉아 있게 되었다. 깨끗한 손, 건강한 몸, 그리고 잘 차려입은 옷맵시를 하고 나타난 것이다. 이런 외면적 변화는 그의 내면에서 일어난 변화를 드러내는 것이다. 게일은 그가 정신적 감옥에 갇힌 죄인에서 자유로운 인간으로 변화한 것을 다음과 같이 묘사한다.

> 그는 여러 해 동안 아무짝에도 못 쓰는 죄인이었다. 그는 정신적인 감옥에 갇혀 있었고, 그의 두 발은 차꼬를 차고 있었다. 악의 병력이 그를 감시하고 감옥의 문은 닫혀 있었다. 그는 사형이 선고된 것도 모르고 잠들어 있었다. 그런데 주의 천사가 내려와서 그의 잠을 깨우고 "나를 따라와라." 하였다. 그는 어찌된 영문인지도 모르면서 천사의 뒤를 따라나섰다. 차꼬가 풀어지고, 감시원들은 무력해지고, 옥문은 활짝 열리고, 큰 도시로 나선 그는 자유로운 인간이 되었다.[47]

머슴 신 씨의 개종은 그 자신뿐만 아니라 주위에도 놀랄 만한 효능을 발휘한다. 신 씨의 아내가 콜레라에 걸리자 교인들이 모여 기도를 드렸는데, 다 죽게 되었던 그녀가 기도의 보답으로 살아난 것이다. 게일은 치사율이 높은 전염병도 기도를 통해 치료가 가능함을 보여준 것이라고 주장한다. 심지어 어떤 사람은 기독교 교인이라면 콜레라 같은 전염병에 걸릴 리 없다고 주장한다.[48] 이런 주장들은 당시 사람들이 기독교에 기대했던 강력한 힘이 어떤 종류인가를 잘 보여준다.

기독교가 지닌 강력한 권능(權能)을 드러내는 것은 기독교를 받아들이는 조선인 신도뿐만 아니라, 기독교를 전도하는 선교사 자신에게도 해당되는 것이었다. 선교사는 자신이 살고 있는 거처, 자신의 몸이 강한 권력으로 충만해 있다고 과시해야 했다. 이 점에 관해 헨리 드레이크(Henry Burgess Drake, 1894~?)가 쓴 『일제시대의 조선 생활상(Korea of the Japanese)』을 통해 잠시 언급하고자 한다. 제14장 〈미국인 선교사들(The American Missions)〉에서 드레이크는 선교사와 그 가족이 조선에서 누리는 사치스런 생활을 비판하고 있다. 우선 그는 현지인(조선 사람)들이 기독교와 서구 사상의 구분을 하지 못한다고 보고 다음과 같이 주장한다.

> 보통의 현지인에게 기독교와 서구주의를 명확하게 구분하여 설명해 주기란 쉽지 않다. 그들에게 기독교는 거대한 벽돌집, 하인들, 그리고 사회적 특권을 의미한다. 다시 말하면, 기독교는 지위의 강등과 대조되는 것, 즉 풍요와 번영을 의미한다. 풍요와 번영은 교육을 통해 취득될 수 있기 때문에 현지인들은 선교 학교로 모여든다.[49]

하지만 서구 사상 및 서구의 물질주의와 기독교를 구분하지 못하는 것은 현지인뿐만 아니라 선교사들도 마찬가지의 처지에 놓여 있다.

> 그(집주인)는 이들(선교사들)이 선교 교육을 받았다는 점을 이용하여 장차 돈벌이할 자격을 갖추려 한다고 나에게 털어놓았다. 그 선교사들은 단순히 기독

교 윤리와 서구의 물질적 진보를 구별하지 못했을 뿐이므로 나는 그들이 그들의 동료보다 더 파렴치하다고는 생각하지 않는다.[50]

드레이크가 미국 선교사의 과시욕에 대해 쓴 글은 일제시대 조선에서 선교사가 누린 특권적 지위가 당시 서구, 특히 미국에 부여되었던 국제적인 권위와 밀접하게 연결되어 있음을 보여주며, 기독교와 미국 문명의 이미지가 서로 결합되어 있었음을 알려 준다. 이런 이미지의 결합이 선교사뿐만 아니라 조선인에게도 마찬가지로 해당되었음은 앞에서 살핀 바와 같다. 그리고 이런 점은 1921년 조선총독부에서 간행한 『조선인』이란 단행본에서도 확인할 수 있다.

이 책은 다카하시 도루(高橋亨, 1878-1967)가 쓴 것으로, 당시 다카하시는 도쿄제국대학을 졸업한 후, 1903년에 조선에 와서 조선총독부의 촉탁(嘱託)으로 활동하고 있었다. 이 책에서 다카하시는 조선인이 기독교에 입교하는 것이 신앙에 따라 이루어진 것이 아니라, 자신의 이해(利害)에 따른 것이라고 주장하면서 다음과 같이 그 이유를 설명한다.

> 그리스도교에 입교하는 것이 저마다 이익을 지키기 위해서라고 보는 견해가 타당한 이유는 최근 서양인의 힘을 빌려서 관리의 가렴주구에 저항해야 한다고 믿고 그리스도교에 입교하는 사람이 많다는 것을 보아도 알 수 있다.… 조선 그리스도 교도는 이익을 요구하는 것을 주된 목표로 삼는 자들이다. 그래서 거슬러 올라가자면 선교 초기 교도들도 입교의 동기가 신앙에 있지 않고, 단체의 세력을 이용하고자 하는 욕구에 있었다고 추론할 수 있다.[51]

조선인의 기독교 입교 가운데, 당시 기독교가 누리고 있던 치외법권의 특

혜를 강조하는 관점도 강력하게 제기되었다. 1914년 4월의 경무부장 회의
에서, 나스(那須) 강원도 경무부장은 〈입교 퇴교의 심리〉라는 제목으로 다음
과 같이 보고하였다.

> 예수교는 한때 대단한 성황을 이루었으나, 세월의 흐름에 따라 쇠퇴하고 있
> 다. 재작년 1만 2,000명 정도의 신도가 있었지만(강원도의 경우), 현재는 8,000
> 명 남짓 된다. 선교사는 신도 만회책을 열심히 강구하고 있기는 하지만 신도
> 가 증가될지 아직 확답은 없다. 이천군에 기독교 여학교가 있었는데 마침내
> 폐교하지 않으면 안 될 지경에 이르렀다고 한다. 애당초 입교 동기는 기독
> 교가 성한 시대는 치외법권의 위치에 설 수 있다고 하는 그릇된 믿음에서 너
> 도나도 앞다투어 가입했으나, 오늘날에는 별다르게 보호를 받지 못하게 됐
> 으므로 줄지어서 퇴교한다. 그런데 오히려 천도교, 시천교 등은 성황을 이루
> 는 경향이 있다. 그들의 포교 방법은 무지한 인민을 속이는 수단이다. 이를
> 테면 1원 이상 기부한 자에게는 천인장(天認章)이라고 하는 휘장을 주며, 10
> 원 이상 기부한 자에게는 포상장(褒賞章)이라는 휘장을 준다. 이런 휘장 소지
> 자는 일단 국난이 터지는 날이면 상당한 자격을 가진 인물이 된다고 과장한
> 다. 그리하여 우매한 인민 중에는 한 마리밖에 없는 소까지 팔아서 30원이
> 나 50원까지도 기부하는 자가 있다.[52]

1922년 5월 5일 자《경성일보》의 기사도 기독교 신자의 입교 동기로서 치
외법권의 측면을 거론한다.

> 조선인이 기독교 신자가 되는 데는 그 선교사의 본국 세력을 등에 지고 자국
> 정부의 억압과 간섭을 피해 치외법권적 입장에 있기 위해서다. 선교사 역시

이를 전도의 방편으로 이용했으며, 본국 세력에 기대서 적극적으로 기독교를 보호했다. 그러므로 기독교 신도가 나쁜 일을 저질러도 교회 안에 잠복해 버리면 당시의 정부도 선교사의 배후 세력을 두려워해 쉽게 이를 포박할 수 없었다. 그리고 기독교라는 이름을 내걸면 많은 편의가 뒤따랐기 때문에, 이들의 사상이 기독교의 윤리와 합치되지 않음에도 불구하고, 국정에 불평을 품은 자들은 서로 이끌어 기독교에 입문하게 했다. 대체로 조선의 도덕 교육은 형식적인 유교와 소극적인 유교의 감화력에 있다. 그 결과 형식적인 도의만을 따르는 소극적인 존재가 된다.[53]

다카하시 도루는 이해(利害)를 따르는 입교 동기가 그리스도교뿐만 아니라, 동학과 같은 신흥종교에도 관철된다고 주장한다. 그리스도교와 동학이 전교를 시작하자마자 순식간에 많은 사람들이 신자가 된 것은 당파를 만들어 자신의 이익을 지키고자 했기 때문이라고 본다.[54]

다카하시가 내세우는 이런 주장은 조선인의 일반적 특성을 열거하면서 그 중 네 번째로 '당파심'을 드는 가운데 나타났다. 당파심 이외에도 그는 사상의 고착(固着) · 사상의 종속 · 형식주의 · 문약(文弱) · 심미(審美) 관념의 결핍 · 공사(公私)의 혼동 등을 조선인의 부정적 성격으로 거론한다.[55] 입교 동기에 대한 다카하시의 주장은 종교적 신앙과 정치적 · 경제적 이해를 이분법적으로 구분하고 각각의 영역이 섞여서는 안 된다고 전제하면서 이루어진다. 다카하시가 1920년 8월, 『태양(太陽)』이라는 잡지에 「조선 개조의 근본 문제」라는 제목의 논문에서 다음과 같은 주장을 한 것도 이에 따른 것이다.

종교력이 박약한 것과 종교적 신앙이 잡스럽고 그릇된 것은 조선 종교의 특색이라고 할 수 있다. 조선불교사에서 나타나는 신앙의 특색은 본래 신라, 백제 시대부터 조선 시대에 이르기까지 1천 5백 년간 지위의 높고 낮음을 막론하고 모두 현세에서의 이익을 부처와 보살에게 기도하고 구한 데서 비롯한다.[56]

이어서 그는 기독교에도 마찬가지의 혼동이 널리 만연해 있음을 비판한다.

> 조선의 기독교도 역시 선교를 구실로, 선교사들이 배후의 국가 원조의 힘을 빌려 관리와 양반의 가렴주구나 압박을 면하고자 하는 정치적 이익을 적지 않게 도모하고 있었던 것은 의심할 여지도 없다. 김윤식도 『운양집』에서 당시 기독교도를 일종의 대정부 독립 자위당으로 간주하여, 선교사들이 관헌에 대해 신자를 비호하고 선교사의 힘이 부족하면 외교관의 힘까지 빌려서라도 집요하게 그들의 무리를 비호하고자 하는 데에 분개했다. 그래서 정치와 종교를 반드시 구별하여 아무리 기독교도라고 하더라도 보통 백성들과 마찬가지로 소송이나 범죄가 있는 경우에는 조선 관리의 구속 수사에 따르도록 해야 한다고 통렬하게 논한 바 있다.[57]

한마디로 다카하시는 조선 사회에 순수한 종교적 신앙이 없고, 정치적인 것만 있어서 매우 단순하고, 원시적인 사회라고 단언한다. 정치와 종교의 구분이 제대로 이루어지지 않아 커다란 결함을 드러내므로, 이를 뒤바꾸는 정신적 개조가 필요하다고 역설한다. 그래야 조선의 여러 가지 난제(難題)가 풀릴 수 있다는 것이다.

이와 같이 조선 사회에서는 아직도 정치적 세력의 구속으로부터 벗어나지 못한 지식력, 그러니까 학문의 독립적인 가치와 권위에 대한 이해(理解)가 이루어지지 않고 있다는 것을 알 수 있다. 또한 정치적 이익에 더러워지지 않은 순수한 종교적 신앙으로부터 넘쳐나 사회 인심의 원천을 맑게 하는 종교력의 발현도 찾아볼 수 없다. 조선 사회는 정치력 일색으로 이루어져 정치 하나로 지탱되고 있는 것이다. 매우 단순하고 원시적이다. … 순수한 종교적 신앙을 경험해 보지 못한 이에게 경건하고 정성을 다하는 감정이 생겨날리가 없다. 우리는 조선이 학문과 종교의 전통적인 정치적 구속에서 해방되는 것이야말로 조선이 진정한 진보의 가능성을 지닌 사회로 개조되는 의미 있는 첫걸음이라고 믿는 바이다. 이 개조, 그러니까 정신적 개조가 이루어져야 비로소 조선인 학생의 학업 태도가 진지하게 되고, 착실하게 되어 조선 교육의 근본이 설 것이다. 또한 종교에 수반된 여러 가지 어려운 문제가 해결되고, 정치가와 종교가가 서로 흉금을 터놓고 손을 맞잡고 협력해야 조선인 교화에 힘을 다할 수 있다.[58]

여기서 서구 선교사와 일본 통치 세력 모두 정치와 종교의 분리를 전제하고 종교가 지정된 영역 안에서 움직여야 순수한 종교가 되는 반면, 그 영역을 벗어나 정치에 관여하게 될 경우에 위험한 세력으로 지목된다는 것을 알수 있다. 30년 동안 조선에 머물러 조선 사정에 정통하다는 미국 북감리교 선교사 W. A. 노블이 조선인 기독교 신자를 비판하는 것도 이런 이유이다.

내가 조선 예수교 신도를 비판하는 이유는 다음과 같다. 일종의 방편으로 신도가 되고 싶은 자가 있으며, 또한 한일병합에 따른 불평심에서 출발해 제3국의 사람에게 의지해 독립을 시도하려는 자도 있다. 그리고 외국인과 접촉해 일반 조선인 사이에서 상당한 세력과 신용을 얻고자 신도가 되고 싶어 하는 동기를 발견하게 되기 때문이다. 우리의 선전(교육, 의료, 복음)에 대해 상당한 경의를 표해 한때 맹종적 태도를 보인 사례도 있었다. 그런데 요즘에는 조선인의 사상이 변화되고, 배은망덕한 태도를 보이기에 이르렀다. 요컨대 세계에서 으뜸으로 조종하기 어려운 국민은 인도인과 조선인일 것이다.[59]

그리고 이러한 이분법적 관점은 1907년에 절정에 달한 이른바 대부흥 운동을 계기로 하여 보다 확산되는 경향을 보이게 된다. 여기서 논의를 풀어가기 위해 우선 이런 질문을 던지며 시작하도록 하자. "대부흥 운동에서 개종의 성격은 이전에 두드러진 개종과 다른가?" "다르다면 어떻게 다른가?" "앞에서 언급한 바 있던 샤프 목사의 시 구절, 'a real soul hunger'와 'a real work of God's Spirit'에 의해 이루어진 개종은 어떠한 것인가?"

당시 황해도 송도에서 전도 활동을 하고 있던 크램(W.G. Cram) 목사는 자신의 구역인 송도의 부흥 운동에 대해 이렇게 말하고 있다.

성령이 일으키는 죄의 자각은 강력해서 사람들의 마음속에 죄를 드러냄과 동시에 그 죄를 치료해 줄 분이 그리스도라는 점을 분명하게 보여주었다. 많은 기독교도들도 죄를 품고 있다는 엄중한 판결을 받았다. 성령의 지도력(指導力) 아래, 죄를 고백하고 참회하는 것이 진정성 있게 진행되었다. 그리스도가 자신의 죄를 몰아내고 있다고 그들이 분명하게 믿을 때, 그들의 가슴 안에 즐거움과 기쁨이 스며드는 것을 보는 것은 매우 감동적이다. 그들이 보이는 확신은 아주 깊고, 그들이 개종했다는 것은 내가 미국에서 본 것처럼 명백했다. 진정컨대, 주께서는 사람들을 편파적으로 대하지 않으신다.[60]

위의 인용문은 부흥 운동을 묘사하는 선교사들의 전형적인 방식을 보여 주고 있다. 성령이 임재하여 그동안 사람들이 저지른 죄를 근본적으로 참회 하게 만듦으로써, 회개한 인간으로 거듭나게 되어 영혼의 구원이 이루어진 다는 것이다. 이 부흥 운동 기간 중에 죄의 고백이 한국인에게 끼친 작용에 대해 언급한 다음의 구절은 선교사들의 관점을 잘 나타내고 있다.

> 조선 사람들이 기독교도가 되면, 그들은 산 주변에 있는 '악마의 집'을 부수 고, 집 주변에 악령을 위해 세운 움막도 파괴한다. 하지만 이런 부흥 집회가 열리고 나서야 비로소 악마가 각자의 마음속에 세워 놓은 집이 무너져 내렸 음을 많은 이들이 알게 되었다.[61]

부흥회의 열기를 통해 악마의 외형적인 거처를 부수는 데 그치지 않고, 각자의 마음속에 도사리고 있었던 악마의 거주지를 파괴하게 되었다는 것 이다. 여기서 부흥회가 작동한다고 여겨지는 곳이 눈으로 볼 수 있는 곳이 아니라, 마음속 깊이 감추어져 있던 불가시의 영역임을 알려 준다. 부흥회 의 특징은 외면성이 아니라 내면성에 작용한다고 보는 점이다. 선교사가 보 기에 이제 조선 사람은 3,000년 동안 사자(死者)에게 당한 지배(支配)에서 벗어 나 '살아 있는 신'을 찾을 수 있게 되었다. 그래서 부흥회는 기독교에게 진정 한 승리를 안겨 주게 되었다고 보고 이렇게 선언한다. "너무나도 분명한 것 은 기독교와 이 부흥 운동이 조상숭배에 파멸을 가져다주었다는 점이다. 이 점에서 기독교는 결코 조선의 관행에 굴복하지 않을 것이다."[62]

이처럼 선교사들이 내면에 끈질기게 버티고 있었던 '악마의 거처'와 '조상 숭배'에 대해 자신 있게 그 박멸을 주장할 수 있게 된 것은 한국인에게 이전 에는 없었던 죄의 개념이 부흥 운동으로 인해 심어질 수 있게 되었다고 여

겼기 때문이다.[63]

그런데 선교사들은 어떻게 한국인이 이전과는 달리 '죄의 진실되고 엄중한 성격에 대해 분명하고 확실한 관념(a definite and clear idea of the true and terrible character of sin)'을 가지게 되었다고 믿을 수 있었던 것인가? 우선 선교사들은 죄의 무서움에 대해서 성령이 임재(臨在)할 때 죄인들이 보이는 고통스러운 모습 속에서 그것을 확인[64]할 수 있다고 본다.

하지만 이런 고통의 모습은 많은 이에게 너무나 생소한 것이었다. 예컨대 선교사의 하인으로 십 년 동안 착실하게 개신교를 믿어 왔던 이에게도 부흥회에서 벌어지고 있는 광경은 오히려 우스꽝스럽게 여겨지기도 하였다. 그래서 그는 신자들이 죄를 고백할 때 하는 모습을 흉내 내며, 동료들과 장난을 치기도 하였던 것이다.

> 그가 일하던 주방은 종종 무대로 바뀌어 그는 부흥회 장면을 모방하면서 친구들을 즐겁게 했다. 그는 바닥에 자신의 몸을 던지며 주먹으로 바닥을 치는 흉내를 냈다. 그리고 폭소가 터지는 가운데, 교회에서 종종 목격한 바 있던 몸부림을 시늉했다.[65]

더구나 성령의 임재와 더불어 자신이 저지른 죄를 자복하는 고통스런 모습은 너무 끔찍한 것이었기에 그것을 성령의 작업으로 여기지 않고 악마가 들린 것으로 여긴 경우도 적지 않았다.[66] 이와 같이 성령의 임재와 함께 나타난 죄에 대한 두려움은 자신이 저지른 죄의 자백으로 이어지며, 성령의 세례(baptism of the Holy Spirit)를 통해 죄의 사함을 받고 '갱생의 확신(the assurance of the new birth)'을 경험하게 된다. 이후 이렇게 새로이 거듭난 자의 생활은 실제 생활에서 많은 변화를 야기한다. 예컨대 도박꾼으로 남 속이기를 밥 먹듯 하던 사람이 자기도 모르게 정직해진 이야기[67]라든지 남들이 전혀 몰랐던 범죄를 스스로 공개함으로써 자기 고용주에게 오히려 깊은 인상을 주게 된 이야기[68]는 그런 변화의 모습을 보여주고 있다.

다음 부분에서는 부흥 운동을 절정으로 이끄는 데 결정적 공헌을 한 길선주(吉善宙, 1869-1935) 목사가 어떤 과정을 거쳐 개종하였는가를 살펴봄으로써 부흥 운동에서의 개종의 성격을 파악해 보고자 한다. 길선주는 예수를 믿기 전에 선도(仙道)와 도교를 수련한 것으로 유명한 사람이었다.[69] 그는 여러 차례의 백일기도를 드리다가 다음과 같은 신비체험을 했다고 한다.

> 이처럼 진심갈력하는데, 방 안에서는 진동하는 옥피리 소리가 들려오고, 간혹 옆에서는 총소리처럼 폭발하는 요란한 소리에 깜짝 놀라는 때도 있었다. 이 같은 선도 공부로 영험을 얻은 선생은 갈구하는 진리를 발견했다는 기쁨에 넘쳤다.[70]

그러나 길선주는 자신의 도우(道友) 김종섭의 개신교 개종과 청일전쟁을 당하여 피난할 수밖에 없었던 경험을 통해 개신교에 관심을 기울이게 되었다. 그리고 그는 점점 선도와 예수교 사이에서 갈등을 느끼게 되었다.

> 현재 잡고 올라가는 선도란 썩은 줄과 같아서 위구의 념이 심하고, 저편에 있는 예수도(道)라는 줄도 기실 든든한지 하는 의혹이 나서 견딜 수 없었다. 반생적공의 선도를 더 의지할 수 없고, 예수도(道)를 믿으려 하나 그 역시 구원영생의 도인지 의구에 싸였다.[71]

그래서 길선주는 자신이 여태까지 믿어 오고 있었던 '삼령신군(三靈神君)'에게 현 세계를 움직이고 있는 예수도(道)가 참도인가 아니면 거짓 도인가 알려 주기를 기도하였다. 그러나 아무 응답을 얻을 수 없었다. 이때, 개신교도가 된 친구 김종섭이 찾아와 물었다. "삼령신군에 기도하니 어떠하오?" 길선주의 답변은 "번민만 날 뿐이오." 다시 김종섭의 말. "그러면 하나님 아버지께 기도해 보시오." 길선주의 물음. "인간이 어떻게 하나님을 아버지라 칭하리오?" 이에 대한 김종섭의 답변. "그러면 아버지란 칭호를 빼고 그저 상제'님이라 칭하여 상제님께 기도해 보시오."[72] 친구의 권유로 길선주는 이제 기도의 대상을 '삼령신군(三靈神君)'에서 상제님으로 바꾸어 "예수가 참구주인지 가르쳐 달라."고 기도하기 시작하였다. 기도한 지 사흘째 되던 날, 그는 신비로운 경험을 하게 되었다.

> 간절히 기도하던 중에 옥적 소리와 같이 청랑(淸朗)한 소리가 방 안에 들리더니 이어 총소리 같은 소란한 큰 소리가 있어 공기를 진동하는지라. 선생이 크게 놀라 잠잠하니 공중에서 "길선주야, 길선주야, 길선주야!" 삼차(三次) 부르거늘 선생이 더욱 두렵고 떨며 감히 머리를 들지 못하고 업디어 "나를 사랑하시는 하나님 아버지여 나의 죄를 사하여 주시옵고 나를 살려 주옵소서!" 기도하면서 방성대곡하니 그때 선생의 몸은 불덩이처럼 달아서 더욱 힘써 기도하였다.[73]

이런 경험을 한 후, 길선주가 세례를 받고 개신교로 개종한 것이 1896년 8월 15일이었다. 그의 개종 체험에서 흥미로운 점은 선도 수련 때의 강령 체험과 상당히 유사하다는 것이다. 옥피리 소리가 들리고 총소리에 놀라는 것은 양자에 공통되는 점이다. 다만 그의 이름 부르는 소리를 듣고, 매우 두려워하면서 죄 사하여 줄 것을 비는 것은 앞에서는 없었던 점이다. 그리고 하나님을 아버지로 부르게 된 점도 이전의 입장과는 달라진 것이다. 죄에 대한 두려움, 죄를 사해 주는 하나님의 힘에 대한 경외심, 격렬한 참회 이러한 것이 길선주의 개종 경험에서 두드러지며, 1907년의 대부흥 운동에서도 공통되게 찾아볼 수 있는 점이다.

길선주가 왜 선도에 회의를 느끼고, 예수도(道)에 기울게 되었는가는 구체적인 자료가 없으므로 알 수 없다. 그러나 "예수도(道)가 현 세계를 움직이고 있다."는 앞의 구절에서 볼 때, 그가 지금의 시대는 예수교의 시대라는 생각을 하고 있었음을 알 수 있다. 그러면서도 길선주는 여태까지 자신을 지탱해 온 선도를 포기할 수 없어 자신의 신앙 대상인 삼령신군에게 예수교를 극복할 수 있는 방법을 구하게 된다. 그러나 그 방법을 구할 수 없게 되자 길선주는 마침내 신앙 대상을 예수로 바꾸고, 예수교의 압도적인 힘에 두려워하면서 개종하게 된다. 죄에 대한 두려움은 대부흥 운동 전반에 걸쳐 현저하게 나타나며, 두려움이 큰 만큼 죄를 자백하고 참회하는 강도도 강해지기 마련이었다. 이와 함께 장래 있을 최후의 심판에 대한 두려움도 엄청난 강도로 사람들에게 전달되었다. 대부흥 운동의 상징이었던 길선주 목사가 후에 말세론에 그토록 집착하게 되었던 것도 그의 이러한 개종 경험에 내재되어 있던 것으로 보인다. 다음 내용은 당시 길선주 목사 지도하의 부흥회에 참석했던 사람들이 죄에 대한 두려움을 어떻게 느끼게 되었는지 잘 보여주고 있다.

그날 밤 길선주 목사의 얼굴은 위엄과 능력이 가득 찬 얼굴이었고, 순결과 성결로 불붙은 얼굴이었다. 그는 길 목사가 아니었고 바로 예수님이었다. 그는 눈이 소경이어서 나를 보지 못하였을 터이나, 나는 그의 앞에서 도피할 수 없었다. 하나님이 나를 불러 놓은 것으로만 생각되었다. 전에 경험하지

못한 죄에 대한 굉장한 두려움이 나를 엄습하였다.(밑줄은 필자가 함)[74]

위의 내용에서 주목할 만한 점은 이 참석자가 부흥회를 인도하고 있던 길
선주 목사를 예수로 동일시하고 있는 것이다. 그리고 이런 예수의 현존을
경험하면서 그가 예수에 대해 지니는 지배적 느낌은 압도적 두려움이다. 자
신의 앞에 존재하는 엄청난 힘을 경험하면서, 그는 자신의 죗값을 생각하고
두려움에 떤다. 그러나 죄의 고통에 몸부림치면서 그 죄를 자복함으로써 그
압도적 힘의 존재로부터 죄 사함을 얻는다. 그 이후에 그는 항상 그 두려운
대상을 마음속 깊이 담아 두면서 일상생활을 영위해 나간다.

이런 과정이 길 목사가 인도하는 부흥 운동에 참석하였던 이의 개종 경로
였을 것으로 보인다. 길 목사와 예수를 동일시한 참석자의 경험이 선교사들
의 신앙과 얼마나 다른가에 대해서는 길게 이야기할 필요가 없을 것이다.
또한 이렇게 두려움을 주는 예수의 성격이 앞서 김정식의 '예수 형님'과 얼
마나 다른 것인가에 대해서도 설명할 필요가 없을 것이다. 죄에 대한 두려
움, 죄에 대한 내면화, 죄를 사해 주는 존재에 압도되는 경험 등은 부흥 운동
의 개종 경험에서 두드러지게 나타나는 점이다. 이와 같은 죄에 대한 강조
는 이전 삶과의 단절을 철저(徹底)화하는 효과를 낳게 된다. 그 결과, 죄로부
터 사함의 증거를 끊임없이 확보하기 위하여 기존 삶과의 무수한 단절의 증
거를 마련하려는 욕망에 시달리게 된다. 조혼 · 흡연 · 도박 · 음주에 대한
정죄와 함께 여성 교육 · 청결 · 자유연애 등에 대한 적극적인 권장은 바로
죄의 공간을 개개인의 마음속에 마련함으로써 만들어진 것이었다. 이제 개
개인은 자신을 속속들이 들여다보고 있는 유일신의 시선에 보다 적극적으
로 노출되게 되었다. 그리고 개개인의 내면(內面) 속에 자리 잡게 된 이런 죄
의 공간에는 이른바 개인의 진정성(authenticity)이 자리 잡게 되었다. 이른바

개인화와 내면화의 계기가 만들어진 것이다.

그런데 부흥 운동을 통해 마련되기 시작한 죄의 내면화에 대해 어떠한 평가가 부여되어 온 것일까? 이에 대해 두 가지의 관점을 거론할 수 있다. 하나는 성령 임재에 대한 확신, 죄의 고백, 최후 심판에 대한 신앙을 내면화하게 됨으로써 개신교가 비로소 한국에 뿌리내리게 되었다는 관점이다. 다른 하나는 부흥 운동을 계기로 한국 교회가 비정치화·비민족화되었다는 관점이다.[75] 부흥 운동이 한국 개신교의 성격에 커다란 영향을 미쳤다는 것은 틀림없는 사실이다. 여태까지 한국 개신교를 지배하여 온 것이 열광주의와 보수주의의 노선이었음은 부흥 운동의 영향이 적지 않았음을 보여주는 것이다.

한편 부흥 운동으로 인해 한국 개신교 교회가 탈정치화되었다는 것은 생각해 볼 문제를 던져 준다. 여기에서 탈정치화되었다는 것은 무엇을 의미하는가? 1901년에 이미 "교회 일과 나랏일은 같은 일이 아니다."[76]라는 장로교회의 결의문이 보이고 있으므로 부흥 운동 이전에 개신교회는 교회 영역과 정부 영역의 명백한 구분 의식을 지니고 있었다고 여겨진다. 또한 개신교가 처음부터 가톨릭과 스스로를 구분하는 기준의 하나가 바로 개신교는 가톨릭과는 달리 정부의 일에 간섭하지 않는다는 점이었으므로 개신교회 특히 개신교 선교사들은 교회 영역과 정부 영역의 분리를 기본 원칙으로 삼고 있었다. 이런 맥락에서 일본 주재 감리교 감독, 해리스(M. C. Harris)가 다음과 같이 부흥 운동의 비정치적 성격을 강조하는 것이 놀랍지 않다.

나는 그것(부흥 운동)이 정치적이지 않다는 점을 확신한다. 나는 애써서 사실 조사를 하였기에 그것을 안다. 한때 기독교인이 정치 운동에 개입하고자 노력했던 적이 있었지만, 이제 잘못을 고치고 제자리를 찾게 되었다.[77]

하지만 해리스가 "부흥 운동은 정치적이 아니다."라고 할 때, 도대체 '정치적'이라는 의미가 무엇인가? 앞서 장로교회의 결의문에서는 교회 영역과 정부 영역의 명백한 구분 의식을 요청하면서, 교인들에게 '황제를 충성으로 섬기며, 관원에 복종하고, 나라 법에 순종'[78]해야 함을 강조하고 있다. 따라서 "부흥 운동은 정치적이 아니다."라고 할 경우, 이는 부흥 운동이 국가 권위에 대한 저항과 도전을 하지 않는다는 의미로 해석할 수밖에 없다. 정부의 영역을 정치의 영역과 일치시키면서 개신교 교회는 자신이 이 영역과는 다른 곳에 자리 잡고 있음을 보여주고 있는 것이다. 그곳은 바로 정치와 구별되는 종교의 영역으로, 개개인의 마음속에 자리 잡고 있는 영역이다. 이제 종교는 정부의 영역과 정치의 영역이라는 의미에서의 공적 영역에 소속된 것이 아니라, 개인의 내부 영역에 속해 있다는 의미의 사적 영역에 속한 것이라는 새로운 분류 체계가 만들어지게 되었다. 그리고 부흥 운동은 죄를 각자의 내부에 내면화함으로써 종교의 사적(私的) 영역화와 정교분리 원칙이 확고하게 수용되도록 만드는 데 커다란 기여를 하였다.

한국에 개신교가 들어왔을 때, 조선왕조는 위기에 봉착하고 있었다. 당시 조선왕조를 유지하기 위해서 여러 가지 개혁 조치가 이루어지고 있었지만, 눈에 띄는 효과는 보이지 않고, 점점 더 위기가 심화되어 가고 있는 중이었다. 기존 체제에 대한 위기감이 팽배해질수록, 사회 전반에 걸친 변화는 그만큼 시급하게 요청되었다. 이 상황에서 개신교는 일군의 한국인들에게 낡은 체제를 바꿔 새로운 삶의 비전을 제시해 줄 수 있는 것으로 비추어졌다. 개신교를 통해 그들은 어떤 것이 새로움이고, 어떤 것이 낡은 것인지 생각하기 시작하였다. 새로운 시대와 낡은 시대가 대조적으로 비교되었으며, 우상숭배와 미신의 이름 아래 낡은 시대가 정죄되었다. 개신교가 새로움을 구현하는 것으로 되기 위해서는 낡은 것을 만들어 내는 동시에, 그것과의 단절을 보여줘야 하기 때문이다.

어떤 이들에게 개신교는 막강한 서구 문명의 원동력으로 여겨져서, 그들은 한국도 서구와 같은 힘을 갖추려면 바로 개신교를 수용하여야 한다고 주장하였다. 개신교는 서구 문명의 상징으로 여겨진 것이다. 개신교야말로 지금의 이 위기를 벗어나게 해 줄 수 있으며, 서구를 닮게 만들어 줄 수 있는 비밀의 열쇠로 간주되었다. 1902년 옥중의 개종자 중에서 이승만과 안국선은 이런 경우에 해당되는 이들이다.

한편 또 다른 이들은 개인적인 고통과 좌절감에 휩싸여 있다가 개신교에서 안식처를 찾은 경우로서, 과거 자신의 잘못을 뉘우치는 경험을 통해 개신교에 개종하게 된다. 1902년의 개종자 중에서 김정식과 유성준이 이에 해당한다. 그러나 예수를 '형님'으로 여긴다거나 대성인으로서의 공자를 존경하는 등에서 볼 수 있듯이, 개신교의 개종으로 인한 단절의 효과는 그리 크다고 볼 수 없다.

1902년의 옥중 개종자가 주로 지식인에 한정된 것이었다면, 1907년에 정점에 달한 부흥 운동에서의 개종은 일반 서민들이 대거 참여한 광범위한 것이었다. 이 부흥 운동은 죄에 대한 두려움과 죄에 대한 격렬한 참회에 특징이 있으며, 개개인의 마음속에 죄를 내면화함으로써, 죄의 항목에 들어가게 된 것에 대해 보다 철저한 배제가 이루어진다. 이른바 미신과 우상숭배에 대한 공격이 더 과격해지며, 과거의 전통에 대한 단절도 강화되게 된다. 또한 개신교 신앙이 정치 영역과 분리된 개인의 내면에 속해 있다는 것이 강조되면서 종교와 정치의 분리라는 원칙도 보다 강하게 주장되었다. 이와 함께 공/사의 영역 분할 중에서 종교는 사적 영역에 속해 있는 것으로 인정되기 시작하였다. 그 결과 개신교를 문명의 상징으로 보고, 서구 부강의 힘을 얻기 위한 조처로 개신교 수용을 주장하던 세력들과 갈등을 빚게 되었다.

더욱이 개신교에 기대어 국가의 독립과 민족 보존을 도모하려던 세력은 부흥 운동을 계기로 대거 개신교 진영으로부터 일탈하기에 이른다.

개개인의 마음속에 죄의 공간을 만듦으로써, 보다 확실하게 개인의 내면 영역을 발견케 한 부흥 운동은 의례의 형식성을 '허례허식'이라고 단정하고 내면의 진정성을 강조하게 된다. 죄의 내면화가 심화되면 될수록, 외면적 형식성은 그만큼 부정적으로 비추어지게 되기 마련이었다.

그렇지만 길선주의 성령강림의 경험 때마다, 옥피리 소리와 총소리가 들렸다는 점, 그가 개종한 신앙은 '예수교'가 아니라 '예수도(道)'라는 점, 그리고 어느 부흥회 참석자가 길선주 목사와 예수의 얼굴을 일체화시킨 점에서 볼 수 있듯이 선교사들이 찬양한 부흥 운동의 개신교와 길선주의 개신교는 같은 것이 아님을 잊어서는 안 될 것이다.

VIII

동학에서
천도교로의 변화

1. '동(東)'의 의미 변화

'동(東)'이라는 용어는 기본적인 방향인 동서남북 가운데 하나를 가리킨다. 하지만 전통적으로 이 용어는 중국과는 구별되는 '우리'의 영역을 가리키는 의미로 사용되었다. 이런 점은 중국과 지역적·문화적으로 다른 나라라는 뜻으로 사용된 해동(海東) 혹은 동국(東國)이라는 표현에서 잘 나타난다. 1281년에 간행된 『삼국유사(三國遺事)』의 다음과 같은 내용이 그 한 예이다.

> 신모는 본래 중국 황실의 딸이다. 이름은 사소(娑蘇)이고 일찍이 신선의 술법을 얻어 해동에 와서 오래 머물고 돌아가지 않았다.
>
> [神母本中國帝室之女, 名〈娑蘇〉. 早得神仙之術, 歸止海東, 久而不還][1]

이 밖에도 고려 시대와 조선 시대에 간행된 다양한 책 제목에서 해동(海東) 혹은 동국(東國)이 중국을 준거로 하여 사용되었음을 살펴볼 수 있다. 1215년에 간행된 승려들의 전기인 『해동고승전(海東高僧傳)』, 1481년에 간행된 지리서 『동국여지승람(東國輿地勝覽)』, 1484년 간행된 역사책 『동국통감(東國通鑑)』, 1610년의 『동의보감(東醫寶鑑)』, 1778년의 『동사강목(東史綱目)』, 그리고 1861년에 제작된 〈대동여지도(大東輿地圖)〉에 이르기까지 '동'의 의미는 중국을 준거로 하여 이루어졌다. 따라서 해동(海東)과 동국(東國)은 중국을 기준으로 하여 동쪽의 '우리나라'를 일컬었다.

그러나 19세기 후반부터 점차 '동'이라는 의미의 준거가 바뀌는 일이 생기게 된다. 최제우(崔濟愚, 1824-1864)가 1861년에 쓰기 시작했고, 최시형(崔時亨, 1827-1898)이 1880년에 간행한 『동경대전(東經大全)』은 그 변화를 가장 두드러지게 보여준다. 최제우는 자신의 가르침을 '동학'이라고 일컬으면서 다음과 같이 말한다.

> 내가 또한 동에서 나서 동에서 받았으니 도는 비록 천도나 학인즉 동학이라. 하물며 땅이 동서로 나뉘었으니 서를 어찌 동이라 이르며 동을 어찌 서라고 이르겠는가.
>
> [吾亦生於東 受於東 道雖天道 學則東學 況地分東西 西何謂東 東何謂西][2]

이때 최제우가 말하는 '동'은 여태까지와는 달리 중국이 아니라, 서양과 비교하여 그 의미를 지니는 것이다. 이러한 변화의 배경은 서양 세력이 중국을 비롯하여 동아시아에 가한 위협이다. '서'의 군함과 기독교에 대한 위기의식이 팽배해지면서 '동'의 준거가 바뀌게 된 것이다.

> 경신년 사월에 천하가 분란하고 민심이 효박하여 어찌할 바를 알지 못할 즈음에 또한 괴상하고 어긋나는 말이 있어 세간에 떠들썩하되, "서양 사람은 도성입덕하여 그 조화에 미치어 일을 이루지 못함이 없고 무기로 침공함에 당할 사람이 없다." 하니 중국이 소멸하면 어찌 가히 순망의 환이 없겠는가? 도무지 다른 연고가 아니라, 이 사람들은 도를 서도라 하고 학을 천주학이라 하고 교는 성교라 하니, 이것이 천시를 알고 천명을 받은 것이 아니겠는가.

[夫庚申之年 建巳之月 天下紛亂 民心淆薄 莫知所向之地 又有怪違之說 崩騰
又世間 西洋之人 道成立德 及其造化 無事不成 攻鬪干戈 無人在前 中國燒滅
豈可無脣亡之患耶 都緣無他 斯人 道稱西道 學稱天主 教則聖教 此非知天時
而 受天命耶][3]

  1894년 전라도 고부(古阜)에서 '민란(民亂)'이 일어나자 조선 정부는 그 배후
에 동학당(東學黨)이 있다고 파악하고 다음과 같이 설명하였는데, 동학의 '동'
이 서학에 대응한 것임을 지적하고 있다.

  백성들의 소란은 곧 이른바 동학당란(東學黨亂)의 시초였다. 원래 경주(慶州)
견곡면(見谷面) 용담리(龍潭里) 사람인 최제우(崔濟愚)가… 하루는 하늘에 정성
을 다하여 제사를 지내고 상제(上帝)의 신탁(神託)을 받았다고 하고는, 주문(呪
文)을 만들어 퍼뜨리기를, "나의 교(敎)를 믿는 사람은 재난을 면할 수 있고 오
래 살 수 있다." 하였다.… 이때 천주교(天主敎)가 점점 성해지자 포덕문(布德
文)을 지었는데, "서교(西敎)는 우리의 옛 풍속과 오랜 습관을 파괴하니, 만일
그것이 퍼지도록 내버려 둔다면 장차 나라를 잃고 백성이 장차 망하게 될 것
이다. 이것을 빨리 막아야 하겠는데 유교(儒敎)는 힘이 약하니 임무를 감당할
수 있는 것은 우리 교이다.' 하고는, 그 교를 '동학(東學)'이라고 불렀다. 이것
은 서학(西學)에 상대하여 이른 말이다.
[古阜民擾卽所謂東學黨騷亂之始也, 初, 慶州見谷面龍潭里人崔濟愚… 一日
稱致誠祭天, 受上帝之神託, 仍造呪文, 而宣傳曰: "信我敎者, 災害可免, 長生
可得", 時天主敎漸焜, 乃製布德文, 有曰: "西敎破壞我古俗舊慣, 若任其流布,
則國將失而民將滅矣, 此宜亟防遏, 而儒敎則力微, 可當斯任者, 其我敎乎?',
乃稱其敎曰東學, 蓋對西學而言也][4]

이와 같이 '동'의 의미 변화는 '서양의 충격(western impact)'을 중심축으로 움직이는 아편전쟁 이후 시대의 특징을 잘 보여준다. '서양의 충격'이라는 위기의식과 그에 대한 반응으로서 전면적인 개념적 · 정서적 · 제도적인 변화가 일어나게 되었으며, 이른바 근대성의 논의가 이루어질 수 있게 된 것이다. '종교(宗敎)'라는 새로운 개념의 등장도 이런 편성 구도의 근본적 변화 속에서 나타났다.

2. 천도교의 등장

동학은 1905년 12월 1일에 천도교(天道敎)로 이름을 바꾸었다. 그리고 '옛날의 동학이 지금의 천도교'라고 밝히며 이런 변화를 처음 알린 것이《제국신문》의 광고이다.

> 道卽天道 學卽東學이니 즉 古之東學이 今之天道敎, 宗旨는 人乃天이요, 綱領은 性身雙全, 敎政一致요, 目的은 輔國安民, 布德天下, 廣濟蒼生, 地上天國 建設이요, 倫理는 事人如天이요, 修行道德은 誠敬信이라.[5]

이와 함께 같은 날 광고에 교당 건축(敎堂 建築)이 시작되었음을 알리는 내용도 실렸는데, "各敎之自由信仰이 爲萬國之公例"[6]라고 신앙자유의 보편성을 강조한 점이 눈에 띈다. 이 시기는 손병희(孫秉熙, 1861-1922)가 1901년 3월 일본에 체류하다가 9월에 귀국한 후, 다시 1902년 초에 일본에 가서 머물 때이며, 1906년 1월에 귀국하기 직전이었다. 당시 손병희는 동학 교단에 대한 두 가지의 부정적인 여론을 극복해야 했는데, 하나는 동학이 정치 세력화하여 '동학란'과 같은 민란을 일으킬 수 있다는 것이었고, 다른 하나는 이용구(李容九, 1868-1912)의 일진회가 일본 군대에 의존하여 친일(親日) 활동을 하는 것이었다. 동학에서 천도교로의 변화는 이 두 가지 과제를 해결함과 동시에 종교 자유라는 문명개화의 주요 조건을 충족하기 위한 것이라고 파악된다. 《제국신문》에 실린 다음과 같은 기사는 손병희가 처한 상황을 잘 나타내고 있다.

> 지금 천도교는 종교의 성질로 이루어진 것이므로, 다른 종교와 다름이 없을 것이오. 또한 그 대(大) 선생(先生) 되는 손 씨가 여러 해 외국에 유람하여 종교의 성질과 행동하는 것을 익히 짐작하였을 것이다. 그래서 지금 그 교인이 아무리 많고, 세력이 굉장하더라도, 어찌 종교 범위 밖에 일을 행할 것인가? 설혹(設或) 갑오(甲午)년과 같이 자의적으로 행동하고자 해도 뜻대로 되지 못할 이유가 한두 가지가 아닌데 어찌하리오?[7]

이와 함께 이 기사는 종교의 특성에 관해 다음과 같이 설명하는데, 여기에서 당시 부각되고 있는 종교에 관한 관점이 잘 드러나 있다.

> 무릇 종교란 것은 세계의 어느 나라를 물론하고, 각각 그 범위가 있나니, 그 교회에서 그 종교 범위 안에서만 행동하고, 그 범위 밖에 나오지 못하나니… (종교는) 법률·정치 등의 일에는 일절 상관하지 못하나니, 만일 무슨 교회에서든지 그 범위를 벗어나 정치·법률 등의 일에 간섭하면 그것은 종교의 성질을 잃어버리는 것이라, 정부에서 법률로써 제지하여 금지하는 고로 감히 범위 밖에 행동하지 못하는 것은 세계의 통행하는 규칙이라.[8]

종교에는 벗어나서는 안 되는 범위가 있으며, 그 범위를 벗어나면 종교의 성질을 잃어버리게 된다는 이와 같은 관점은 점차 정교분리의 '원칙'으로 자리를 잡고 헤게모니를 장악하게 된다. 이러한 관점을 고종(高宗)이 1899년 4월에 발표한 조칙문(詔勅文), 〈존성윤음(尊聖綸音)〉과 비교해 보면 그것이 얼마나 다른지 알 수 있다. 여기에서 고종은 다음과 같이 주장한다.

세계 만국이 종교(宗敎)를 존상함은 다 인심을 맑게 하고 치도(治道)를 내기 위함이다.… 우리나라의 종교(宗敎)는 공부자(孔夫子)의 도(道)가 아니냐?… (그러나 근래에는) 예(禮)의 뚝이 무너지고 인륜이 사라지니 변괴가 일어나고 난역(亂逆)이 잇달아 을미사변에 이르러 극에 달하였도다. 슬프다. 이 어찌 종교(宗敎)가 밝지 않은 데 말미암은 화가 아니냐?… 짐이 조종(祖宗)의 업(業)을 이어 군사(君師)의 자리에 있으면서 수많은 어려움과 엄청난 두려움을 지내 오되 마음에 잊히지 않고 염려가 되는 것은 오직 유지종교(維持宗敎) 하는 데 있다….짐이 동궁과 더불어 장차 일국(一國)의 유교의 종주(宗主)가 되어 공자의 도를 밝히고 성조(聖祖)의 뜻을 이을 터이니 너희 신료(臣僚)와 여러 집사(執事)들은 각각 실심대양(悉心對揚)하여 존성(尊聖)하여야 할 것이다.

[世界萬國之尊尙宗敎, 靡不用極, 皆所以淑人心而出治道也…我國之宗敎, 非吾孔夫子之道乎? 禮防大壞, 彝倫斁喪, 變怪式日而生, 亂逆接踵而出, 至於乙未之變而極矣 嗚呼! 是豈非宗敎不明之禍耶? 朕承祖宗之業, 居君師之位, 經百艱歷千刦, 而耿耿此心, 惟在於維持宗敎…朕與東宮, 將爲一國儒敎宗主, 闡箕 孔之道, 紹聖祖之志, 咨爾臣僚百執事, 其各悉心對揚, 尊聖以嚮道, 躬行以率下][9]

동학에서 천교도로의 변신은 나라마다 하나의 종교가 있다는 고종의 관점을 받아들이는 대신, 종교를 신앙하는 자유와 종교의 한계를 받아들이는 것이 만국(萬國)의 추세(趨勢)임을 인정함으로써 가능하였다. 그리고 이런 '종교적 보편성'의 수용으로 인해 동학이라는 명칭도 문제가 있다고 여겨진 것이다.

> 원래 동학이라는 이름은 서학이 아니라는 것을 밝히고자 한 것이오, 실상 이름은 아닌 고로, 『동경대전』에 이른바 도인즉 천도요 학인즉 동학이라는 뜻을 취하여 천도교로 고친 것이다.[10]

동학은 서학이 아니라는 의미로 붙인 상대적인 이름이므로 정식 이름이라고 할 수 없다는 이와 같은 주장에는 당시 변화하고 있던 학(學)과 교(敎)의 개념적 상황이 내포되어 있다.

전통적으로 학(學)이라는 용어는 인간이 사는 방식에 관한 '배움'이라는 포괄적인 의미를 지니고 있었다. 이런 점은 예컨대 도학(道學)·유학(儒學)·성리학(性理學)·양명학(陽明學)·서학(西學)·천주학(天主學)·야소학(耶蘇學) 등의 명칭에서 찾아볼 수 있다. 하지만 19세기 말 20세기 초에 '과학(科學)'이라는 용어가 학의 의미를 독점하기 시작하면서, 삶의 전 영역을 아우르는 포괄적인 배움이라는 의미 대신에, 다양하게 분할된 '근대적' 지식의 체계를 가리키게 되었다. 유교 경전에서 유래된 격치(格致)라는 용어가 잠시 사용되기도 했으나, 곧 사라졌고, 분할된 지식 영역을 나타내는 '과(科)'와 그 안의 지식을 습득한다는 의미의 과학이 지배하게 되었다. 이런 과정이 전개되면서 근대적 지식이 아닌 것에 '학'의 명칭을 붙이는 것이 적절하지 않게 되었다.

한편 교의 개념에도 변화가 생겼다. 전통적인 교와 종교의 교는 매우 다른 의미를 함축하고 있다. 종교라는 근대적 틀에는 교(敎)와 도(道)가 지니고 있던 광범위한 포괄성이 존재하지 않는다. 종교가 머물러 있어야 할 범위가 만들어진 것이다. 이 범위를 경계로 하여, 종교와 종교가 아닌 것, 종교 가 될 수 없는 것, 종교가 되어서는 안 되는 것의 분명한 구분 의지가 작동하게 된다. 종교와 세속의 구분이 지어지고, 종교와 사이비종교의 분리가 이루어진다. 삶의 전체 영역을 모두 관장하는 교(敎)와 도(道)의 성격은 이제 사라져 버렸으며, 종교가 개입해서는 안 되는 영역이 설정된다. 그리고 그 범위의 경계를 벗어나지 않을 경우에 종교에 특혜가 주어진다. 정치가 개입할 수 없는 자유의 영역과 특권이 보장되는 것이다. 이런 기제(機制)가 작동하면서 종교 개념에는 오직 긍정적인 가치만이 담겨지게 된다. 긍정적 가치와 부정적 가치를 모두 함축하고 있던 전통적 교(敎)의 관점과는 대조적으로 종교 개념은 긍정 일변도의 의미를 갖게 된 것이다.

이런 경향과 함께 종교 집단의 안팎에 종교와 사이비종교, 이단과 정통의 분리선이 엄격하게 그어지고, 이 분리선을 월경(越境)하는 자들을 통제하는 권력 장치가 촘촘하게 작용한다. 교(敎)와 도(道)의 전통에서 보았던 느슨한 정통과 이단의 구분, 그리고 유연한 교화의 방식은 사라지고, 그 자리에 여러 종류의 경찰력과 법률 체계가 들어와 통제한다. 게다가 종교의 영역은 세속 국가가 제공하는 여러 가지 특혜가 제공되는 곳이기 때문에, 사이비종교의 영역으로 배제된다는 것은 그 특권을 누리지 못한다는 것을 뜻한다.

이처럼 동학에서 천도교로의 변화는 단지 명칭이 바뀌는 것에 그치는 것이 아니라, 전통적인 학과 교의 개념에서 종교라는 근대적 개념으로 바뀌었다는 것을 뜻한다. 거기에는 종교에 함축되어 있는 범위 설정을 수용하고, 그에 따른 종교 자유의 특권을 누리겠다는 의지가 들어 있다. '동학란'을 다시 일으킬지 모른다는 의구심, 그리고 일본 세력에 의존하면서 친일 활동하는 일진회에 대한 반감 등 동학 교단에 대한 부정적 관점을 불식시키기 위해 손병희는 종교 개념에 따라 정치 활동과 거리를 두면서 자신의 교단을 바꾸고자 하였다. 동학을 종교로서의 천도교로 바꾼 것이다. 하지만 천도교의 강령에 정교분리가 아니라, '교정일치(敎政一致)'를 명시한 이유는 무엇인가? 바로 여기에 종교로서의 천도교가 지닌 모순이 있다. 그리고 이 모순이 천도교의 적극적인 3·1운동 참가에서 잘 드러나게 된다. 손병희가 1919년의 3·1운동에 참가하면서 스스로 교주(敎主) 직을 사직한 것도 이 때문[11]으로 보인다.

IX

불교로의 변신

: 1910-1920년대의 전환

1. 문제를 보는 관점

독자의 혼동을 피하기 위해 필자의 문제의식에 대해 우선 설명한 다음에 논지를 전개하는 것이 필요하다고 생각한다. 우리에게 늘 생각할 거리를 제공해 주는 통찰력이 풍부한 프랑스의 역사가 폴 벤느(Paul Veyne: 1930-)에서 그 단서를 찾고 싶다. 벤느는 "우리는 이제 위험이 어디 있는지를 안다. 위험은 바로 분류용 개념에 있다."[1]라고 주장했다. 폴 벤느의 이런 주장을 이해하려면 그가 바로 앞에서 한 논의를 살펴볼 필요가 있다. 벤느는 앞서 이런 질문을 던진다. "『종교사 총론』이라든가, 『종교현상학』같은 제목이 달려 있는 책들을 보며, 우리는 좀 염려하지 않을 수 없다. 아니, 단일한 본질을 지니는 종교 같은 것이 존재하기라도 한다는 말인가?"(221, 92) 벤느는 서로 다른 종교는 이질적 범주에 속하는 현상들의 집합체로 이루어져 있으며, 이 집합체의 어느 것도 다른 것과 동일하게 구성되어 있지 않다고 주장한다.(Ibid.) 이는 마치 한 지역의 지도가 다른 지역의 지도와 다른 것과 같다. 어떤 지도는 궁전과 극장을 포함하고 있는 반면, 다른 것은 공장들을, 또 다른 것은 단순한 촌락을 포함하는 것과 비슷하다. 이처럼 한 종교의 지도 역시 다른 어떤 것과도 닮지 않은 것이다.(222) 이런 맥락에서 벤느는 종교 개념 자체가 유동적이어서 불변적인 본질로 규정할 수 없다고 주장하고, 종교라는 분류용 개넘이 만들어 내는 유사성과 반복성의 효과를 마치 실체처럼 생각하면 안 된다고 주장한다. 다음과 같이 이어지는 내용은 벤느의 관점을 잘 나타내 주고 있다.

> 종교가 매우 상이한 집합체들 전체에 우리가 부여한 관례적인 이름이라면, 결과적으로 역사가들이 질서를 부여하기 위해 종교 생활·문학·정치 생활 등으로 분류하여 사용하는 범주들은 변함이 없는 영원한 틀이 아니며, 사회가 바뀜에 따라 변화하는 것이다. 각 범주의 내적인 구조가 변화할 뿐만 아니라, 범주들 사이의 상호 관계와 범주 간 활동 영역의 배분 관계도 바뀌게 된다.… 한 사회에서는 통상 정치 생활이라는 상자 속에 정리해 두는 것이 다른 사회에서는 종교 생활이라는 상자 속에 들어간다. 즉 이 범주들은 각 시대마다 제각각 변화하는 한정된 구조를 갖는다. (그래서) 역사책의 목록에서 '종교 생활'·'문학 생활'이라는 이름의 여러 서랍을 발견할 때, 우리는 근심하게 된다. 이 서랍들은 마치 영원한 범주처럼 마치 무심한 용기(容器)와 같아서 신(神)·의례·작가·작품 등을 아무 생각 없이 집어넣어도 되는 것처럼 보이기 때문이다.[2]

벤느의 염려를 이해할 수 있다면, 역사적 변화의 맥락을 고려하지 않고 개념을 남발하는 것이 심각한 문제라는 것을 알 수 있다. 만일 어떤 사건이나 현상을 다루면서 그것이 문학에 속한다든지 혹은 보다 구체적으로 소설에 속한다든지 아니면 종교에 속한다고 말할 수 있으려면, "이 시대의 문학이나 종교는 이런저런 것이었다."라고 말한 연후에나 가능할 것이다.(226, 95) 만일 그렇게 하지 않으면 어떻게 되는가? 바로 시대착오의 위험에 빠지게 되는 것이며, 역사를 서술하는 작업과는 동떨어져 멀어진다. 왜냐하면 '역사는 백지 위에 쓰이지 않으며, 역사 서술은 우리가 시대착오적인 오해로 치닫는 경향에 맞서서 행하는 쉴 새 없는 투쟁'(226, 95)이기 때문이다.

이제 우리는 벤느가 왜 위험이 개념에 있다고 하는지 짐작할 수 있다. 그 위험에서 벗어나기 위해서는 어떻게 해야 하는가? 그 답은 바로 '모든 개념과 범주의 철저한 역사화'이다. 이에 대해 약간 길지만 벤느의 말을 좀 더 들어 보도록 한다.

> 개념은 역사 지식에서 발부리에 채는 돌과 같다. 역사 지식이 서술적이기 때문이다. 역사는 설명 원리를 필요로 하는 것이 아니라, 세상사가 어떠했는지 말해 주는 단어를 필요로 한다. 그런데 세상사는 단어보다 훨씬 빨리 변화한다. 역사가는 영원히 역사적 기념물의 데생 화가와 같은 상황에 놓여 있다.… 진정한 해결책은 모든 개념과 범주의 철저한 역사화이다. 그렇게 하려면 역사가는 자기 펜 끝에서 나오는 아주 사소한 명사까지도 통제하면서 별 의식 없이 사용하는 모든 범주에 유의해야 한다. 거대한 프로그램이다. 이제 어떤 눈으로 역사책을 바라봐야 하는지 이해할 수 있을 것이다. 우리는 거기에서 항상 변화하는 진실과 언제나 시대착오적인 개념들 사이의 전쟁터를 봐야만 한다. 개념과 범주는 끊임없이 바뀌어야 한다. 그것들은 미리 정해진 어떤 형식도 가지지 않으면서, 각 문명 속의 그들 대상의 현실에 맞추어 빚어져야 한다.[3]

이 글에서는 이와 같은 벤느의 통찰력을 염두에 두고, 1910-1920년대 식민지 한국에서 불교의 전환을 검토하고자 한다. 조선 시대의 불교와 1910년대의 불교 사이에 커다란 차이가 있다는 점은 누구나 인정한다. 근대불교의 특징을 찾고자 하고, 불교 개혁의 성격이 무엇인지 파악하려는 시도는 이러한 차이성을 상정하면서 이루어진다. 조선 시대 불교와 일제시대 불교는 매우 다르다. 하지만 시대적 변화에 따른 그런 차이성의 인정은 변함없이 유지되는 어떤 연속성을 밑에 깔면서 이루어진다. 여기에는 불교로서의 공통점이 시대의 격동에도 불구하고 면면히 이어져 내려왔다는 생각이 깔려 있다. 이 글은 현재 상식적으로 무난하게 수용될 수 있는 이런 생각에 의문을 제기하면서 불교의 연속성과 저변의 공통성이 상정될 수 있다면 도대체 그것이 무엇인가 면밀하게 살피는 작업이 필요하다고 본다. 자명한 것처럼 여기면서 시작하지 말고, 그런 관점 자체를 검토 대상으로 삼고, 역사적으로 그런 생각이 어떻게 형성되어 자리 잡게 되었는지를 물어야 한다고 본다. 부처님을 신앙 대상으로 하고 절이라는 공간을 유지하며 독경과 염불이라는 의례를 행한다는 유사성만으로 과연 불교의 불변하는 연속성을 주장하기에 충분하다는 것인가? 오히려 그런 피상적 유사성 때문에 근본적인 이질성을 파악하지 못하고 있는 것이 아닌가? 겉으로 비슷한 것 배후에 놓여 있는 너무나 다른 맥락에 주목해야 하는 것이 아닌가?

필자가 보기에 이른바 한국의 근대불교는 천도교·증산교·대종교와 마찬가지로 하나의 신종교의 관점에서 파악할 때 오히려 그 성격이 더 분명해진다. 소위 한국의 근대불교는 한편으로 개신교의 선교 방식과 확장 방식에 영향을 받고 반발하면서 다른 한편으로 일본불교의 팽창에 모방과 저항의 양가(兩價)적 대응을 하면서 자신의 정체성을 새롭게 만들었다. 모방과 저항의 이중성은 개신교와 일본불교에 대해서뿐만 아니라, 조선 시대의 불교에 대해서도 마찬가지로 작용하였다. 이처럼 조선 시대 불교와 연속적이면서 또 불연속적인 관계를 맺은 결과, 한국의 근대불교라는 명칭을 내걸 수 있게 된 것이다. 불교 개혁은 바로 조선불교와의 연속성이 상정된 가운데 바람직한 불연속을 주장하기 위해 주창된 것이다.

이 글은 1910-1920년대의 불교개혁론을 검토하여 개신교, 일본불교, 그리고 조선 시대 불교전통과의 관계 설정이 어떻게 이루어지는가를 살피고자 한다. 이 작업이 성공적으로 이루어지면, 모방/저항의 이중성(개신교, 일본불교와의 관련)과 연속/불연속의 이중성(조선 시대 불교와 관련)을 효과적으로 설정할 수 있을 것이다. 그리고 한국의 경우를 논의하기 전에 우선 구미(歐美)의 경우를 간단하게 정리하여 독자의 이해를 돕고자 한다.

2. 유럽의 부디즘 '발견'

유럽에서 부디즘이라는 용어가 19세기 중반에 이르기까지 정착되지 못했으며, 부디즘을 대상으로 한 연구도 마찬가지였다는 것은 널리 알려져 있다. 이에 관한 학적 성과에 따르면, 부디즘에 관한 연구는 부디즘이라는 용어가 고정화되어 하나의 담론적 대상이 되면서 비로소 시작되었다. 그리고 부디즘과 부디즘 연구의 형성은 당시 유럽의 사회 문화적 맥락과 결부될 때, 이해할 수 있다. 부디즘의 담론 형성은 그를 주도한 영국을 비롯하여 유럽이 비유럽적 타자를 보는 관점의 변화와 더불어 이루어졌다는 것이다.[4] 하지만 중요한 점은 이런 관점의 변화가 새로운 맥락에서 비유럽에 대한 유럽의 우월성을 재확인하려는 의지로서 나타났다는 것이다.

이런 연구를 선도한 필립 알몬드는 동양과 서양 혹은 유럽과 비유럽 사이의 근본적 차이성을 그대로 유지하고자 하는 태도가 부디즘의 담론과 연구에 스며들어 있다는 점을 강조한다.[5] 그에 따르면 서구가 부디즘을 보는 시각은 19세기 중엽에 서구의 연구 기관에 소장한 고대의 텍스트를 바탕으로 이루어졌으며, 그 문헌을 번역 · 편집 · 연구하면서 '원래의 부디즘' 혹은 '이상적인 부디즘'을 상정하게 되었다. 텍스트에 기록된 바를 이상적인 상태로 상정하고, 현실에서 보이는 상태를 퇴화 혹은 쇠퇴한 것으로 간주하였다는 것이다.

> 요약한다면, 쇠퇴·퇴화·몰락의 이미지는 과거의 텍스트에 기반을 둔 이상적인 부디즘을 현재 동양의 부디즘과 대조한 결과로서 나타났다. 이는 동시에 진보적이고 번영하는 기독교를 허약해진 부디즘과 대비시키며 기독교의 선교를 이데올로기적으로 정당화하였다. 빅토리아 시대의 영국에서 이상적인 텍스트 부디즘을 만든 것은 동양의 부디즘을 거부하는 핵심적 요소였다. 하지만 이와 동시에 빅토리아 문화에 부디즘이 수용되고 동화된 것은 이런 부디즘의 성격 때문이었다.[6]

서구의 부디즘 이미지는 서구가 동양을 보는 관점의 맥락 속에서 만들어진 것이므로, 부디즘에 대한 평가도 서구 중심적일 수밖에 없다. 하지만 주목할 만한 점은 서구에서 부디즘이 다른 종교에 비하여 훨씬 더 긍정적인 평가를 받았다는 것이다. 그 이유를 우선 세 가지 측면에서 살펴볼 수 있다.

첫째, 텍스트를 통한 부디즘의 파악의 결과 역사적 붓다의 이미지와 인간으로서의 붓다의 모습이 부각되었다는 점이다. 당시 서구 사회에서 세속화된 관점으로 인간을 파악하는 것이 지배적으로 되었음을 고려한다면, 붓다가 서구 사회에서 이상적인 인간으로 간주된 것을 납득할 수 있다.[7]

둘째, 부디즘은 힌두이즘과 짝을 이루어 서구에 알려졌으며, 이것이 대부분 프로테스탄티즘과 가톨릭의 짝과 같이 논의되었다는 점이다. 빅토리아 시대의 영국처럼 반(反)가톨릭주의가 강한 곳에서 힌두이즘과 가톨릭이 부정적인 평가를 받은 반면, 부디즘은 프로테스탄티즘과 같이 긍정적으로 간주되었다. 붓다가 루터와 비교된 것도 이런 맥락에서 이루어졌다.[8] 붓다는 힌두교의 번잡한 제의와 카스트 제도를 거부한 영웅으로 여겨진 것이다.

셋째, 인도유럽어족의 '발견'으로 아리안족과 셈족의 구분이 강조되면서, 셈족과 연관되는 문화 대신에 아리안족의 문화가 부각되었는데, 그리스와 부디즘의 문화가 여기에 포함되었다. 인도유럽어족과 아리안족이라는 개념에는 언어와 인종이 서로 밀접하게 연관되어 있으며, 유럽의 정체성을 규정하는 새로운 장치로 작용하였다. 이를 통해 유럽은 셈족에 속하는 유대교와 이슬람보다, 그리스-로마 문명과의 관계에서 자신의 역사적 전통을 찾고자 하였다.[9]

이는 유럽 정체성과 기독교가 뗄 수 없이 연관되어 있던 이전 상황과 비교해 볼 때, 커다란 변화가 생긴 것이다. 유럽의 정체성의 새로운 보편성으로서 아리안족이라는 것이 나타났기 때문이다. 이런 개념적 장치를 통해 셈족의 이슬람은 '아랍의 종교'로 치부되어 더욱더 배제되었고, 같은 셈족에 속하는 유대교는 예언자의 전통이라는 일부분만 받아들여졌다. 그리고 기독교는 유대교 전체가 아니라, 바로 예언자 전통과 연결되었다는 점이 강조되었다. 아리안족의 보편성은 셈족의 편협한 특수성과는 대조적으로 유럽의 정체성을 세우고, 그 정당성을 확보하는 데 새로운 근거를 마련해 주었다. 이제 유럽과 기독교의 관계도 이런 틀 안에서 작용하게 되었고,[10] 기독교 유일주의가 아니라 아리안족의 다른 종교전통도 어느 정도 수용할 수 있는 상황이 된 것이다. 이전에는 이교 혹은 우상숭배로 간주되던 부디즘이 기독교에 버금가는 '세계종교'로서 중요성을 인정받게 된 것[11]도 이런 변화와 연관되어 있다.

이상과 같은 유럽의 부디즘 '발견'은 이전에 유럽을 지배했던 분류 방식에 변화를 가져왔다. 그것은 세계를 네 가지 영역으로 구분한 것으로, 기독교 · 유대교 · 모하메트교 · 기타(其他)의 분류 체계였다. 기타의 영역은 여러

가지 명칭으로 불렀는데, 이교도 · 이단 · 우상숭배 · 다신론[12] 등이 그것이
었다. 이제 기독교를 중심으로 그리스 · 페르시아 · 인도의 종교가 하나의
영역으로 구획되고, 유대교와 이슬람은 셈족의 종교, 그리고 어느 쪽도 아
닌 동아시아 종교로 구분된다. 이런 맥락에서 기독교와 같은 아리안족의 종
교로서 부디즘이 부각되는 것이다. 힌두이즘은 부디즘과 같은 인도의 종교
로서 포함되며, 종종 자이나교도 함께한다. 유교와 도교는 동아시아, 특히
중국의 종교로 포함된다. 메이지유신 이후의 일본이 국제 무대에서 관심을
끌면서 신도(神道)도 동아시아 종교로서 들어온다.

　　1893년 콜럼버스의 신대륙 '발견' 400주년을 기념하여 미국 시카고에서
열린 세계종교회의(World's Parliament of Religions)는 새로운 종교 분류 방식이 정
착하였음을 잘 보여준다. 여기에 참석한 10개의 종교는 기독교 · 유대교 ·
이슬람 · 부디즘 · 힌두이즘 · 자이니즘 · 조로아스터교 · 유교 · 도교 · 신
도였다. 세계종교회의는 새로운 종교전통의 분류 방식이 확고히 자리 잡는
계기가 되었으며, 그로부터 현재 우리가 종교전통에 대해 가지고 있는 상식
적 관점이 널리 확산되었다. 그 결과 부디즘은 기독교와 비교할 수 있는 세
계종교의 하나가 된 것이다.

3. 한국의 불교 '발견': 조선 시대의 불교

　　14세기 말과 15세기 초의 조선에서 배불(排佛)론이 등장한 것은 정치권력
의 교체에 따른 것으로 이데올로기 투쟁의 성격을 띠었다. 유자(儒者)들은 승
려 세력을 부패의 근원으로 보고 공격을 하였으며, 새로이 성리학적 세계관
을 정착시키고자 노력하였다. 정도전(鄭道傳, 1342-1398)의 『불씨잡변』은 그런
관점을 잘 드러내고 있다. 『불씨잡변』은 1398년에 저술되었으나, 공식 간행

된 것은 1465년이었다. 정도전은 윤회설·인과설·심성론 등 불교의 교설을 신랄하게 비판하였는데, 불교를 가리키기 위해 그가 사용한 용어는 불씨지학(佛氏之學)·불씨지교(佛氏之敎)·석지도(釋之道)·선교(禪敎) 등이었다.

학(學)·교(敎)·도(道)의 용어는 종교 개념이 근대 한국에서 형성되기 전에 널리 사용된 것으로 삶의 전반적인 영역을 모두 아우르는 의미가 있었다. 『중용』에 나오는 "天命之謂性, 率性之謂道, 修道之謂敎"의 구절은 이런 점을 잘 보여준다. 정도전도 불교를 비판하고는 있지만, 교(敎)와 도(道)의 공통점이 있다는 것을 부인하지 않는다.

> 불씨는 비록 오랑캐이지만, 역시 사람의 종류임에는 틀림없으니, 어찌 홀로 이러한 마음이 없으리오! 우리 유가의 이른바 측은(惻隱)은 불씨의 이른바 자비(慈悲)이니 모두가 인(仁)의 쓰임이다.[13]

불자와 유자는 마음의 동일성을 공유하고 있지만, 보는 바의 차이가 있을 뿐이다.

> 그러므로 말하자면 우리 유가는 하나이고, 불가는 둘이며, 유가는 연속(連續)이고, 불가는 간단(間斷)인 것이다. 그러나 마음은 하나이니, 어찌 저들과 우리가 같고 다름이 있겠는가! 다만 사람의 보는 바가 옳으냐 그르냐의 차이가 있을 뿐이다.[14]

그리고 이런 차이는 명제적인 것이라기보다는 실천적인 측면에서 드러난다. 이런 점은 정도전이 "선유(先儒)에 이르기를 불자와 유자의 도는 구절마다 같으나 일마다 다르다.(儒釋之道 句句同而事事異)"[15]라고 말할 때 분명하게 드러난다.

기화(己和, 1376-1433)의 『현정론(顯正論)』은 15세기 배불론의 분위기에 대응하여 불자를 옹호하기 위해 쓰인 것이다. 여기서 강조하고 있는 점은 유불의 근원적 동일성과 그 보완성이다.

> 천하에는 두 도(道)가 없고, 성인(聖人)에게는 두 마음이 없다.… 어떠한 법도 이 원상(圓相)의 밖에 있지 않다. 선(禪)에서는 이를 최초의 한 구절, 교(敎)에서는 가장 청정한 법계, 유(儒)에서는 이를 통체(統體)인 하나의 태극이라고 하며, 노자는 이를 천하의 일모(一母)라고 한다. 그 실상은 다 이를 지칭하는 것이다.

15세기 전반에 쓰인 것으로 추정되고 있는 『유석질의론(儒釋質疑論)』도 『현정론』과 같이 삼교의 일치와 보완적 관계를 주장한다.

> 삼교의 도는 모두 마음을 근본으로 하는데, 유자는 그 적(迹) 곧 발자취를 파들어가고, 불자는 그 진(眞)에 일치해 가고, 그 둘 사이에 접하며, 이들 둘을 결부시키는 것이 노씨지도(老氏之道)이다.… 불교는 씨앗이 자라는 땅이며, 도교는 싹을 자라나게 하는 씨앗이다. 유교는 잎사귀와 가지가 같은 뿌리이다. 세 가지 조건이 구비될 때, 나무가 무성하게 자라듯이 삼교(三敎)가 의지하여 교화(敎化)하면 성대(盛代)를 이룰 수 있다.[16]

15세기 조선에서 부각된 『불씨잡변』과 같은 배불론, 그리고 그에 대한 대응으로 등장한 『현정론』과 『유석질의론』과 같은 호불론은 교(敎)·도(道)·법(法)·학(學)이라는 전통적 개념의 맥락 속에서 불교를 다루고 있다. 이런 전통적 개념의 두드러진 특징 가운데 하나는 "天命之謂性, 率性之謂道, 修道之謂教"의 구절에서 볼 수 있듯이 인간의 전체 활동 영역을 아우를 수 있는 포괄성을 가졌다는 점이다. 물론 이 포괄성은 부정적인 가치를 지닌 것도 이 개념 속에 포함시킨다. 예컨대 좌도(左道)·사교(邪敎) 등의 용어를 살펴보면 이런 점을 확인 할 수 있다. 물론 교(敎)·도(道)의 개념적 전통에 배타성이 없었다는 것은 아니다. 정(正)과 사(邪)·정통과 이단의 구분은 존재하였으며, 좌도에 대한 배척이 이루어졌다. 다음은 사헌부에서 선조에게 올린 상소문이다.

> 상께서 즉위하신 이래 정학(正學)을 장려하고 이교(異敎)를 배척하기를 지극하게 하지 않은 바가 없습니다. 그래서 사설(邪說)이 영원히 끊어지고 좌도(左道)가 있다는 말이 들리지 않았으니, 승니(僧尼)가 없어져 이색(異色)의 사람이 보이지 않았습니다. 그런데… 10여 년 전부터 인심이 흐려지고 사설(邪說)이 횡행해도 금하여 검칙하지 못하니, 어리석은 백성들이 미혹되어 남자는 거사(居士)가 되고 여자는 사당(社堂)이라 칭하며 본분의 일을 일삼지 않고 승복을 걸치고 걸식하며 서로를 유인하여 그 무리들이 번성하고 있습니다.[17]

위와 같이 서론을 펴 나간 사헌부가 탄핵하고자 한 것은 성리학적 규범에 맞지 않게 행동한 사대부이다.

> 삼척 부사(三陟府使) 허균(許筠)은 유가(儒家)의 아들로 그 부형이 종사하던 것과는 반대로 불교를 숭신(崇信)하여 불경을 외며 평소에도 치의(緇衣)를 입고 부처에게 절을 하였고, 수령이 되었을 때에도 많은 사람이 보는 앞에서 재(齋)를 열어 반승(飯僧)하면서도 전혀 부끄러워할 줄을 몰랐으며, 심지어 중국 사

신이 나왔을 때에는 방자하게 선담(禪談) 불어(佛語)를 하며 부처를 좋아하는 일을 장황하게 늘어놓아 중국 사신의 눈을 현혹시켰으니, 매우 해괴하고 놀랍습니다. 청컨대 파직하고 서용하지 말아 사습(士習)을 바로잡으소서.[18]

하지만 전통 사회에서 정(正)과 사(邪)의 구분선은 그리 엄격하지 않았다. 그리고 정통의 집단은 이른바 이단의 집단을 교화하여 정통의 노선에 복귀시키는 것을 우선적 의무로 간주했다. 따라서 국가의 법적 절차에 맡기는 것보다는 인심의 교화를 강조하였던 것이다. 허균과 함께 곽재우의 벽곡 등 도교 방술을 탄핵한 사헌부의 상소문에 대해 선조가 내린 지침은 다음과 같다.

허균의 일은 그 허실을 알 수 없으나 예로부터 문장을 좋아하는 자는 혹 불경을 섭렵하였으니, 균의 심사도 그러한 것에 불과할 것으로 생각된다. 또 혹시 말이 전해지면서 부연된 것은 아닌지 모르겠다. 곽재우가 벽곡하고 밥을 먹지 않은 것 역시 그대로 두어야지 어찌 죄를 주겠는가.[19]

정조(正祖) 때 정사(正邪)의 구분선이 경직화되지만, 이는 천주교도가 조상의 위패를 없애 버림으로써 성리학 체제의 근간을 뒤흔드는 사건이 벌어지면서 생겨난 일이었다. 기본적인 태도는 교(敎)와 도(道)의 공통성에 기반을 둔 일치론을 전제로 하고, 현실적 불일치를 교화를 통해 바로잡아 나가는 것이었다. 정도전과 같은 전투적 유학자도 이 점에서 예외가 아니었다. 이전의 학자들보다 훨씬 광범위한 지식을 망라하면서 나름의 체계를 세웠던 최한기(崔漢綺, 1803-1877)는 해외의 다양한 교(敎)를 소개하면서도 이런 전통적 관점을 유지하고 있다.

유도(儒道) 중에서는 윤리와 강상과 인의(仁義)를 취하고 귀신과 재앙이나 상서에 대한 것을 분변하여 버리며, 서양의 법 중에서 역산(曆算)과 기설(氣說)을 취하고 괴이하고 속이는 것과 화복에 관한 것은 제거하며, 불교 중에서 허무(虛無)를 실유(實有)로 바꾸어서, 삼교(三敎)를 화합하여 하나로 돌아가게 하되 옛것을 기본으로 삼아 새로운 것으로 개혁하면, 진실로 온 천하를 통하여 행할 수 있는 교가 될 것이다.[20]

4. 근대적 종교 개념에서의 불교

한국에서 종교의 근대적 개념은 19세기 말과 20세기 초에 정착되기 시작하였다. 종교라는 근대적 개념이 등장하자마자 일거에 '개념 시장(市場)'을 지배한 것이 아니라, 한동안 기존의 교(敎)·도(道)·학(學)의 전통과 혼거한 후에야 우위를 차지하게 되었다. 한국의 종교 개념 정착 과정에서 현저하게 나타나는 특징은 제국주의 세력 및 개신교와의 관련성이다. 종교라는 근대적 개념이 서구 제국과의 조약 과정에서 처음 거론된 것은 일본과 중국의 경우에도 마찬가지이지만, 한국의 경우에는 일본과 서구의 제국주의 세력이 이중적으로 중첩되면서 나타나게 되었다.

문명의 척도를 종교 자유의 보장 여부에 의해 결정하는 서구 세력의 압력에 따라 일본은 '국가신도'의 비종교화 노선을 정립하면서 근대적 종교 개념의 체제를 수용하였다. 이로써 국가 통합을 위한 천황제 숭배는 국민의 의무적인 의례와 공적인 도덕인 반면, 신사(神社)와 불교 사찰에 참배하는 것은 개인의 종교 활동이 되었다. '종교의 사적 영역화'를 당연하게 간주한 서구와 일본의 압력을 배경으로 한국에서 근대적 종교 개념이 자리 잡게 되었다는 점은 여러 가지를 시사한다. 우선 기독교 특히 개신교가 근대적 종교 개넘의 대표자로서 등장하게 되었다는 점이다. 이런 성격은 개신교 교회가 처음에는 부패한 관리들의 가렴주구와 민란의 피난처 역할을 하였고, 나중에는 일본 제국주의에 저항할 수 있는 교두보 역할을 하면서 더욱 굳어지게 되었다. 종교 개념의 모델이 개신교 중심으로 이루어지게 되었다는 것은 개신교를 기준으로 다른 종교를 재단하는 작업이 당연하게 진행된다는 것을 의미한다. 또한 이런 종교 개념의 정착은 이른바 공적 영역에 개입하는 종교 활동을 강력하게 배제하는 효과를 갖게 된다. 종교 개념의 정착이 확고해질수록 정교분리의 관점은 '정교분리의 원칙'으로 격상되는 것이다. 이에 따라 종교 개념을 받아들이면서도 나라를 지키기 위한 종교의 필요성을 역설하는 관점은 일탈적인 것으로 간주되어 주변부로 밀려나가게 된다. 1910년 이후, 독립운동을 위해 개신교에 입교한 신자가 개신교 선교사들과 갈등을 야기하는 것도 이 때문이다.

탁사(濯斯) 최병헌(崔炳憲, 1858-1927)은 한국에서 종교 개념의 정착 과정을 잘 보여주는 인물이다. 전통적 유생이었던 그는 서양 문명의 바탕에 기독교가 있다고 생각하고 1893년 개신교에 입교하였다. 그는 동양의 여러 종교와 비교하면서 기독교의 독특성과 우월성을 강조하는 일련의 저술을 집필하였다. 그의 저술이 흥미로운 점은 전통적인 교(敎)·도(道)의 관점과 개신교 중심적인 관점이 혼재하고 있다는 것이다.

최병헌은 1907년에 〈성산유람기〉를『신학월보』에 연재하였으며, 그 내용은 유교의 진도(眞道)·불교의 원각(圓覺)·도교의 백운(白雲)·기독교의 신천옹(信天翁)이 서로 자신의 종교를 옹호하다가 결국 신천옹의 기독교 옹호론에 모두 설복되어 개종하게 된다는 것이다. 이 연재물은 1909년에『성산명경(聖山明鏡)』이라는 제목으로 간행되었으며, 그는 같은 해에 〈사교고략(四敎考略)〉을 연재하기 시작하였다. 그 내용 역시 불교·유교·힌두교·회교를 비교하며 기독교의 우월성을 주장하는 내용이다. 그의 관점이 집대성된 것은 1922년에 간행된 『만종일련(萬宗一臠)』이다. 여기서 그는 동서양의 종교를 기독교 중심적인 관점에서 망라하며 논의하고 있는데, 다음과 같은 구절에 그런 관점이 요약되어 있다.

> 종교의 리(理)는 삼대(三大) 관념이 유(有)하니, 일왈(日) 유신론(有神論)의 관념이요, 이왈 내세(來世)론의 관념이요, 삼왈 신앙적(信仰的)의 관념이라. 모(某)교(敎)를 무론(無論)하고 결일어차(缺一於此)하면 완전한 도리(道理)가 되지 못할지라.[21]

최병헌은 유신론·내세론·신앙론이 기독교(耶蘇敎)에는 모두 갖추어져 있는 반면, 다른 종교에는 결여되어 있으므로 기독교가 우월하다는 주장을 펴는 것이다. 그는 불교 역시 유일신론이 결핍되어 있으며, 천당지옥설은 올바른 내세론이 아니고, 창조주에 대한 신앙이 결핍되어 있다고 평가한다. 그뿐만 아니라 불교는 기독교과 비교할 때, 신앙의 자유를 위해 저항하는 능력과 선교의 열정이 부족하며, 생산 활동과 사회봉사 활동이 미약하여 기독교에 비할 수 없다고 주장한다.[22]

이와 같은 개신교 중심의 종교비교론에 대응하여 불교를 옹호하기 위해 등장한 것이 바로 1912년에 출판된 이능화(李能和, 1869-1943)의 『백교회통(百敎會通)』이다. 이능화는 이 책의 머리말에서 다음과 같은 주장을 한다.

> 오늘날의 세상에서 굴지(屈指)의 교가 수십 종에 이르며, 그 가운데 조선인이 만든 교도 적지 않으니, 머지않아 사람들이 저마다 하나씩 교를 가질 정도이다. 이런 때를 맞이하여, 어느 것이 내교(內敎)이며, 어느 것이 외도(外道)일 것

인가? 도(道)는 이미 같지 않게 되어[道旣不同] 서로 도모할 수 없게 되었다. 그러니 다만 다른 이에 맞서 자기주장만 내세울 뿐이다[祗可任他 各主其說]. 하지만 이와 같은 상황이라고 해도 원래 하나의 둥근 원(圓)이 나뉘어져 백 가지 방향[分成百方]이 이루어진 것이거늘, 세간(世間)의 사람들이 그것을 모르고, 스스로 분별(分別)을 만든다. 그래서 물과 우유는 모이기 어렵고(難期), 모순(矛盾)은 걱정거리가 된다. 이에 여러 종교(宗敎)의 강령(綱領)을 서로 대조하고 견주어 보아서, 같음과 다름을 밝게 드러나게 하고, 경전을 인용하여 증거하면서 회통(會而通之)하게 하였다.[23]

이능화는 수많은 종교가 난립하여 저마다 자기주장을 펼치고 있으며, 이미 안과 밖·정과 사의 구별이 모호해졌음을 말하면서, 이전의 도가 이제 작용하지 않는다는 것을 지적한다. 조선 시대와는 근본적으로 달라진 상황이 도래한 것이다. 이와 같은 그의 상황 판단은 유교적 권위의 몰락과 개신교의 급부상에 따른 것이다. 특히 그의 부친 이원긍(李源兢)이 개신교로 개종하여 열렬한 신자로서 활동하고 있던 당시에 이능화는 개신교에 무관심할 수 없었을 것이 틀림없다. 그는 자신이 불자(佛者)임을 드러내고 불교의 비방에 대처하기 위해 책을 썼다고 밝히고 있다.

그의 접근 방식은 모든 종교의 회통을 주장하는 것으로 삼교일치론과 비슷하다. 그는 여러 종교를 불교와 비교한 후에 "도교가 방임자연(放任自然)하는 것을 제외한다면 모든 교가 천(天)으로 위주를 삼고 있다."[24]는 것을 종교의 공통점으로 서술하고 있다. 이능화 회통론의 이와 같은 결론이 빈약하다는 것은 분명하다. 하지만 그의 회통론이 당시 불교에 가해지는 비방에 대처하기 위해 나타났다는 것을 고려한다면, 그 소극성을 이해할 수 있다. 이런 점에서 『백교회통』의 상황은 『현정론』과 『유석질의론』이 나타날 때와 비슷하다. 하지만 15세기 조선과 20세기 초에 불교가 처한 상황은 근본적으로 차이가 있다. 교(敎)・도(道)의 전통적 개념에서 종교라는 근대적 개념으로 바뀐 상황이 전제되기 때문이다.

우선 종교라는 근대적 틀에는 교(敎)・도(道)가 지니고 있던 광범위한 포괄성이 존재하지 않는다. 여기에는 종교와 종교가 아닌 것, 종교가 될 수 없는 것, 종교가 되어서는 안 되는 것의 분명한 구분 의지가 있다. 종교와 세속의 구분이 나누어지고, 종교와 사이비종교의 분리가 이루어진다. 삶의 전체 영역을 모두 관장하는 교(敎)와 도(道)의 성격은 이제 사라져 버렸으며, 종교가 개입해서는 안 되는 영역이 설정된다. 긍정적 가치와 부정적 가치를 모두 함축하고 있던 교(敎)와 도(道)의 관점 대신에 종교 개념에는 오직 긍정적인 가치만을 담게 된다. 이에 따라 부정적인 가치를 쓸어 담기 위해 사이비종교・미신・컬트(cult)라는 용어가 등장한다. 비사회적・반인류적・반인간적인 성격은 종교에 존재할 수 없는 성격으로 간주되는 것이다. '올바른' 종교의 임무는 세속과 협력하여 이런 '쓰레기'를 제거하는 일이 되었다. 하지만 종교는 끊임없이 세속으로부터 미신의 출처를 마련해 준다는 혐의를 받게 된다. 특히 새로 등장한 종교처럼 '세계종교'로 간주되지 못한 경우가 그렇다. 따라서 국가 주도의 계몽적인 교육이 보통 사람들을 대상으로 이루어지며, 신자들의 교육은 국가기관이 아닌 종교기관이 맡아 수행한다.

이런 경향과 함께 종교 집단의 안팎에 종교와 사이비종교・이단과 정통의 분리선이 엄격하게 그어지고, 이 분리선을 월경(越境)하는 자들을 통제하는 권력 장치가 촘촘하게 작용한다. 교(敎)와 도(道)의 전통에서 보았던 느슨한 정통과 이단의 구분, 그리고 유연한 교화의 방식은 사라지고, 그 자리에 여러 종류의 경찰력과 법률 체계가 들어와 통제한다. 게다가 종교의 영역은 세속 국가가 제공하는 여러 가지 특혜가 제공되는 곳이기 때문에, 사이비종교의 영역으로 배제된다는 것은 그 특권을 누리지 못한다는 것을 뜻한다. 예컨대 종교의 자유·세금 면제 등의 특권은 미신에는 용납되지 않는 것이므로 종교 영역에서 밀려난다는 것은 해당 집단의 존립에 치명적인 타격이 된다.

이처럼 사이비종교와 미신의 '나락(奈落)'이 언제나 가까이에 있는 상황은 이런 '늪'에 빠지지 않으려는 강박증을 불러일으키며, 사이비종교와 이단의 경계선에 집착하는 증상을 가져온다. 이런 강박증은 종교의 영역에 포함되려는 권력 의지에 동반하는 것으로, 종교가 사회에서 기득권을 가질수록 더욱 첨예하게 작용한다. 그리고 종교 영역의 모델이 되는 것이 바로 개신교이므로 개신교를 모방하거나, 개신교 측의 비방에 효과적으로 대응하는 것이 무엇보다도 중요한 일로 등장한다.

이능화의『백교회통』도 이런 맥락에서 이해할 수 있다. 그가 불교는 물론 신교·도교·유교·기독교·무속 등 한국 종교 전반에 걸친 저술을 남긴 것도 마찬가지다. 어째서 이능화가『조선불교통사』(1918),『조선신교원류고』(1922-23),『조선무속고』(1927),『조선기독교급외교사』(1928),『조선종교사』(1933),『조선도교사』(1959), 그리고『조선유교와 유학사상사』를 집필하였는가?

"한국 종교사는 이능화의 저작에서 비로소 시작된 것이다."[25]라는 주장을 할 수 있는 것은 바로 이능화가 종교라는 근대 개념에 호출(呼出)되어 작업을 했기 때문이라고 말할 수 있다. "이능화 이전에 각 종교전통별 통사가 존재하지 않았다."는 것은 분명하다. 왜냐하면 교(敎)와 도(道)의 전통에서는 이런 필요성 자체가 생기지 않기 때문이다.

이능화는 종교의 근대 개념을 전제로 하고 그 안에 불교의 자리를 마련하려고 노력했다.『백교회통』의 머리말에 이런 내용이 있다.

然今宇內에 屈指之敎ㅣ 有十數種하며, 且朝鮮人所創之者도 亦屬不少하야 不久에 將見人各一敎라. 當此之時하야 誰爲內敎며 誰爲外道리오. 道旣不同이라 不相爲謀ㅣ니, 祇可任他하여 各主其說이라. 雖然如是나 元以一圓으로 分成百方이어늘 世間之人이 由因不知하야 自生分別하니, 水乳는 難期오, 矛盾은 是慮라 爰將諸宗敎之綱領하야 對照相並하여 同異發明하며 引而證之하야 會而通之하며….[26]

여기에서 이능화가 주장하는 두드러진 점은 모든 종교에 관철되는 공통점을 상정하고 있다는 점과 종교 간의 비교를 시도하고 있다는 점, 그리고 그 비교가 강령(綱領)을 기준으로 이루어지고 있다는 점이다. 또한 그의 관점에서 교(敎)와 도(道)의 전통적 관점이 묘하게 섞여 있다는 것도 주목할 만하다. 이 점이 갖는 의미에 대해서는 보다 천착할 필요가 있다. 이능화의 근대적 작업을 범례로 하여 권상로(1879-1965)의 『조선불교사』(1917)가 뒤를 이었다. 한용운(1879-1944)의 작업도 이 틀에서 벗어나지 않는다. 다만 정교분리론을 주장하면서 조선총독부가 사찰령으로 불교에 개입하려는 것을 막으려고 하는 등 그 적극적인 태도가 남다를 뿐이다. 현재 우리가 사용하고 있는 불교의 개념은 조선 시대의 불교 개념과 같다고 볼 수 없다. 그것은 구미가 '발견'한 불교 개념과 종교라는 근대적 개념 틀에 의해 영향을 받은 것이기 때문이다. 종교의 개념에는 그 모델인 개신교의 강력한 힘이 작용하고 있다. 따라서 모든 근대종교는 개신교의 영향권에서 벗어날 수 없다. 한편으로 개신교 따라 하기를 하면서, 다른 한편으로는 그와 차별화를 시도해야 한다.

15세기 조선 시대의 『현정론』과 『유석질의론』은 유교의 배불론에 맞서서 삼교일치론으로 불교의 자리를 마련코자 하였다. 20세기 초의 이능화는 개신교의 공격적인 불교 비방에 맞서서 "모든 종교가 회통한다."는 주장으로 불교의 자리를 마련하는 한편, 각 종교전통의 통사를 집필하였다. 고대에서 현대를 잇는 한국의 각 종교전통의 역사가 처음으로 마련되었다는 것은 시간을 관통하는 전통의 정체성이 정착되었음을 의미한다. 『현정론』과 『유석질의론』, 이능화의 『백교회통』은 모두 불교가 비판받는 수세적 상황에서 인간의 공통점을 부각함으로써 불교의 공간을 마련하고자 노력한다는 점에서 비슷한 처지에 있다고 볼 수 있다.

X

기준점으로서의 3·1운동
: 3·1운동 전후의 종교[1]

1. 1919년 3 · 1운동 이전의 종교

한국에서 종교의 근대적 개념은 19세기 말과 20세기 초에 정착되기 시작하였다. 종교라는 근대적 개념이 등장하자마자 일거에 '개념 시장(市場)'을 지배한 것이 아니라, 한동안 기존의 교(敎) · 도(道) · 학(學)의 전통과 혼거한 후에야 우위를 차지하게 되었다. 한국의 종교 개념 정착 과정에서 현저하게 나타나는 특징은 제국주의 세력 및 개신교와의 관련성이다. 종교라는 근대적 개념이 서구 제국과의 조약 체결 과정에서 처음 거론된 것은 일본과 중국의 경우에도 마찬가지이지만, 한국의 경우에는 일본과 서구의 제국주의 세력이 이중적으로 중첩되면서 나타나게 되었다는 점에 특징이 있다.

문명의 척도를 종교 자유의 보장 여부에 의해 결정하는 서구 세력의 압력에 따라 일본은 '국가신도'의 비종교화 노선을 정립하면서 근대적 종교 개념의 체제를 수용하였다. 이로써 국가 통합을 위한 천황제 숭배는 국민의 의무적인 의례와 공적인 도덕인 반면, 신사(神社)와 불교 사찰에 참배하는 것은 개인의 종교 활동이 되었다.

한국에서 '종교의 사적 영역화'를 당연하게 간주한 서구와 일본의 압력을 배경으로 근대적 종교 개념이 자리 잡게 되었다는 점, 그리고 개신교가 근대적 종교 개념의 대표자로서 등장하게 되었다는 점을 아는 것이 중요하다.

서구(西歐)화를 지향하는 계몽주의 지식인과 일제 식민주의 관료가 종교의 사사(私事)화를 주장하였으며, 개신교 선교사들 역시 종교의 탈(脫)정치화를 강력하게 주장하였다. 반면 일제에 저항하는 지식인과 개신교 평신도(平信徒)들은 종교를 국권(國權) 회복을 위한 수단으로 이용하고자 애썼다.

사적 영역으로서의 종교·정치와 분리된 종교 개념의 정착은 이른바 공적 영역에 개입하는 종교 활동을 강력하게 배제하는 효과를 갖게 된다. 그리고 종교 개념의 정착이 확고해질수록, 정교분리의 관점은 '정교분리의 원칙'으로 격상된다. 이에 따라 종교 개념을 받아들이면서도 나라를 지키기 위한 종교의 필요성을 역설하는 관점은 일탈적인 것으로 간주되어, 주변부로 밀려 나가게 된다. 독립운동을 위해 개신교에 입교한 신자가 개신교 선교사들과 갈등을 야기하는 것도 이 때문이다.

1910년 이후 일제는 일련의 법을 제정하여 종교단체가 식민 통치에 간섭하지 못하도록 제도화하였다. 식민 권력은 종교가 벗어나서는 안 되는 범위를 정해 놓는 한편, 범위 안에 머무는 '진정'한 종교에 대해서는 여러 가지 특혜를 약속하였다. 법률을 통해 강요된 종교의 사사(私事)화와 탈(脫)정치화는 정교분리의 이데올로기를 의심할 여지가 없는 수준으로 고양(高揚)시켰다. 하지만 종교의 탈정치화가 식민 통치에 기여하면 할수록, 실상은 종교의 정치화가 심화되는 결과를 초래하였다. 처음부터 정교분리가 정교(政敎) 야합(野合)이 될 수밖에 없는 이유가 여기에 있다. 종교와 정치의 영역이 '분리'되었다고 선언되고, 종교의 탈정치화가 강요되는 순간, 종교의 정치화는 필연적으로 내재되어 있기 마련인 것이다.

1) 불교와 유교의 통제, 〈사찰령〉과 〈경학원 규정〉
1911년 6월 3일 조선총독부는 〈사찰령〉을 공포하여 사찰에 관한 모든 재산권과 인사권의 행사에 조선총독의 허가를 받아야 하며, 사찰에서의 전법(傳法)과 포교(布敎) 활동에도 지방장관의 허가를 받아야 한다고 규정하였다.[2] 그리고 이 규정을 위반할 경우, 징역이나 벌금형의 처벌이 가해질 것이라는 조항이 포함되었다. 1906년 11월 17일 통감부령(統監府令)으로 발표된 〈종교의 포교에 관한 규칙〉에 처벌 조항이 없는 것과는 대조적이다. 이 규칙의 주 내용은 일본의 신도·불교 등이 한국에서 포교하고자 할 경우에 포교 방법과 포교자 감독의 방법에 관해 통감의 인가를 받으라는 것으로, 일본인을 대상으로 한 규정이었다.

1911년 7월 8일에는 〈사찰령 시행규칙〉이 발표되었는데, 전국의 주요 사찰 30곳을 정하고, 그 주지가 임명될 때, 반드시 총독의 인가를 받도록 하였다. 그 외의 사찰 주지는 지방장관의 인가를 받아야 하였다. 〈사찰령〉과 〈사찰령 시행규칙〉을 통해 조선불교는 전적으로 조선총독의 통제 아래에 들어가게 되었다.

1911년 6월 15일에는 성균관을 폐지하고 경학원으로 개편하는 〈경학원 규정〉이 발표되었다. 1910년 4월에 공포된 〈향교(鄕校)재산관리 규정〉이 지방의 향교 재산을 총독부에 소속시키려는 것인 반면, 〈경학원 규정〉은 유교적 학문과 제사의 중심지였던 성균관의 이름을 바꾸면서 그 인적·재정적 기반을 총독부에 종속시키려는 목적이 있었다. 제1조에 "경학원은 조선총독의 감독에 속한다."고 명시하고 있으며, 제6조에 책임자인 대제학(大提學)은 조선총독의 지휘 감독을 받아 원무(院務)를 총리(總理)한다고 규정하고 있다. 또한 매년 봄과 가을 두 차례 거행하는 문묘(文廟)의 제사도 조선총독의 지휘를 받아야 한다고 규정하였다. 더구나 천황의 하사금 25만 원을 경학원의 기금으로 한다는 1911년 8월 1일의 조선총독부 훈령은 유교가 일제에 완전히 종속되었음을 알리는 상징적인 선포였다.

2) 기독교의 통제, 〈사립학교 규칙〉

1911년의 조선총독부 통계에 따르면 총 2,085개의 사립학교 가운데 종교
단체에서 운영하는 학교는 778개로 37.3%에 달하였다.[3] 특히 개신교 교단
에 속한 학교가 많았는데, 개신교가 한국에 들어오면서 의료와 교육 등 간
접 선교 방식을 취했기 때문이다. 조선총독부는 1911년 8월 23일에 〈조선교
육령〉을 그리고 10월 20일에 〈사립학교 규칙〉을 공포하였다. 사립학교의
교육이 일제 통치에 저항하는 거점을 만들 수 없도록 학교의 설립과 운영에
총독의 인가를 절대화한 법령이었다. 특히 기독교계 사립학교의 경우에 외
국의 선교사가 운영하고 있기 때문에 치외법권(治外法權)의 영역으로 간주되
고 있었다. 〈사립학교 규칙〉은 교육과 정치의 분리를 내세우면서 이와 같은
외국 선교사의 치외법권을 인정하지 않겠다고 주장한 것이다. 1915년 3월
24일에 공포된 〈개정 사립학교 규칙〉은 더욱 엄격하게 교육과 종교의 분리
를 주장하였다. 총독부의 학무국장 세키야(關屋貞三郞)는 그 요지를 다음과 같
이 말하고 있다.

> 국민의 교육을 완전히 종교 밖에 두는 것은 제국의 기본 방침이다.… 이번
> 개정도 이 방침을 한층 분명히 한 것에 불과하다. 대개 교육과 종교는 각각
> 그 영역을 지켜 피차 혼동됨이 없이 그 목적에 매진하지 않으면 완벽을 바랄
> 수 없고, 양자의 분계(分界)가 분명하여야 비로소 교육의 참된 목적을 이루며
> 종교의 자유도 확보할 수 있다.[4]

이 법령 제 6조 2항에는 "성서·지리·역사 등의 교육과정을 행해서는 안
된다."는 규정이 포함되어 있다. 총독부가 지리와 역사의 교육을 금지한 것
은 민족주의 교육을 배제하기 위한 것이며, 교육과 종교의 분리를 명분으로

교육과정에 성서를 포함시키지 못하게 한 것이었다. 이 법령에 따라 기독교계 사립학교는 종교교육을 할 수 없게 되어 학교 설립의 의미가 없어지게 되었다. 하지만 이전부터 종교교육을 해 왔던 사립학교의 경우에는 10년의 유예기간을 주었기 때문에 당장의 폐교는 일어나지 않았다. 총독부가 교육과 종교의 분리를 주장한 것은 정교분리가 규범적인 지위를 차지했기 때문에 가능했다. 기독교계 사립학교는 교육과 정치의 분리라는 명분으로 끊임없이 학교 운영에 간섭하는 총독부의 권력에 별로 대응할 방법이 없었다.

3) 공인(公認)종교의 정책-1915년의 〈포교 규칙〉

1915년 8월 16일에 총독부령(總督府令)으로 공포된 〈포교 규칙〉은 종교의 포교 활동 전반에 걸쳐 조선총독의 인가를 필수적인 조건으로 규정하여 보다 강력하게 종교 활동을 규제하고자 한 법령이었다. 이 법령에 따라 포교의 방법, 포교 관리자, 포교 관리사무소에 관한 모든 사항은 조선총독의 인가를 받아야 했다. 1915년의 〈포교 규칙〉에서 가장 두드러진 조항은 제1조와 제15조이다. 제1조는 '본령에서 종교라 칭함은 神道, 佛敎 及 基督敎를 謂함'이고 제15조는 '조선총독은 필요가 有한 경우에 在하여는 宗敎類似한 단체라고 認한 것에 본령을 準用함도 有함.'[5]이라는 내용이다.

〈포교 규칙〉의 제1조와 제15조를 통해 조선총독부는 종교와 유사종교를 구분하고, 종교를 신도·불교·기독교에 국한하였다. 여기서 신도(神道)는 신사신도(神社神道) 혹은 교파신도(敎派神道)를 일컫는 것으로 총독부의 강력한 후원을 받고 있었으며, 가톨릭과 개신교가 포함된 기독교는 미국과 프랑스 등 서양 세력과 연결되어 결코 무시할 수 없었다. 유교는 종교가 아니라고 취급되었기 때문에 배제되었는데, 〈경학원 규정〉 제1조에 '경학원은 조선총독의 감독에 속하여 경학을 강구하여 풍교덕화(風敎德化)를 비보(裨補)함을 목적으로 함"[6]이라고 하며 유교를 학사(學事)로 다루었다.

1915년의 〈포교 규칙〉에 의해 종교와 비(非)종교 혹은 종교와 유사(類似)종교의 범주가 제도화되었고, 그 구분 기준은 조선총독부가 종교라고 인정하는 것이었다. 이런 공인(公認) 종교는 포교 규칙을 준수하는 조건에서 종교의 자유라는 특혜를 누릴 수 있었다. 이와 같은 조건부 종교 자유는 1890년에 공포된 제국헌법 제28조의 '제국 신민의 의무에 반하지 않은 경우에 한하여' 종교 자유를 허용하는 것에 따른 것이다. 〈포교 규칙〉의 제15조는 공인된 종교가 아니라고 하더라도 '종교처럼' 취급해 주는 경우가 있다고 밝혔는데, 그런 예외의 경우는 전적으로 조선총독부의 판단에 의해 결정되는 것이었다.

4) 유사종교(類似宗教)의 통제-〈보안법〉과 〈집회취체(集會取締)에 관한 건〉

종교가 아니라고 간주된 것에 대해서는 1907년에 공포된 〈보안법〉, 그리고 1910년에 공포된 〈집회취체(集會取締)에 관한 건(件)〉으로 규제하였다. 〈보안법〉 제1조는 "안녕질서(安寧秩序)를 보지(保持)하기 위해 필요한 경우 결사(結社)의 해산을 명(命)할 수 있다."고 규정하여 언제든지 유사종교 단체를 해체시킬 수 있도록 하였다. 이 법령에는 집회의 금지, 문서 등의 게시와 배포 금지, 그리고 정치에 불온한 동작을 하거나 할 우려가 있는 경우에 처벌할 수 있는 규정도 포함되어 있다. 〈집회취체(集會取締)에 관한 건(件)〉에는 "당분간 정치에 관한 집회, 혹은 옥외에서 많은 군중의 집합을 금지한다."고 하여 집회 자체를 가능한 한 억제하려는 자세를 취하였다.

1920년 7월에 《동아일보》에 실린 다음과 같은 기사는 유사종교로 간주된 것에 대해 처리하는 방식과 함께 1919년 3·1운동 이후 천도교에 관한 총독부의 약간 애매한 태도가 잘 나타나 있다.

종교 행정에 관계있는 총독부 모 당국자의 말을 들은즉, "원래 종교는 총독부에서 종교로 인정하면 포교 규칙에 의지하여 종교로 선포하지만, 그렇지 아니한 것은 종교 행정에서 표면적으로 종교라고 인정하지 아니하는 고로, 포교 규칙의 적용도 받지 않는다. 따라서 보통의 집회결사와 마찬가지로 보아서 경찰의 손에만 맡겨 버리고, 종교과에서는 직접적으로 상관치 아니한다. 천도교에 대하여는 불교나 예수교와 같이 종교로 인정치 않지만, 조선에서 생긴 종교로는 역사도 있고, 신자도 많은 고로 이를 불교나 예수교와 같이 인정할지 아닐지에 대하여… 총독부에서는 아직 구체적으로 그 방침을 강구하기에 이르지 못하였다. 기타 종교의 명칭을 붙인 단체에 대하여는 아직 종교로 인정하기에 이른 것이 별로 없는 고로 그대로 경찰의 취체에 맡겨두어 보통 결사나 집회를 취체하는 것과 같이 되고 종교과에서 직접으로 상관하지 아니한다." 하는데, 사실이 이와 같으면 총독부의 종교에 대한 방침은 아직 별로 변동이 없을 듯하더라.[7]

여기서 종교과(宗敎課)라는 것은 총독부 학무국의 종무과를 말하는 것으로 공인종교를 다루는 일을 하였다. 반면 공인종교가 아닌 것은 경무국에서 다루었다. 유사종교라고 간주된 천도교에 대해 총독부의 태도가 애매해진 것은 천도교인과 개신교인이 주도적인 역할을 한 3·1운동 때문이다. 위의 기사 내용에서도 "천도교의 교주 이하 주요한 사람이 독립운동의 주당(主黨)이 된 모양으로, 비록 천도교가 종교단체로 정치 운동을 한 것은 아니지만, 총독부 당국과 기타 일본인 편에는 홀연히 천도교 문제가 큰 문제가 되었다."[8]고 전하고 있다. 1919년까지 조선총독부는 일련의 법령을 제정·공포하여 종교와 유사종교를 분리하고, 각각의 영역을 통제하기 위해 관련 부서를 만들었다. 유교는 종교가 아니라 도덕 및 교육으로 간주하였고, 천도교와 같은 단체는 유사종교로 처리하였다. 유사종교의 범주는 진정한 종교와 사이비종교, 혹은 순수한 종교와 오염된 종교의 구분을 함축하였으며, 정치에 관여하지 않는 종교만이 순수하고 진정한 종교라고 주장되었다. 1919년 3·1운동을 계기로 이른바 무단통치(武斷統治)에서 문화통치(文化統治)로 식민정책의 변화가 이루어지지만 총독부의 기본적인 종교 정책은 별로 바뀌지 않는다. 1910년 이전에 만들어지기 시작한 종교의 범위와 개념적인 성격이 일련의 총독부 법령으로 인해 분명하게 제도화하고 정착한 것이다. 다음의 내용은 1919년 이후 진행된 변화와 그 의미에 관한 것이다.

2. 1919년 3·1운동과 종교의 위치

3·1운동의 발생과 전개에 천도교와 개신교가 중요한 기여를 했다는 것은 널리 알려져 있다. 다음은 33인의 민족 대표 가운데 한 명인 권동진의 고등법원 신문조서로서, 천도교와 개신교가 3·1운동의 계기를 만든 핵심 세력이었음을 잘 보여주고 있다.

피고는 재정 7년 11월 중에 《대판(大坂)매일신문》에서 민족자결이라는 것을 비로소 보고, 거기에서 조선독립운동을 할 생각을 일으켰고, 그 후 12월 중순경 오세창·최린 등과 만나서 세 사람의 동지가 되었으므로 금년 1월 말경에 최린·손병희 등과 함께 상의하여 드디어 독립시위운동을 하기로 했고, 또 그때 예수교 측의 사람이 마찬가지 운동을 하려고 한다는 것과 동경에서 학생들이 운동을 하기 시작했다는 것을 듣고 그것이 동기가 되어 그달 20일이 지난 무렵 곧 21일인지 22일 경에 예수교 측의 사람과 합동하여 선언서에 서명하기로 할 것을 정하고, 그리고 서류 일체를 작성하고… 선언서

의 인쇄는 천도교 측에서, 배포는 예수교 측에서 담당하고….[9]

이 신문조서는 총독부에서 파악하고 있는 3·1운동의 준비 상황을 요약
하고 있는데, 천도교와 개신교가 서로 독립적으로 조선독립운동을 의도했
음이 잘 드러나 있다. 최린에 대한 경성지방법원의 신문조서에는 보다 자세
하게 천도교와 개신교의 연결 상황이 나타난다.

> 문: 예수교의 이승훈과는 어느 때부터 회합하게 되었는가?
> 답: 그것은 최남선에게 이승훈이 우리와 같은 의견으로 독립운동을 기도하
>   고 있다는 말을 듣고 같은 보조를 취하지 않으면 안 된다고 생각하여 회
>   견을 청하기로 하고 최남선이 나의 집으로 이승훈을 데리고 와서 만났
>   는데, 그때 나는 이승훈에게 어젯밤 예수교에서는 조선의 독립운동을
>   할 것을 결의했다는데 진실이냐고 물었더니 진실이라고 하므로 왜 우리
>   와 별도로 운동하기로 했냐고 물었더니 이승훈은 그것은 자기 혼자의
>   생각이 아니고 모두가 천도교와는 종파가 다르고 인물도 모르므로 진정
>   한 의사를 모르니 별도로 운동하는 것이 좋지 않겠느냐고 해서 그렇게
>   결의했던 것이라고 하므로 나는 이 일은 종교상의 문제가 아니고, 또 일
>   부분의 문제도 아니고 조선민족 전체의 일이므로 종교는 비록 다르다
>   하더라도 지장이 없으니 별도로 운동하는 것은 좋지 않으니 합동하여
>   운동하도록 하지 않겠느냐고 했더니 이승훈은 동지들에게 협의해 보겠
>   다고 하면서 돌아갔었다.[10]

이런 천도교 측의 연합 제의에 대해 개신교 측의 반응은 이갑성의 신문조
서에서 볼 수 있다.

2월 20일인지 21일인지 하여간 금요일 밤이었다. 내 집에서 예수교 사람 10
인이 모여서 그때의 말로는 청원서를 만들어 일본 정부와 총독부에 제출한
다는 것이었는데, 10인 만으로는 너무 인원수가 적으니 좀 더 인원을 늘리자
는 말로 그때는 헤어졌었다. 그리고 이승훈이 천도교 쪽에서도 역시 마찬가
지로 독립운동을 기도하고 있다는 것을 말하며, 목적이 같으니 합의해 하는
것이 어떻겠냐는 말을 했었는데, 그것에 찬성하는 사람이 있었는가 하면 찬
성하지 않는 사람도 있었으나, 요컨대 목적이 같으므로 합병해도 좋다는 것
으로 되어 그것에 대해서도 일체 이승훈에게 맡기기로 하였었다.[11]

천도교와 개신교 지도부가 3·1운동에 적극적으로 개입한 반면, 불교와
유교의 역할은 그리 두드러지지 않는다. 불교에서는 한용운(韓龍雲)과 백용
성(白龍城)이 개인적으로 참가하는 데 그쳤고, 유림의 지도층은 참여를 하지
못하였다. 이런 점은 당시 불교와 유교가 처해 있던 상황을 그대로 반영하
고 있다. 즉 불교계에서는 승려의 도성출입금지령이 1895년 해제되자 일본
의 영향력 때문에 이루어진 일이라고 간주하여 고마워하는 분위기가 있었
으며, 일본 불교 세력이 조선불교를 재건하는 데 도움을 주지 않을까 하는
기대도 적지 않았다. 1911년의 사찰령은 조선총독부가 불교 사찰을 통제하
겠다는 조치였으나, 상당수의 승려들은 이런 불교 간섭을 오히려 흔쾌히 받
아들였다.[12] 한용운과 같이 조선불교의 자주성을 주장하는 불교 세력은 소
수파였던 것이다. 유교 세력은 한말 과거제 폐지와 의병전쟁의 좌절 이후
쇠퇴를 거듭하였다. 박은식(朴殷植)이 제창한 양명학적인 유교개혁론, 이병
헌(李炳憲)의 공교(孔敎) 운동 등 유교갱생운동이 일어나기도 했으나, 유교 집
단을 진작시켜 사회적 세력화하기에는 역부족이었다.
천도교와 개신교의 연합은 대등하게 이루어졌는데, 3·1독립선언의 서명

자를 처음에 천도교 15명, 개신교 15명으로 정했던 것도 이런 점을 보여준다. 당시 서명자가 구성되던 상황에 관해서는 평안도에서 개신교계에 영향력이 컸던 이인환의 신문조서에 잘 나타나 있다.

> 문: 선언서에 연명할 사람은 천교도 측에서 몇 사람, 예수교 측에서 몇 사람이라는 식으로 정했는가?
>
> 답: 처음에는 천도교와 개신교가 각각 15명씩으로 하자고 했으나 중간에 승려 두 명이 참가했기 때문에 예수교 사람 1명을 추가하여 결국 33인이 되었다.
>
> 문: 선언서의 인쇄는 천교도 측에서 담당하고 그것을 배포하는 것은 예수교 측에서 담당한 것으로 보이는데 그 배포 방법은 어떻게 했는가?
>
> 답: 인쇄와 배포를 묻는 바와 같이 분담한 것은 틀림없다. 그리고 그 기초도 천도교 측에서 했다. 곧 그 기초는 최린 등이 했었다. 그리고 그 배포는 예수교 측 사람이 각지의 교회에 배포하기로 하고 선언서를 발표하고 배포도 했던 것이다. 그러나 각 지방에 많은 천도교도와 교구가 있으므로 그 방면에서도 약간 배포했을지 모른다.[13]

하지만 개신교의 모든 교파가 참가한 것이 아니었고, 개신교는 중앙 조직이 없이 개(個)교회 중심적이라는 점에서 한계가 있었다. 반면 개신교보다 일사불란한 중앙 조직을 갖추고 있었으며, 신도 수도 더 많은 천도교가 3·1운동을 조직적으로 전개하는 데 더 유리했다는 것은 분명하다. 당시 천도교의 신도 수에 관해 손병희는 '천도교 교도에게는 교표를 발행하는데 약 300만 정도가 되며, 교도의 의무를 지키고 있는 수는 약 100만 명이 된다.'[14]고 밝힌 바 있다. 한편 1921년 선교사연합회에서 작성한 통계에 따르면, 1920

년의 장로교인과 감리교인 총계는 24만 명이다. 가톨릭 신자가 8만 명, 성공회 신자가 1만 명, 그리고 다른 개신교 교파 신자가 2만 명으로 추산되므로, 신·구교 모두 합해서 35만 명 정도이다.[15] 이로써 당시 천도교 신자 수가 장로교인과 감리교인을 합친 수보다 네 배 가깝게 더 많았음을 알 수 있다.

이런 신도 수의 차이는 자연히 재정 규모의 크기에도 영향을 미쳤다. 개신교의 요청으로 천도교 측에서 독립운동 비용으로 5,000원을 지출한 것도 이 점을 잘 보여준다. 총독부 검찰이 그 비용은 선언문의 번역 및 해외 발송, 그리고 구속 인사 유족의 위로 비용으로 쓰려던 것이 아니냐는 추궁을 하자, 손병희는 이 돈의 용도에 대해 다음과 같이 밝힌다. "예수교 측에서 시골에서 온 사람도 있고 해서 그 체재비 등을 시골에서 부쳐 오려면 시간이 걸리므로 융통해 달라는 것이었는데, 요컨대 독립운동에 대한 비용에 충당한다는 것이었다."

손병희의 이런 주장에 대해 검찰은 천도교의 보관금이 종교의 목적 이외의 독립운동에 사용된 것은 불법이 아니냐고 물었다. 이에 손병희는 교단의 돈이 아니라, 자기가 개인적으로 지출해 달라고 요청한 돈이기 때문에 나중에 변상하겠다고 답변하였다. 손병희가 이렇게 교단과 자기 개인을 구분하는 것은 3·1운동에 참여를 결심하면서 일관되게 견지한 태도였다. 이는 손병희의 3·1운동 참여가 천도교 교단에 끼칠 피해를 최소화하기 위한 것이다. 천도교가 지원한 개신교 측의 3·1운동 거사 자금을 총독부가 문제 삼자, 손병희는 개인의 차원으로 돌리려고 한 것이다.

3·1운동의 지도부뿐만 아니라, 기층의 참여자에도 천도교와 개신교의 영향력은 두드러지게 나타난다. 다음은 3·1운동에 적극 가담했다는 죄목으로 체포되어 기소된 총 7,835명의 종교별 통계이다.

〈기소 피고인의 종교별 분포〉[16]

종교		기소 피고인 수	백분비(%)
불교		79	1
유교		17	1
천도교		1,209	15
시천교		2	0
기독교		1,719	22
	감리파	348	4
	장로파	1,250	16
	조합파	4	0
	교파 불명	117	2
천주교		19	0
무신교		3,408	43
불상(不詳)		1,387	18
합계		7,835[17]	100

　이 통계에서 기소 피고인 가운데 천도교인과 장로교인은 거의 대등한 비율을 보이고 있다. 신도 수가 훨씬 많은 천도교에서 장로교와 비슷한 기소 피고인을 낸 이유는 3·1운동의 전파가 기차역을 따라 이루어졌고, 농촌보다 인구가 밀집된 도시에서 활발하게 일어난 것과 관련이 있다. 개신교가 도시 지역을 근거지로 하였다면, 천도교는 상대적으로 농촌 지역에 바탕을 두고 있었다고 할 수 있기 때문이다.

　다음의 통계 가운데 회집 횟수와 회집인 수에서 두드러지는 곳은 경기도와 평안도이다. 경기도는 인구가 가장 조밀한 곳이고, 게다가 고종의 국장을 계기로 지방에서 많은 사람들이 올라와 있었기 때문에 가장 많은 회집인

수를 보인 것이 당연하였다. 하지만 평안도에서 그다음으로 회집인 수를 보이고, 체포된 사람이 가장 많았다는 것은 평안도 지역에 강력한 지지 기반을 가진 장로교와 천도교의 영향력이 적지 않았음을 나타낸다.

〈3 · 1운동 참가자 수와 피해 상황〉[18]

도명	회집회 수	회집인 수	사망인 수	부상자 수	피체포자
경기도	297	665,900	1,472	3,124	4,680
황해도	115	92,670	238	414	4,218
평안도	315	514,670	2,042	3,665	11,600
함경도	101	59,850	135	667	6,215
강원도	57	99,510	144	645	1,360
충청도	156	120,850	590	1,116	5,233
전라도	222	294,800	384	767	2,900
경상도	228	154,498	2,470	5,295	10,085
서북간도 및 화태	51	48,700	34	157	5
합계	1,542	2,023,098[19]	7,509	15,961[20]	46,948[21]

3. 호명(呼名) 체계로서의 종교: 종교적 주체의 등장

3 · 1운동을 계기로 확고해진 또 하나의 측면은 종교 항목이 국가의 호명 (呼名) 체계로 정착되었다는 점이다. 3 · 1운동의 시위자로 체포된 사람들을 신문할 때 묻는 사항은 본적 · 주소 · 출생지 · 신분 · 직업 · 성명 · 연령 등인데, 여기에 종교를 묻는 내용이 포함된 것이다. 종교에 관한 질문은 피의자 본인의 종교가 무엇인지, 그리고 그와 함께 부모의 종교가 무엇인지에 관한 것이다. 그리고 간혹 종교가 없다는 답변이 나오면 좋아하는 종교는

무엇인가라는 질문도 행해진다. 일반 피의자의 경우에는 종교가 없다, 혹은 무종교라는 답변이 많은데, 그것을 무신론과 같은 의미라기보다는 근대적 종교 기준에 부합하지 않은 신앙 영역으로 파악하는 것이 더 낫다고 본다.

3 · 1운동 이후 국민을 호명(呼名)하고 분류하는 데 종교는 빠지지 않고 등장하게 되었다. 이처럼 기소자의 심문 과정에서 심문 대상이 되는 이를 신앙하는 종교로 분류한 것은 이 경우가 처음이며, 이후 이런 방식의 주체 호명화는 계속 이루어지게 된다. 여기에서 이런 변화를 주목할 필요가 있다. 자신의 종교가 없다고 주장한 3,408명의 성격도 앞으로 밝혀야 할 문제이지만, 대개 민간신앙과 조상숭배에 영향을 받고 있었던 이들이라고 추정된다. 민간신앙과 같은 '확산(擴散)' 종교적 성격을 지닐 경우에 자신의 종교적 정체성은 통상적으로 뚜렷하게 나타나지 않기 때문이다. 반면 자신의 종교가 유교라고 밝힌 17명은 자신의 소속감이 뚜렷한 유림 세력에 속한 이들로 보인다.

4. 종교와 민족의 융합

3 · 1운동은 '천도교와 야소교의 독립운동'이라고 불릴 정도로 두 종교 지도층의 주도와 기층 신자들의 참여가 두드러졌다. 정치와 종교의 분리가 문명사회의 '원칙'으로 고착되고 이미 헤게모니를 장악했다고 여겨지는 상황에서 정치와 종교가 정면충돌하는 일이 벌어진 것이다. 이런 면에서 3 · 1운동은 정교분리 원칙에 대한 정면 도전이라고 할 만하다. 당시 3 · 1운동에 적극 가담한 이도 총독부가 '신성하게' 여긴 정교분리 원칙을 거스르고 있다는 점에서는 강한 부담감을 느끼지 않을 수 없었다. 다음은 천도교의 원로로서 도사(道師)의 높은 지위에 있던 이인숙이 신문을 받으며 언급한 내용이다.

문: 피고는 손병희가 조선 독립을 선언하였을 때, 어떤 기분이 들던가?

답: 교(敎)를 믿는 사람은 정치에 대해서는 관계하지 않는 것이므로, 나는 찬
　　성하지 않았다.

문: 교(敎)를 믿는 사람은 정치에 대해서는 관계하지 않는다고 하는데 손병희
　　는 그럼 무엇인가?

답: 손병희는 천도교를 떠났으므로 그러한 일을 한 것이다.

문: 천도교를 떠났다는 것은 무엇인가?

답: 지금까지는 천도교의 교주였으나, 금후에는 정치에 나서겠다는 유시(諭
　　示)문을 내고 그때 천도교를 떠나 버렸던 것이다.[22]

　3·1운동의 주도자인 손병희도 정교분리 원칙에 위배된다는 부담감은 벗
어날 수 없었다. 그래서 3·1운동 거사 직전에 천도교의 직책에서 물러나는
모습을 갖춘 것이다. 하지만 손병희는 기본적으로 정치와 종교의 분리에 대
해서 수긍하는 자세를 취하지 않는다.

문: 피고는 천도교를 생명으로 한다는 것이고, 사람을 훈화해야 할 위치에
　　있으면서 정치의 와중으로 뛰어들어 조선의 독립을 기도한다는 것은 피
　　고의 사상에 위반하는 것으로 생각되는데 어떤가?

답: 그것은 종교가 만족스럽게 행해지도록 하기 위해서 조선의 독립을 도모
　　했는데, 종교가 만족스럽게 행해지지 못하는 동안은 아무래도 종교가
　　정치에 관여하게 된다고 생각한다.

문: 그러나 역사상 순정한 종교는 정치와 혼효되지 않도록 되어 있는 것이
　　명백한데, 천도교는 정치에 대한 비밀결사이기 때문에 이번 조선 독립
　　을 기도한 것으로 생각되는데 어떤가?

답: 국가가 종교를 도와주면 정치에 관계하지 않고 자립할 수 있는데 그렇지 않는 한에는 종교는 정치에 붙어 가서 그 목적을 달성하도록 하지 않으면 안 된다고 생각하며, 종교의 목적을 달성하기 위해서 조선의 독립을 기도한 것이다. 나는 조선이 독립국이 되더라도 벼슬길에 나아갈 생각은 없는 것이다. 만약 내가 독립 후에 벼슬길에 나아간다고 한다면 정치상의 야심이 있었다고 하더라도 할 수가 없지만, 나에게는 종교의 목적을 달성한다는 일 이외에는 아무것도 없다.[23]

손병희가 정치와 종교의 분리에 대해 이런 자세를 취하는 것은 이미 오래된 것이다. 1905년 12월 손병희는 기존의 동학을 천도교로 이름을 바꾸고, '천도교 출현'을 동경의《제국신문》에 광고하면서 정치와 종교의 일치를 강조하였다.

道卽天道 學卽東學, 古之東學 今之天道敎 宗旨는 人乃天이요, 綱領은 性身雙全 敎政一致요 目的은 輔國安民 布德天下 廣濟蒼生, 地上天國 建設이요, 倫理는 事人如天이라, 修行道德은 誠敬信이라.[24]

여기서 주목해야 할 점은 교정일치를 주장하는 손병희의 이런 입장이 동학을 천도교로 탈바꿈하면서 동시에 나타났다는 것이다. 동학에서 천도교로의 변화는 근대적인 종교 개념으로 자신을 정리하게 되었다는 것을 의미한다. 그런데 이른바 이와 같은 '근대적' 자기 인식이 통상적인 정교분리의 방향이 아니라, 정교일치의 다른 노선과 같이한 것이다. 손병희의 교정일치론은 종교와 정치·도덕과 정치의 쌍전(雙全)뿐만 아니라, 정신과 물질·몸과 마음의 쌍전으로 이어진다. 그가 위의 강령에 교정일치와 함께 성신쌍전

(性身雙全)을 언급한 이유도 여기에 있다. 하지만 이런 점과 더불어 3·1운동의 신문 조사에서 부각되는 것이 있다 바로 민족에 대한 관점이다. 당시 37세로서 천도교의 교리 연구와 학교를 관장하는 임무의 현기관장을 맡고 있던 오상준은 신문조서에서 이렇게 말한다.

> 문: 2월 28일 오후 1, 2시경 손병희의 자택 응접실에 같이 있었던 사람은 누구인가?
> 답: 각 관장, 대종사장이었다.
> 문: 그때 손병희는 어떤 것을 말하였나?
> 답: 모두에게 말하기를 손병희는 천도교를 떠나 정치에 관계할 것이니 대도주를 잘 보좌하여 천도교를 유지하지 않으면 안 된다고 말했던 것이다.
> 문: 그때 손병희는 어째서 천도교를 떠나 정치 방면에서 활동한다고 하던가?
> 답: 조선 민족을 위해 진력하겠다고 말하였다.
> 문: 조선 민족을 위하여라는 것은 무슨 말인가?
> 답: 조선 독립에 관한 일이라 생각했다.[25]

하지만 손병희가 3·1운동에 이르러 비로소 민족에 대한 시각을 갖게 되었다고 볼 수는 없다. 그가 민족 개념을 중심으로 사고하게 된 것은 동학교도로서의 정체성 추구 과정과 겹쳐 있기 때문이다. 총독부 검찰이 손병희에게, 일한합병에 대해서는 반대하지 않았다고 진술했는데 이번에 왜 독립운동을 기도했느냐고 질문하자, 그는 다음과 같이 답변한다.

나는 어렸을 때부터 천도교를 믿고 나의 뇌리에는 국가라는 관념은 없고 다만 민족이라는 생각이 있을 뿐인데 일한병합 때의 칙어에는 일시동인이라고 했는데 병합 후 조선인은 항상 압박을 받고 관청에서 채용되지 않고 항상 기속되고…. 마음이 평온하지 못한 즈음에 민족자결이라는 것이 제창되었으므로 이번 거사를 하게 되었던 것이다.[26]

조선 정부로부터 탄압을 받고 있었으며, 일본군과 싸우던 동학교도 손병희에게 국가의 의미는 부정적이었을 것이다. 그렇다면 '도즉천도 학즉동학(道卽天道 學卽東學)'을 내세우며 서학(西學)과는 다른 세계관을 추구하던 그가 지향할 방향은 무엇이었는가? '나의 뇌리에는 국가라는 관념은 없고 다만 민족이라는 생각이 있을 뿐'이라는 구절은 그 방향을 잘 보여준다. 그리고 이런 방향은 일제의 정책 변화에 따라 강약의 조절이 이루어지면서 견지되었다.

개신교의 경우, 초기부터 정교분리를 강조하던 선교사와 반일 성향의 일반 신자 사이에 갈등이 있었다는 것은 널리 알려져 있다. 1907년 대부흥 운동을 거치면서 이 갈등이 어느 정도 잠재화되었지만, 일제 치하에서 완전 봉합되는 것은 불가능한 일이었다. 더구나 일제하의 암담한 상황에서 개신교회가 피난처의 구실을 하면서 개신교인이 증가했다는 점을 고려한다면 개신교인의 민족 감정은 항상 내재되어 있는 것이었다. 더구나 개신교 세력의 주요 거점인 평안도 지역이 조선 시대에 차별에 시달리던 곳이라는 점은 개신교인들이 국가보다 민족의 개념에 경도되는 성향을 이해할 때 도움이 된다. 3·1운동에 적극 참가한 개신교인들은 정교분리 원칙이 국가와 종교 단체 사이에 적용되는 것이지 민족의 단위에 적용되는 것은 아니라고 암암리에 생각한 것이다. 그리고 여기에 선교사의 친일주의에 대한 반발도 가세하여 작용하였다.

3·1운동을 민족의 문제로 본 천도교와 개신교 신자들에게 종교의 차이는 문제되지 않았다. 3·1운동을 계기로 많은 수의 개신교인과 천도교인들은 종교와 민족 개념을 융합시키면서 자국 정부가 망명해 있는 상태에서 일제의 강압 통치를 견뎌 나고자 했다. 민족이 일제하에서 한국인에게 부각될 수밖에 없는 이유는 거주 영역인 한반도 안에 자신들을 대변해 줄 만한 정치체가 없기 때문이다. 한국인의 국가가 사라져 버리고 존재하지 않으므로, 일본의 총독부와 일본인에게 맞설 수 있는 다른 권력기관이 절실해진 것이다. 보이지 않는 권력과 무형의 끈으로 일본인과는 다른 한국인을 묶어 내는 통합체가 있어야 했고, 없으면 만들어 내야 했다. 국어(國語)·국학(國學)·국사(國史)·국문(國文)·국교(國敎)가 이런 맥락에서 강조되었다. 이런 것은 바로 조선의 혼(魂)에 해당하는 것이기 때문이다. 따라서 이 시기의 종교단체는 현재 우리가 통상적으로 생각하는 종교단체와는 성격을 달리하는 것이었다. 왜냐하면 이 시기의 종교는 자신을 대변해 줄 민족적 정치체가 결여된 상태에서 스스로 그 기능을 자처(自處)하는 모습을 띠었기 때문이다. 이런 자처의 방식에는 여러 가지 스펙트럼이 존재한다.

대종교와 같이 그 자처의 방식이 급진적이고 초지일관할 경우에는 도저히 일제 통치의 영역에 머물러 있지 못하고, 탈출하여 무력 항일운동을 전개한다. 그에 비하면 천도교는 한반도에 남아 일제 정책에 따라 적응하면서도 종교와 민족 개념의 융합을 견지한다. 하지만 민족 분단은 이런 천도교의 노선에 치명적인 타격을 가해 교세의 급격한 쇠퇴를 야기한다. 반면 개신교는 신사참배를 계기로 3·1운동 때 보였던 종교와 민족의 결합에 근본적인 균열을 초래한다. 해방 후에는 이 균열의 문제를 놓고 교권의 정통성 다툼이 벌어지며, 그 결과 정치 영역과의 철저한 분리를 주장하는 극단적 보수 세력의 득세가 나타난다. 일제하의 불교는 조선 시대의 탄압에 대한 기억을 놓치지 않는다. 그래서 한편으로는 일본 불교와의 교류와 동화를 호의적으로 간주하는 경향을 보이며, 다른 한편으로는 불교의 민족적인 노선을 유지한 채 자주적인 불교 개혁을 주장한다. 사찰령에 대한 불교계의 두 가지 다른 태도는 이런 점을 잘 보여준다. 1930년대의 한용운이 사찰령에 대항하기 위해 오히려 정교분리 원칙을 주장하며 한국 불교의 종교적 자율성을 획득하려고 노력한 것도 이런 맥락에서다. 해방 후에 불교계의 두 가지 유산은 부정적으로 작용하여 폭력적 내분으로 이어지고 종단의 양분되는 결과를 빚는다.

XI

문명과 문화의 판도, 그리고 종교 개념과의 연관성

1. 문제 제기

이 장에서는 식민지 조선에서 1910년 후반 이후, 특히 1920년대부터 널리 사용하게 된 문화 개념과 종교 개념의 연관성을 논의한다. 문화는 문명이라는 용어와 비슷한 의미로 병렬적으로 사용되어 오다가 점차 독자적인 영역을 확보해 가면서 문명 개념에 대한 비판적인 의미를 지니게 되었다. 이런 변화는 문명-문화가 서구에서 형성된 'civilization-culture'의 번역어로서 작용한 측면뿐만 아니라, 당시 동아시아의 국제정치적 맥락과 3 · 1운동을 전후한 식민지 조선의 상황이 복합적으로 작용한 결과 야기된 것이다. 이 논의의 목표는 이처럼 개념사의 내적 · 외적 상황이 결합되어 이루어진 문화 개념의 부각을 중심으로 하여, 그 맥락을 살피면서 종교에 대한 관점의 변화를 추적하려는 것이다. 문화와 종교의 연관성을 검토하기 전에 먼저 문명과 종교의 관계를 개념적인 측면에서 언급하는 것이 필요하다. 이에 기존에 발표된 논문의 요지를 간략하게 정리하면서 논의의 출발을 삼고자 한다.

2. 문명과 종교의 연관성

앞의 논의에서 필자는 종교 개념의 작동 방식이 전통적인 '교(敎)', '도(道)',

'학(學)' 등의 개념군의 방식과는 전혀 다르게 전개되었다는 관점을 견지하고 있다. 19세기 후반에 새롭게 등장한 종교 개념 안에는 당시 재편(再編)되고 있던 동아시아 질서의 변화가 담겨져 있으며, 그 역사적 맥락을 살피는 것이 무엇보다 중요하다고 생각한다. 필자는 이 개념적 변화를 살피기 위해 두 가지 기준을 설정한 바 있는데, 하나는 서구의 부국강병을 모방하기 위해 제시된 '문명화의 달성' 노력이고, 다른 하나는 위기에 처해 동요하고 있는 '집단 정체성의 유지'를 위한 노력이다. 19세기 후반에 사용된 '문명독립(文明獨立)'이라는 용어는 바로 이런 두 가지 기준을 요약하고 있다고 볼 수 있다.[1] 필자는 두 가지 기준을 축으로 하여 종교에 대한 네 가지 서로 다른 담론을 유형화한 바 있다.[2]

A는 '종교'가 문명화의 방향과 양립할 수 있고, '집단 정체성의 유지'와도 관련이 있다는 것이다. 서구 부강의 기반이 종교개혁 때부터 마련되었다는 것을 내세우며 개신교가 서구 문명의 뿌리라는 것을 강조하는 관점이 여기에 속한다. 예를 들어 개신교를 국교로 삼는다면, 문명화와 집단 정체성 유지라는 두 가지 문제를 한꺼번에 해결할 수 있다는 주장이다.

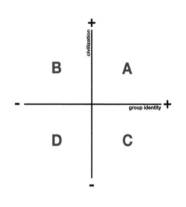

B는 종교가 문명화와 연관되지만 집단적인 정체성과는 관련이 없다는 것으로, 종교의 영역은 바로 개인의 내면에 있다는 주장과 연결된다. 정교분리 원칙과 신앙의 자유라는 관점이 여기서 등장한다.

C는 종교가 문명화와 관계없으나, 집단 정체성의 유지에 연관성이 있다는 관점이다. 혹은 문명화보다는 집단 정체성 유지의 측면에 중요성을 부여

하면서 '종교'의 흥망성쇠와 집단 정체성의 존속을 직결시키려는 입장이 여기에 포함된다. 집단 정체성 유지에 '종교'의 통합력이 결정적인 몫을 한다고 보며, 나라마다 종교가 있어야 국민을 제대로 통치할 수 있다고 본다.

D는 종교가 문명화의 방향과는 어긋난다고 보고 종교가 공적 영역에서 쓸모없으며, 사적인 영역에서 제한적으로 작용할 뿐이라는 관점이다. 계몽주의-실증주의로 이어지는 반(反)종교적 관점이 여기에 속한다고 볼 수 있다. 예컨대 종교와 과학의 대립과 세속화로 인한 종교 소멸의 불가피성을 주장한다.

두 가지 기준을 축으로 4개의 종교 담론 유형을 나누는 이런 방식은 종교 담론의 복합성을 강조하는 데에는 일정한 성과가 없지 않았지만, 유형을 나누는 것으로 그쳐 버리는 문제점이 지적되어야 할 것이다. 즉 각 유형 사이의 역동적인 관계가 시야에 들어오지 않으며, 종교를 사적 영역에 가두면서 부각되는 B와 D의 영향력을 그대로 추인하는 대신 A와 C의 관점의 역사적 중요성은 소홀하게 취급되는 경향이 있다. 비록 A의 주장이 개신교 국교화의 관점으로 대표되면서 "남한 개신교 특유의 반공주의와 결합되어 암암리에 번성하고 있다."라고 말할 수 있다 하더라도, 그 주변성은 부인하기 어렵다. 이럴 경우 C의 관점을 시대착오적인 것으로 간주할 가능성은 아주 농후해진다.

이런 문제 제기가 보다 첨예해지는 것은 한국에서 종교와 세속의 구분선 설정에 관한 질문을 던지기 시작할 때라고 생각한다. 왜냐하면 A와 C의 경우에는 종교와 세속을 나누는 것이 별로 의미 있게 다가올 수 없기 때문이고, 그런 구분은 B와 D의 자장(磁場) 안에서 진행되기 마련이기 때문이다. "한국에서 종교와 세속의 구분선은 어떻게 형성되었나?"라는 질문은 "어떻게 한국에서 B와 D가 헤게모니를 장악하게 되었나?"라는 물음과 등치이다.

구조적으로 볼 때, A와 C의 관점은 강조점의 차이이다. 문명의 새로운 모델이냐, 기존 체제의 유지냐, 어느 쪽에 강조를 두고 있느냐에 달려 있다. 개신교와 유교의 내용이 중요한 것이 아니라, 각각이 상징하고 있는 바가 중요하다. A·C에게는 B·D와는 달리 강력한 대항 의식이 깔려 있다. 즉 위협하는 세력에 대한 나름의 대처 방식이 작용하고 있다는 것이다. '동도서기' '중체서용' '화혼양재'의 태도와 A·C의 관점은 서로 연계되어 있다.

이런 방식으로 검토하게 되면, 4가지 종교 담론의 유형을 나누고 마치 각각이 분리된 것처럼 논의하는 문제가 드러나게 된다. 사실 A와 C가 생각보다 서로 밀접하게 연관되어 있다고 볼 수 있기 때문이다. 이런 점은 B와 D의 경우에도 적용될 수 있다. 사적인 영역에 한정하여 종교를 인정하는 B와 그 영역마저 인정하지 않으려는 D의 태도는 사뭇 다르게 보이지만, 그 차이가 생각보다 크지 않을 수 있는 것이다. B의 리버럴리즘과 D의 래디컬리즘은 서구 근대성의 적자(嫡子) 범위에서 벗어나지 않는 것이므로 그 거리는 그리 멀지 않은 것이다. 3·1운동을 이해할 때, A와 C 관점의 밀접한 연관성을 고려하지 않는다면 중요한 부분을 놓치게 된다고 생각하는 이유가 여기에 있다. 그리고 식민지 국가가 견지하는 B의 태도와 일제하 저항적 지식인이 지닌 D의 태도가 서로 유착하는 모습도 놓치지 쉽다.

또한 문명에 대한 인식 변화와 더불어 부각된 문화 개념에 주목할 필요가 있다. 문화 개념은 문명과 동렬적인 관계를 유지하다가 점차 독립된 의미를 지니게 되면서, 문명에 대한 비판적 관점을 함축한다. 문화는 문명과 같이 총체적인 범위와 성격을 지니는 한편, 문학이나 예술과 같은 '이상(理想)적'인 정신 영역에 주된 초점을 맞추기도 한다. 문화 개념이 널리 확산되면서 종교 개념과 어떤 관계를 지니는가 하는 문제가 생기게 되는데, 그 성격에 따라 종교 개념의 함의도 다르게 나타난다. 그래서 1920년 이후 종교 개념을 살피는 데 문화와 맺는 관계를 검토하는 것이 중요할 수밖에 없다.

3. 문화 개념 등장과 그 성격

'문명-문화'와 'civilization-culture'라는 개념쌍은 번역어의 관계로 연결되어 있다. '문명-문화'라는 용어가 종종 '유교적 교화'라는 전통적 의미로 사용되기도 하였지만, 점차 'civilization-culture'와 대응하며 의미 영역을 확보하였다. 'civilization-culture'가 비록 서로 다른 의미망을 지니고 있었지만, 그 차이가 두드러지는 대신 상당 기간 비슷하게 공유되는 측면이 부각되었다. 즉 유럽의 우월성에 대한 자신(自信)을 인류 보편성의 수사학으로 주장한다는 점에서 두 개념은 비슷한 성격을 지니고 있었다.

> 현대적 개념인 '문화'와 '문명'은 똑같은 상황에서 똑같은 필요를 위해 도입되었다. 즉 이 개념들은 인간을 자연으로부터 고양시키면서 역사철학적 관점에서 인간의 집단적 지위를 서술하고 정위시키는 데 쓰였던 것이다.[3]

'civilization-culture'는 모두 자연을 성공적으로 벗어난 상태와 과정을 가리키며, 인류가 목표로 삼고 가야 할 방향을 보여주는 나침반과 같은 가치를 함축하고 있다고 본 것이다. 혹자는 프랑스는 문명, 독일은 문화 개념을 중심으로 전개되어 온 것처럼 주장하기도 하지만,[4] 이런 분화는 19세기 후반까지 잠재된 상태에 있었기에 일반적으로 그리 뚜렷하게 드러나지 않았으며, 분명하게 부각된 것은 제1차 세계대전 전후라고 할 것이다.

18세기 말엽과 19세기 초엽의 독일어의 통상적인 언어 이해에서는 두 개념간에 아마도 본질적인 차이는 존재하지 않았을 것이다.… 1835년에는 독일에서의 '문화'와 '문명' 간의 날카로운 구별을 위한 온갖 요소들이 마련된 셈이었지만, 일반인들의 의식은 그러한 대립과는 멀리 떨어져 있어서 양 개념 사이에 뚜렷한 구분을 하지 않았던 것으로 보인다. 두 개념의 공통된 유래는 온갖 대비에도 불구하고 이 두 개념들에 늘 공통된 토대를 보장해 주었다.[5]

'civilization-culture'의 개념 복합이 그동안 한 덩어리로 묶여 있다가 제1차 세계대전을 전후로 하여 비로소 분명하게 나누어지게 된 이유는 무엇인가? 그것은 유럽의 자의식(自意識) 변화와 밀접하게 연관되어 있다. 인류의 진보 방향을 선취하고 있다고 자부한 유럽 중심주의가 내부적으로 분열하면서 변화가 생긴 것이다. '문명과 야만을 구분하는 선은 더 이상 유럽과 해외(비유럽)의 사이가 아니라, 유럽 내부를 갈라놓게 되었'[6]던 것이다.

이 두 개념이 19세기에 담지해 왔던 유럽적 자의식은 늦어도 1918년 이래로는 깨어졌다. 진보의 위기는 문화와 문명의 위기로 이어졌다. 물질적 발전과 경제 그리고 기술의 긍정적 결과에 대한 회의가 커졌다. 두 개념들은 이제 자의식보다는 한 시대의 자기 회의를 구현하게 되었다.[7]

그 결과, '두 개념은 더 이상 보완적이거나 연속적인 것이 아니라 서로 배제하는 것으로 나타났'[8]으며, 낮은 것-높은 것 · 정치적-비정치적 · 외적-내적 · 물질-정신 등과 같은 일련의 이분법적 대립 속에서 자리를 잡게 되었다.[9] 정신적-내적-비정치적인 영역과 연관되면서 문화는 비루(鄙陋)한 모습의 현실을 비판하는 준거로 작용하게 되었고, 문명의 모순과 실패를 드러내고 극복할 수 있도록 방향을 제시한다는 의미까지 지니게 되었다. 이른바

'유토피아적 비판으로서의 문화'[10]라는 측면인 것이다. 문화(culture)의 내적 정신으로 문명의 외적 물질을 비판하고, 예술과 문학의 이상(理想)적 기준으로 정치와 경제의 오염과 부패를 치유한다는 구도(構圖)이다. 문화의 개념에서 예술과 문학의 중요성이 강조되는 것은 바로 이런 측면을 부각시키기 때문이다. 바로 '예술적 창조로서의 문화'[11]가 가리키는 것이다. 문화 특히 예술은 사회적 유용성과는 독립하여 존재한다고 주장하면서, 현재적 실용성 여부에 따라 판단하는 것을 중지하는 자체 정당화의 기제를 갖추고 있다.[12] 예술을 선봉장으로 삼아 '문화'가 전방위적으로 '문명'을 질책할 수 있는 조건을 지닌 셈이다. 문화는 문명이 갈라놓은 분할을 통합하고, 허황된 미래 약속을 지우며, 물질적 생활의 소외를 극복하고자 한다. 이런 맥락에서 문화는 일정 부분 분할보다 통합, 암울한 미래보다는 조화의 과거, 그리고 돈과 물질보다는 도덕과 의미를 내세우는 경향이 있다고 볼 수 있다.

> 그래서 우리의 문화 개념은 바로 경제에서 사회적인 것을 소외시키고, 물질적 생활에서 의미를 소외시키는 조건을 바탕으로 거기에서 나타난다. 일상의 삶에서 가치가 고갈되어 버린 사회에서 '문화'는 비로소 물질적 재생산을 배제하게 된다. 그러나 오직 이런 방식에 의해서 문화는 그런 삶에 대한 비판이 되는 것이다.[13]

이처럼 문화는 그동안 문명 개념이 수행하던 인류의 방향 제시 기능에 문제가 발생하자, 그 혼란을 극복하기 위해 등장하였다. 유럽의 제국주의 비판과 함께 문명 개념의 편향성이 지적되고, 유럽 중심의 직선적 진보관이 비판의 도마에 오르게 된 것이다. 이에 문명과는 다른 가치 방향을 제시해 줄 수 있는 개념이 필요해진 것이고, 그동안 문명과 섞여 있었지만 의미 분화의 잠재성을 지니고 있던 문화가 등장하게 된 것이다. 이런 맥락에서 문화 개념은 유럽 중심의 보편주의와 도시 중심의 코스모폴리탄주의가 아니라, 비유럽적인 부족주의를 포함하여 다양한 삶의 방식을 강조하게 되었다. 문명이 강조한 단일성과 획일성을 대체하여, 문화가 다원성과 저마다의 정체성을 강조한 것도 이 때문이다.

　하지만 문화가 유럽 중심의 단일 노선을 내세웠던 문명으로부터 탈피하여 제각각의 삶의 방식과 정체성을 주장하게 되었다고 해서 특수성을 그대로 방치한 것은 결코 아니다. 문화 개념은 한편으로 무수하게 세분화되어 각 집단의 정체성을 담보하는 방향으로 진행하지만, 다른 한편으로 이를 통합하고 포괄하는 방향도 함께 전개하기 때문이다. 테리 이글턴은 두 가지 방향을 대문자 '컬처(Culture)'와 소문자 '컬처(culture)'로 구분하는데, 이 두 가지 방향이 상호 작용하여 만드는 효과가 바로 보편적 주체성(universal subjecthood)이라고 할 수 있다.

　　전통적으로 문화는 우리의 자잘한 특수주의를 보다 변덕스럽고 모든 것을 포괄하는 매체 안으로 잠겨 버릴 수 있게 하는 하나의 방식이었다. 문화는 하나의 보편적 주체성의 형태이며, 그것이 의미하는 바는 단지 공통된 인간성을 지닌다는 것만으로도 우리가 공유하는 가치이다. 예술로서의 문화가 중요하다면 그것은 이런 가치를 정제(精製)하여 사용하기 편하게 만들었기 때문이다. 읽고 보고 들으면서 우리는 우리의 경험적 자아와 그에 부가된 모든 사회적 · 성적 · 종족적 우연성을 일시 중지시키고, 우리 자신이 보편적 주체가 되는 것이다.[14]

　이처럼 문화 개념에는 잘게 쪼개면서 정체성을 부여하는 방향과 이를 다시 한 묶음으로 엮어 내는 방향이 있어서 두 방향이 교차하면서 개념의 탄력성을 만들고 있다. 그리고 그 교차의 마디 중에서 가장 현저한 것이 바로 민족 집단이다. 문화가 특정 민족의 삶의 방식 전체 혹은 그 민족의 정신적·예술적 업적 전체를 가리키는 경우가 이에 해당한다. 민족이 문화 개념에서는 세분화와 통합화의 중간 균형점 노릇을 하는 것이다. 물론 민족 이외에 특정 종족 집단이나 인종도 주요한 마디로서 작용할 수 있다.

한국에서 전통적 의미와 구별되어 문화라는 말이 사용되기 시작한 것은 19세기 후반이다. 하지만 여전히 전통적인 교화의 뜻으로 쓰이기도 하고 문명의 의미와 구별하지 않고 사용되기도 하였다. 예컨대《한성순보》의 다음과 같은 구절은 문명의 의미와 중첩되어 있다.

> 유럽은 부국강병하고 진취하는 것을 목표로 삼아서 인지(人智)는 날로 나아가고 문화(文化)는 달마다 발전하며, 천지의 이치를 궁리하고, 만물의 이치를 탐구하며, 망탄하고 부회한 말은 단절하고, 정확하고 진실한 논의를 일으키며, 학술이 성행하고 사업이 융성하며….[15]

19세기 말-20세기 초, 서구 제국(諸國)의 부국강병의 원천이 어디에 있는지 파악하여 이를 본받아야 한다는 주장이 강해지면서 점차 동도서기(東道西器)론 대신 전반적 개화론이 부각되었다. 이와 함께 문명의 용어가 널리 사용되는데, 'civilization'에 함축된 유럽 중심주의와 문명과 야만을 시간 축에 배열하는 관점도 그대로 수용되었다. 서구의 강국이 문명의 정점에 위치하고, 비서구의 나라는 문명의 수용 정도에 따라 반개화·미개(未開)·야만(野蠻)의 척도 상에 놓이게 된다. (현재에도 사용되는 선진국-후진국의 관점이 바로 이런 틀을 기반으로 하고 있다.) 그러나 1910년을 전후로 하여 문명 개념이 변화를 보이게 되는데 바로 문명을 물질문명과 정신문명으로 구분하는 관점이 등장한 것이다. 어떤 이는 '물질의 문명이 부강의 기초'라고 주장하고, 어떤 이는 "물질문명 중심주의를 반성하고 정신문명의 가치를 재평가해야 한다."고 주장하며, 또 다른 이는 "두 가지(물질문명과 정신문명) 중 한 가지도 폐(廢)치 말지어다."[16]라고 주장하면서 물질문명과 정신문명의 구분을 확산시킨 것이다.

물질문명과 정신문명의 구분이 앞서의 동도서기론과 서로 연결되는 듯이 보이기도 하지만, 구조적으로는 차이가 있다. 왜냐하면 문명이라는 개념은 이미 동도(東道)를 대체하면서 성립한 것이기 때문이다. 류준필은 문명의 이런 분화 과정 속에서 문화 개념이 등장하였다고 본다. 그는 문명과 분리하여 문화 개념이 독자적으로 나타나는 사례를 들면서,[17] 문화는 "정신과 물질 혹은 자아와 외계의 구분을 전제로 성립한다."[18]고 주장한다.

이러한 구분을 승인하게 되면 이제 인간과 세계를 구성하는 절대적 판단 기준은 비물질적 영역에서 마련된다. 이렇게 되면 부국강병이 지배적 의미로 작용하던 문명이라는 관념은 일면적이고 피상적이라는 비판을 받거나 문명의 전체성을 표현하지 못한 뜻으로 제한될 수밖에 없다. 부국강병이니 국가의 단체력이니 하는 말로 귀결되던 상황에서, 세상의 기준은 자기 자신이고 그런 자기의 자기목적성을 자각하는 일이야말로 인간의 본령에 육박하는 과정이고, 그 이념을 구현하기 위해선 계속적인 노력이 필요한데 그것을 문화라는 이름으로 표현할 때, 여기엔 적당한 타협이나 절충이 들어설 자리가 없어 보인다.[19]

류준필의 논리는 정신문명과 물질문명의 구분이 자아의 정신적 측면을 강조하는 것으로 이끌며, 정신과 자아의 강조가 다음에 등장하는 문화 개념의 핵심을 이룬다는 것이다. 이런 주장에 이어서 그가 국문학의 이데올로기를 논의하는 것으로 볼 때, 여기에서 말하는 자아가 개인보다 민족을 지칭하는 쪽에 기울어져 있다고 봐도 무방할 것이다. 그리고 결론에서 그는 다음과 같이 자신의 관점을 요약한다.

> 문명 특히 1900년대 이후의 문명 개념은 부국강병의 의미에 의해 지배되고 있었고, 1910년대 이후의 문화라는 말은 정신과 물질의 대립을 전제로 정신의 우위를 내포하면서 정신적 가치에 근거하여 민족의 독자성을 강조하는 방향으로 정착되었다.[20]

1910년대에 정신과 물질의 구분이 성행하게 된 것은 1910년 합방으로 조선왕조가 사라지고, 일본인의 조선총독부가 지배하게 된 사정과 밀접한 관계가 있다. 현실의 지배력을 상실하게 된 상황에서 조선반도의 조선인이 의지할 곳이 정신의 영역 이외에 도대체 어디에 있었겠는가! 당시 조선 정신 혹은 조선 혼이 강조된 까닭도 여기에 있다.

> 민족이 일제하에서 한국인에게 부각될 수밖에 없는 이유는 거주 영역인 한반도 안에 자신들을 대변해 줄 만한 정치체가 없었기 때문이다. 한국인의 국가가 사라져 버리고 존재하지 않으므로, 일본의 총독부와 일본인에게 맞설 수 있는 다른 권력기관이 절실해진 것이다. 보이지 않는 권력과 무형의 끈으로 일본인과는 다른 한국인을 묶어 내는 통합체가 있어야 했고, 없으면 만들어 내야 했다. 국어(國語)·국학(國學)·국사(國史)·국문(國文)·국교(國敎)가 이런 맥락에서 강조되었다. 이런 것은 바로 조선의 혼(魂)에 해당하는 것이기 때문이다.[21]

문화 개념은 1919년을 계기로 더욱 확산되어 1920년대에는 일상어로서 확립된다. 여기에는 조선총독부가 문화 개념을 내세워 선전 활동을 한 것도 크게 작용하였다. 3·1운동 이후 조선총독으로 부임한 사이토 마코토는 1919년 9월 훈시에서 주요 시정 방침으로 '문화의 발달과 민력의 충실'을 내세운다. 사이토는 문화적 제도의 혁신으로 조선인을 이끌고 가르쳐 행복과 이익의 증진을 꾀하고 하며, 조선의 문화와 관습을 존중하겠다고 한 것이다. 《동아일보》가 '총독부 정치는 문화 정치'[22]라고 주장한 것도 이런 사이토 총독의 시정 방침에서 나온 것이다. 1920년 4월 1일 창간된 《동아일보》는 세 가지의 사시(社是)를 내거는데 그 가운데 하나가 바로 '문화주의의 제창'이다. 이에 대한 설명은 다음과 같다.

> 이는 개인이나 사회의 생활 내용을 충실히 하여 풍부히 함이니 곧 부의 증진과 정치의 완성과 도덕의 순수와 종교의 풍성과 과학의 발달과 철학 예술의 심원 오묘라. 환원하면 조선 민중으로 하여금 세계 문명에 공헌케 하며 조선 강산으로 하여금 문화의 낙원이 되게 함을 고창하노니 이는 곧 조선 민족의 사명이요, 생존의 가치라 사유한 연고라.[23]

여기서 문화는 개인과 사회를 포괄하며, 경제·정치·도덕·종교·과학·철학·예술을 망라한다. 그리고 문화의 낙원이라는 표현에서 나타나듯이 이상(理想)적인 측면도 강조된다. 또한 세계를 범위로 하는 문명과 비교하여, 문화의 가치를 조선 민족에 초점을 맞춘 것도 주목할 만하다. 앞서 살펴보았듯이, 문화의 포괄적 성격은 삶의 방식 전체를 지칭하는 것으로 나타나며, 그 이상적 성격은 유토피아적 비판과 예술적 창조에 연결된다. 이돈화(李敦化, 1884-1950)는 다음과 같이 이 점에 대해 언급한다.

문화는 단지 자연이라 운(云)하는 일반의 자와 대립할 뿐만 아니라 타 방면에서 즉 이상과 실현을 구별하는 점에서 특히 실제상 실익에 합하는 사(事)와 불연(不然)한 자를 구별하야 논하면 예컨대 정치에 관한 사(事)라든가 혹은 법률 경제 등에 관한 사(事)를 문화사업과 특히 구별함을 가득하나니 역사에서 정치사와 문화사를 구별함과 여(如)함이 그의 일례라. 즉 역사라 운(云)하면 일반이 정치를 중심으로 하고 생각하는 고로 그중에 예술·풍속·학술 등의 일반 인문의 진보를 정치사와 구별하야 문화사라 함도 가득(可得)할지니 차(此) 의미에서 문화라 운(云)함은 현실적 요소와 다소 대립하야 이상적 의미로 해석함도 또한 무방하겠다.[24]

이돈화는 문화 개념에 내포된 이상적 의미뿐만 아니라, 문화와 자연의 대립·정치와 문화의 구별도 언급한다.[25] 문화 개념에서 민족이 차지하는 중요성도 다음의 인용문에서 확인할 수 있다.

기미(己未)의 운동이 일어난 후 우리 전 민족의 공통(共通)한 각성이 촉성(促成)되면서 신문화(新文化)의 운동을 계기(繼起)하야 이로써 민족의 개조를 더욱 힘쓰려 하였다. 개조는 문화의 건설을 의미함이며 문화의 건설은 민족의 부흥(復興)을 의미함이니 신문화(新文化)의 운동은 우리 전 민족의 필연의 공통한 요구라 하겠다.[26]

이처럼 문화 개념은 1920년대에 한국 사회에 확고하게 정착하여 기존 문명 개념을 견제 혹은 보완하면서, 민족 및 인종 집단 단위와 긴밀한 관련을 지니게 된다. 이전의 문명—종교 관계와 비교하여 볼 때, 과연 어떤 점에서 문화 개념이 종교 개념과 다른 관계를 갖는 것일까? 다음 장에서는 이에 대한 검토가 이루어진다.

4. 문화·종교 개념의 연관성

앞 절에서 대문자 '문화'와 소문자 '문화'를 언급한 것은 문명 개념보다 더 효과적으로 작용하는 주체화의 효과를 논의하기 위함이었다. 대문자 '문화'가 추상적이고 보편적인 반면, 소문자 '문화'는 구체적이고 특수한 성격을 띠고 있다. 그리고 소문자 '문화'가 자잘한 일상의 맥락에서 갖가지 정체성 조합과 연관이 되어 있다면, 대문자 '문화'는 절대 가치로서 통합의 방향을 제시한다. 그런데 이 두 가지 '문화'는 어떻게 연결될 수 있는 것일까? 어떻게 공유의 기반이 마련되어서, 문화와 뗄 수 없이 연관된 민족 집단의 통합을 이룰 수 있는 것인가? 이에 대해 서구의 세속주의적 근대가 마련해 놓은 답변은 문학과 예술을 통한 해결책이다. 한국에서도 이른바 조선문학(국문학)·조선미술·조선음악에 중요한 의미가 부여된 바는 문명이 아니라 문화 개념의 등장과 함께 이루어진 것이다.[27] 문학과 예술이 민족의 구심적 역할을 담당하도록 된 것이다. 하지만 대문자 '문화'의 통합력과 소문자 '문화'의 침투력이 합쳐져 보편적 주체화의 효과를 발생하는 데 이른바 종교 분야를 그대로 방치할 리가 없다. 3·1운동에서는 천도교와 개신교가 민족을 대표한다고 자임하였으며, 이런 주장이 널리 인정을 받았다.[28] 종교의 자유와 정교분리의 원칙이라는 '보편성'을 이용하여 이들 종교단체가 억압적 식민지 체제 아래에서도 거의 유일하게 확보된 공간을 효과적으로 활용하였던 것이다. 조선총독부 역시 도덕을 훨씬 능가하는 종교의 효과를 그냥 내버려두지 않았다. 특히 1935년 이후 농민들의 일상을 통제하기 위해 농촌진흥운동과 더불어 조선총독부는 심전(心田)개발운동을 전개하는데, 여기에 이른바 유사종교를 제외한 모든 종교가 총동원하여 일본과 같은 문화를 공유한 식민지인들의 '황국신민화'를 꾀한 것이었다. 종교가 효과적인 문화적 주체화의 동인(agent)으로 작용한 것이다.

그런데 문화적 주체화의 기능과 관계가 없거나 역행한다고 여겨지는 경우에는 어떻게 되는가? 단지 문화적 주체화의 역할을 하지 않을 때에는 스스로 종교라고 하든 아니든 쓸모없기 때문에 조선총독부는 아무런 관심도 기울일 수 없다. 반면 기득권 체제에 잠재적 혹은 현재적 위협이라고 간주된다면, 당장에 저절로 제거되는 절차를 진행한다. 그 절차의 시작은 그런 집단에 바로 유사종교나 사이비종교라는 표식을 붙이는 것이다. 일단 국가 권력에 의해 그런 표식이 붙게 되면 종교로서의 특권 박탈은 말할 것도 없고, 범죄 집단에 해당하는 해체 절차를 거치게 된다.

1935년에 간행된 무라야마 지준(村山智順, 1891-1968)의 『朝鮮の 類似宗教』은 이런 집단을 조사하고 집대성하려는 노력으로 나타난 것이며, 1937년의 백백교 사건은 이런 집단의 제거가 얼마나 정당한가를 확고하게 만든 계기가 되었다. 문화 개념이 정착하면서 유사종교와 사이비종교라는 용어도 같이 성행하게 된 것은 이런 배경이 있다고 볼 수 있다. 이는 문명 개념에서 미신이라는 용어가 널리 사용되는 것과 비교될 수 있다. 미신은 문명에서 통용되는 합리성의 기준에 맞지 않는 신앙을 일컫는다. 그 합리성의 기준은 문명의 권력이 뒷받침하고 있는 제도화된 과학이다. 반면 유사종교와 사이비종교는 과학적 기준이라기보다는 식민 권력 혹은 국가 권력이 요구하는 문화적 주체화의 기능에 역행하는 신앙을 가리키는 것이다.

앞에서 문화 개념이 주로 민족을 기본 단위로 삼는다고 말하였다. 하지만 문화는 국가 단위의 경계선을 쉽게 넘나들 수 있어서, 민족보다 하위 혹은 상위의 단위와 결합하는 데 어려움이 없다. 문화-민족 이외에 식민지 조선에서 문제가 된 것은 문화와 인종의 관계이다. 예컨대 최남선의 불함문화론이 국경과 민족의 경계를 넘어서 일본과도 문화적 뿌리를 같이한다는 논리를 함축할 때, 최남선의 친일은 이미 예고된 것과 마찬가지인 것이다.[29] 청일전쟁이 일어났을 때 당시 상당수 조선의 지식인들은 문명/야만의 이분법적 관점을 가지고 일본의 승리를 바랐다. 하지만 1904-1905년의 러일전쟁 때에는 백인종/황인종의 대결이라는 관점에서 일본의 승리를 염원하였다. 이런 분위기에 문화 개념이 가세하는 경우, 일본에 대한 경사(傾斜)가 더욱 심해질 수 있었다는 것을 쉽게 알 수 있다. 대종교와 같이 민족 범주와 단군(檀君)을 중심으로 한 민족문화를 신성시하는 경우에는 일본에 대한 대결의 자세가 결코 흔들리지 않는다. 하지만 그런 대결을 유지하기 위해 일본 천황제와 유사한 구조가 대종교 내부에도 요청되는 역설은 피할 수 없게 된다.

이상으로 문화 개념이 정착하고, 종교 개념과 접합하게 되면서 만들어지는 효과를 세 가지로 나누어 살펴보았다. 즉 문화 속에 포섭된 종교는 기존 체제에 영합하거나 대항하기 위해 통합과 침투의 긴밀한 상호작용이 이루어지는 주체화의 동인으로서 움직일 것을 요청받는다는 것, 요청에 불응하거나 역행할 경우, 유사종교와 사이비종교라는 범주가 가동하여 자동 제거 절차를 진행시킨다는 것, 그리고 문화가 각각 민족에 고착될 경우와 민족 경계를 넘어 보다 광범위한 영역으로 이동할 경우에 종교적 대결이 심화되거나 유착이 일어나게 된다는 것 등이 살펴본 내용이다.

XII

조선총독부의 문화통치와
종교 연구의 의미

1. 문화통치와 종교: 3 · 1운동 이후–1937년

3 · 1운동이 '천도교와 야소교의 독립운동'이라고 불릴 정도로 두 종교 지도층의 주도와 기층 신자들의 참여가 두드러졌던 것은 이미 지적한 바 있다. 당시 강력한 인적 · 물적 자원을 지니고 있던 천도교는 동학의 명칭을 바꾸면서 근대적 종교로 탈바꿈하고 정교분리를 승인하게 되었지만, 여전히 교정일치의 강령을 유지하고 있었다. 개신교 선교사는 처음부터 정교분리의 수용을 내세웠지만, 평신도의 내부에는 항상 개신교를 통해 나라를 구하고 문명도 달성하고자 하는 세력이 존재했다. 한일병합 이후, 겉으로는 정교분리를 내세우면서 실상은 일제 통치에 협력하는 개신교 선교사에 대한 신자들의 반감이 증가하였고, 그 반감이 3 · 1운동에서 터져 나왔다고 볼 수 있다.

3 · 1운동 이후, 총독부는 강압적인 통치에서 회유(懷柔)적인 통치로 정책의 방향을 바꾸었다. 한때 '천도교의 존재도 위태하리라고 전하는 말도 세상에 들렸으나'[1] 천도교 교단이 해산되는 일은 일어나지 않았다. 기독교계 사립학교에 대해서도 성서 교육과 예배 의식을 할 수 있도록 법령을 개정해 주었다. 물론 조선총독부의 이런 완화 조치에는 종교단체가 일제의 통치에 결코 간섭하지 않으며, 신민의 의무를 준수하고, 사회질서 유지에 적극 협

력하겠다는 다짐이 내포되어 있었다.

　총독부는 유화적인 종교 정책과 함께 조선의 민간신앙과 풍속을 조사하여 책으로 간행하였다. 3·1운동과 같은 대규모 '소요'가 일어나지 않도록 하기 위해서는 조선인의 사고와 행동 방식을 이해해야 하며, 그것을 위해 보통 사람들의 민속과 신앙을 이해하는 것이 반드시 필요하다고 여겼기 때문이다. 1919년에서 1923년까지 총독부 주관으로 사회조사 사업이 시행되었는데, 그 중심적인 인물이 무라야마 지준(村山智順, 1891-1968)이다. 그는 1919년에서 1941년까지 22년 동안 총독부의 촉탁(囑託)으로 근무하면서 8권의 책을 간행하였다. 그의 첫 번째 보고서는 1924년에 조사자료 제10집(調查資料 第十輯)으로 나온 『朝鮮の獨立思想及運動』으로, 3·1운동과 같은 사건을 예방하기 위하여 총독부가 취해야 할 식민지 정책을 제안하는 것이 그 내용이다. 조선의 민간신앙을 조사한 그의 4부작은 『朝鮮の鬼神』(1929), 『朝鮮の風水』(1931), 『朝鮮の巫覡』(1932), 『朝鮮の占卜と豫言』(1933)이며, 1935년에는 『朝鮮の類似宗敎』를 발간하였다. 『朝鮮の類似宗敎』에서 무라야마는 '유사종교'가 항상 사회불안을 야기하는 동인(動因)을 제공하므로 총독부는 끊임없이 그 동태를 감시하고 조사해야 한다고 주장했다.[2]

　그의 책이 발간된 후인 1936년부터 '유사종교'에 관한 총독부의 탄압은 더욱 강경해졌고, 그 맥락에서 1937년에 유명한 백백교(白白敎) 사건이 발생하였다. 1938년에 총독부는 〈유사종교해산령〉을 내리고 대대적으로 '유사종교'를 제거하기 위해 노력하였다. '유사종교'에 관해 총독부가 취한 강경한 태도는 1937년의 중일전쟁 발발로 더욱 심해진 신사참배 강요와 함께 이루어졌다. 이는 외부의 적과의 싸움이 격렬해지면서 한층 더 강한 '내부의 적(敵)'에 대한 단속이 행해졌다고 볼 수 있다. 신사참배 강요로 인해 3·1운동 이후 회유의 대상이던 기독교 선교사와의 마찰은 피할 수 없게 되었는데,

'총력전(總力戰)'의 급박한 상황에서는 이전의 종교 정책을 지키는 것과 같은 것이 별로 의미가 없어졌기 때문이다. 하지만 이런 극한적 상황에서도 총독부가 "신사참배는 종교적인 행위가 아니다."라고 시종일관 주장했다는 점에 주목할 필요가 있다.

전쟁의 상황으로 돌입하기 전에 조선총독부는 정교분리의 원칙을 식민통치의 이데올로기로 적극적으로 활용했다. 일제 시기 조선인들을 결집시킨 가장 강력한 조직이 천도교 및 개신교와 같은 종교집단이었기 때문에, 식민 통치에 저항하지 못하게 하기 위해 총독부가 정교분리를 신성시하는 것이 필요했던 것이다. 천도교와 개신교가 적극적으로 개입한 3·1운동에 대해 총독부는 정교분리 원칙에 대한 정면 도전이라고 간주했는데, 손병희와 같은 주동자도 3·1운동의 가담이 정교분리 원칙에 위배된다는 부담감은 벗어날 수 없었다. 그래서 그는 3·1운동 거사 직전에 "대저 교(敎)와 정(政)은 본래 구분이 확연(確然) 상수(相殊)한 자이라."[3]라는 유시를 내리고 교주의 직책에서 물러났다. 자신이 교주의 지위를 유지한 채 3·1운동에 참여할 경우 총독부가 천도교단에 가할 탄압을 예측한 것이다.

불교의 개혁 운동을 이끌었던 한용운(韓龍雲, 1879-1944)은 총독부의 정교분리 원칙과 종교의 자유에 대한 주장을 역으로 이용하여 사찰령의 폐지를 주장하였다. 그는 "어느 나라도 종교의 자유를 인정하지 않는 나라가 없거늘 조선에 대해서만 유독 종교령을 발포하여 신앙의 자유를 구속하고 있다."[4]고 총독부를 비판하였다. 사찰령이 불교와 정치의 유착을 조장하여 불교 발전에 심각한 장애가 되고 있다고 주장하면서 총독부에게 정교분리 원칙을 준수하라고 요구한 것이다. 한용운은 1930년대에 정교분리론을 더욱 강력하게 주장하였다.

정치는 국가를 본위로 하는 사무적 행위니 인민의 표현 행위를 관리하는 것
이요, 종교는 지역과 족별(族別)을 초월하여 인생의 영계(靈界) 즉 정신을 정화
순화, 즉 존성화(存性化)하여 표현 행위의 근본을 함양하며, 안심입명의 대도
를 개척하는 것이다. 그러므로 종교를 인위적 제도로써 제한 혹은 좌우할 수
없는 것이다. 종교는 그 성질이 시간과 공간을 초월하여 전 인류의 정신계를
영도하느니, 지역적이고 단명적인 인위적 제도 즉 정치로써 종교를 간섭한
다는 것은 향기로운 풀과 악취 나는 풀을 같은 그릇에 담는 것과 같아서 도
저히 조화를 얻을 수 없을 뿐 아니라 도리어 사람에게 불행한 결과를 줄 뿐
일 것이다.[5]

손병희의 교주직 사임이나 한용운의 사찰령 비판은, 종교의 범위가 고정
되고 그 범위 안에서 종교 자유를 주장하는 관점이 사회 전반에 내면화되었
음을 보여준다. 손병희가 교단을 지키기 위해 교주직을 그만두고, 한용운이
정교분리론으로 사찰령의 존립 근거를 묻는 만큼, 종교 범위에 대한 관점이
당연하게 여겨지게 되었다는 것이다. 이로써 종교는 인간 활동의 여러 영역
가운데 하나로서 간주되는 것이 자연스럽게 되었고, 세속 영역과는 구별되
는 독특성을 지닌다고 여겨지게 되었다. 1937년 이후의 총력전 상황은 그런
구분 자체를 하기 힘들게 만들기도 했으나, 예외적인 경우로 치부되었다.
일제에 대항하기 위해 교단 본부를 만주로 옮기고 무력 투쟁을 감행한 대종
교(大倧敎)의 경우도 마찬가지로 예외적인 경우로 간주되었다. 대종교의 교
세가 쇠퇴된 것도 지나친 정치 참여 때문으로 평가되면서 종교가 정치와 분
리되어야 한다는 관점이 더욱 힘을 얻게 되었다.

2. 종교를 연구한다는 것의 의미

종교 개념의 성립과 그 정착은 종교라는 담론적 대상이 만들어지고, 그 영역이 널리 인정받는 과정을 포함한다. 이른바 종교 연구는 그 바탕 위에서 가능하게 된다. 종교라는 대상이 성립한 후에 그에 대한 학술적(혹은 과학적) 연구가 뜻하는 바는 무엇인가? 우선 종교학이라는 말의 출현을 생각해 본다. 종교학이란 말이 처음 사용된 것은 1895년에 간행된 유길준(俞吉濬, 1856-1914)의 『서유견문(西遊見聞)』이다. 초고가 마련된 것은 1885년이므로 더 일찍 사용되었다고 볼 수 있다. 이 용어가 나타난 것은 서양 학문의 기원과 역사를 다룬 항목이었는데, 여기서 종교학은 개신교와 가톨릭에 대한 연구를 지칭하였으며, 종교학을 연구하는 이를 성직자가 되기를 바라는 자라고 하였다. 또한 만일 서양에 다른 학문이 없고 종교학만 있다면 구제 가능성이 없는 야만 상태에 떨어져서 문명과 산업화를 달성할 수 없을 것이라고 주장하였다.[6] 유길준이 종교학을 기독교 신학과 동일시하고 있음을 알 수 있다. 여기서 이런 유길준의 관점을 통해 다음의 두 가지 점을 알 수 있다. 하나는 종교라는 개념이 서구의 기독교를 모델로 하여 수용되고 있다는 점, 그리고 다른 하나는 학(學)이라는 용어가 근대의 과학적 의미보다는 세계관 및 우주관과 같은 전통적 의미로 쓰이고 있다는 점이다.

학(學)이라는 말은 전통적으로 잘 행동하는 법과 잘 사는 법을 가르치고 배우는 교육과정을 지칭하였다. 예컨대 도학(道學), 유학(儒學), 성리학(性理學), 주자학(朱子學), 양명학(陽明學), 서학(西學), 천주학(天主學), 야소학(耶蘇學) 등의 용어에서 그 의미를 파악할 수 있다. 그러나 20세기 초부터 과학(科學)이란 용어가 학의 의미론적 장(場)을 장악하기 시작하여 학의 의미를 도덕적 배움에서 근대적 지식의 획득으로 바꾸어 놓았다. 한동안 격치(格致)라는 말이 사용되기도 했지만 곧 과학으로 대체되었다. 과학이란 말에서 과(科)는 본래 나누어진 영역을 가리키는 말인데, 근대 지식의 다종다양하고 복잡한 지식을 강조하여 사용된 것이다. 하지만 그 다양성은 '자연의 비밀'을 캐내어 인간의 편의를 위해 활용한다는 목적으로 수렴된다. 그래서 과학의 지식은 병렬적이 아니라 위계적인 구조를 가지고 있으며, 과학은 '자연과학'을 정점으로 구성된 것이다. 유길준이 학(學)이라는 용어를 전통적인 의미로 사용한 것은 그리 많지 않다. 유학자들이 자신의 이념을 유교가 아니라 유학(儒學)이라고 부르는 것은 유교가 종교가 아니라 철학이라고 주장하기 위한 것이다.

종교학이란 말을 기독교 신학으로서 파악하는 유길준 식 이해는 '종교'의 모델로서의 기독교와 전통적인 의미의 '학' 개념을 결합시킨 것이라고 볼 수 있다. 이런 관점은 식민 시대에 변화할 수밖에 없었다. 왜냐하면 조선총독부가 종교에 대한 지식을 식민 통치에 이용하고자 했기 때문이다. 식민 통치에 사용할 수 있도록 피(被)식민지인에 대한 정보를 체계적으로 수집하는 것이 학의 의미로 자리 잡게 되었다. 이런 맥락에서 종교학(宗敎學)은 종교에 관한 데이터의 체계적인 수집을 일컫는 것으로 되었고, 궁극적으로는 식민 통치에 사용할 수 있도록 가공되어야 했다.

조선에서 종교학의 제도화가 이루어진 것은 1924년 5월 경성제국대학(京城帝國大學)이 일본의 제국대학으로는 여섯 번째로 서울에 세워지면서 시작되었다. 1926년 5월, 종교학/종교사 전공이 법문학부의 철학과 소속으로 마련되었다. 1927년에는 아카마쓰 지조(赤松智城, 1886-1960)가 담당 교수로 임명되었다. 그의 동료인 아키바 다카시(秋葉隆)도 경성제국대학에 교수로 임명되었다. 1928년부터 아카마쓰가 사임하는 1941년까지 두 사람은 함께 현지 조사를 하며 한국 샤머니즘을 연구하였다.[7]

식민지 시대에 종교에 대한 연구는 식민주의와 민족주의의 산물이었다. 대체로 당시에 종교를 연구한 학자는 식민주의와 민족주의의 에이전트(agent)였다고 볼 수 있다. 식민주의의 학술적 에이전트는 주로 촉탁(囑託: temporary government official)의 직위에 있는 사람이었고, 그에 대해 저항한 사람들은 조선 민족의 영구적인 본질을 강조하는 민족주의자들이었다. 제3의 연구자는 서양의 여행자 · 선교사 · 외교관 · 상인 등이었고, 그들이 남긴 자료들은 주로 영어로 쓰였다.

따라서 식민 시기에 종교 연구자는 세 가지로 구별할 수 있다. 첫째, 총독부 촉탁 혹은 대학교수로서 한국 종교를 연구한 일본인 연구자, 둘째, 식민 정부에 협조적인 조선인 연구자, 셋째, 식민 체제에 현저하게 저항한 비타협적 민족주의자가 그것이다. 우선 첫 번째 범주부터 살펴보도록 한다. 대표적인 일본인 연구자는 요시카와 분타로(吉川文太郎), 무라야마 지준(村山智順), 아키바 다카시(秋葉隆)이다. 요시카와 분타로는 『朝鮮の宗敎』(吉川文太郎, 京城: 朝鮮印刷株式會社, 1921), 『朝鮮諸宗敎』(吉川文太郎, 京城: 朝鮮興文會, 1922) 등의 저술을 남겼다. 그는 3 · 1운동이 소용돌이치고 있는 와중인 1919년에 서울 도착하여, 총독부 종교과의 촉탁으로 활동했다. 그가 책을 쓴 이유는 조선의 일반적 종교 상황을 알려 주는 문헌이 없다고 여겼기 때문이다. 요시카와가 종교에 대해 어떤 관점을 지니고 있었는가는 『朝鮮の宗敎』의 서문에서 나타난 다음과 같은 주장에 담겨 있다.

> 인류가 종교를 필요로 하고, 인간의 삶이 종교에 바탕을 두고 있다고 한다면, 우리는 종교적 요소를 무시할 수 없다. 어떤 사람의 현실과 실제 상황을 조사하고자 한다면 종교를 연구하지 않을 수 없다.[8]

그는 인간에 본래적인 종교심(宗敎心)이 내재해 있다고 보는데, 종교를 초자연적 존재에 대한 신앙으로 파악한다.

종교심의 동기와 형태가 다를 수 있지만, 종교심은 서양이든 동양이든, 피부
색이 황색이든 백색이든 동일하다.[9]

요시카와의 이런 관점에 따르면 유교는 종교 범주에 들어오지 않는다. 하
지만 그는 유교에 대한 서술을 뺄 수 없었다고 말한다. 왜냐하면 조선인에
게 유교가 매우 영향력이 컸기 때문이다. 그는 당시 한국의 종교적 상황을
다음의 네 가지로 나눈다. 1) 전통적인 유교와 불교 2) 기독교 3) 일본불교
와 신도 4) 한국 신종교. 그는 한국 신종교 가운데 어떤 것은 정치적 비밀결
사와 비슷하지만 어쩔 수 없이 종교집단으로 다루었다고 말한다. 그 이유는
그것이 종교집단의 외양을 하고 있기 때문[10]이다. 1921년의 책에서 그는 네
번째의 범주를 종교유사의 단체(宗敎類似の團體)라고 했지만, 1922년의 책에서
는 조선 특유의 종교(朝鮮特有宗敎)[11]라고 바꾸어 지칭한다. 이런 변화는 한편
으로 종교의 보편성을 인정하면서도 조선총독부의 포교령에 나타난 종교
정책을 따라야 했기 때문에 나타난 것으로 보인다. 그래서 그는 조선 특유
의 종교가 예외적인 것이며, 순수한 종교 형태는 아니라고 주장한다. 그 외
에는 모두 유사종교로 간주한다. 공인 종교는 학무국의 종교과에서 다루는
반면, 유사종교는 경찰이 처리를 담당한다.

무라야마 지준(村山智順, 1891-1968)이 한국에 온 것은 1919년으로, 도쿄제국
대학 사회학과를 졸업하자마자 온 것이다. 그는 1919년에서 1941년까지 22
년 동안 총독부 촉탁으로 한국 민속종교와 관습을 연구하여 1929년에서
1941년까지 13년 동안 8권의 책을 썼다. 다음은 그것을 연도별로 열거한 것
이다.

1. 『조선의 귀신(朝鮮の鬼神)』, 1929, 調査資料 第二十五輯, 朝鮮總督府.

2. 『조선의 풍수(朝鮮の風水)』, 調査資料 第三十一輯, 朝鮮總督府, 1931.

3. 『조선의 무격(朝鮮の巫覡)』, 調査資料 第三十六輯, 朝鮮總督府, 1932.

4. 『조선의 점복과 예언(朝鮮の占卜と豫言)』, 調査資料 第三十七輯, 朝鮮總督府, 1933.

5. 『조선의 유사종교(朝鮮の類似宗教)』, 調査資料 第四十二輯, 朝鮮總督府, 1935.

6. 『부락제(部落祭)』, 調査資料 第四十四輯, 朝鮮總督府, 1937.

7. 『석존, 기우, 안택(釋奠・祈雨・安宅)』, 調査資料 第四十五輯, 朝鮮總督府, 1938.

8. 『조선의 향토오락(朝鮮の鄕土娛樂)』, 調査資料 第四十七輯, 朝鮮總督府, 1941.

무라야마 지준은 조선 문화를 이해하기 위해서는 조선인의 사고방식을 이해하는 것이 필수적이고, 조선인의 사고방식을 이해하기 위해서는 조선의 민간신앙을 연구하는 것이 반드시 필요하다고 주장한다. 그는 조선인의 본질과 조선 문화를 파악하기 위해 조선의 민간신앙에 나타나는 공통 주제를 발견하려고 노력하였다. 그는 조선 민간신앙의 바탕이 귀신과 샤머니즘에 대한 신앙이라고 보았다.

"조선 샤머니즘은 우리가 단지 조선 문화를 알기 위한 대상이 아니라, 반사회적 운동과 분위기를 그대로 나타내는 하나의 거울이다. 조선 샤머니즘을 연구함으로써 반사회적 운동의 조짐을 억누르는 예방 조치를 하는 것이다."

민간신앙 연구가 식민 통치에 필수적이라는 무라야마의 관점은 『조선의 유사종교』(1935)에 분명하게 드러난다. 그는 조선의 유사종교가 늘 사회운동의 동인으로 작용해 왔다고 주장한다. 반면 기독교와 불교는 주로 개인의 영혼을 구원하는 윤리적-도덕적 운동으로서 물질적 재산을 추구하는 것과는 다르다고 주장한다. 조선의 유사종교는 현재의 사회 분위기를 그대로 반영하므로, 총독부는 유사종교를 관찰하고 연구하는 바의 중요성을 간과하면 안 된다고 주장한다.[12] 무라야마의 유사종교 개념에는 그것을 종교 영역으로부터 배제해야 한다는 의미가 함축되어 있다. 배제의 방법은 강제 해산이거나 개종시키는 것이다. 『조선의 유사종교』의 간행 후, 다음 해인 1936년부터 유사종교에 대한 탄압이 더욱 강화되었다. 특히 1937년에 백백교(白白敎) 사건이 터지자 총독부는 이를 계기로 하여 1938년 유사종교 탄압령을 내리고 단속을 심화하였다. 무라야마의 책이 이런 조치를 정당화하였음은 물론이다.

아키바 다카시(秋葉隆, 1888-1954)는 1921년 도쿄제국대학을 졸업(사회학 전공)하였는데, 학위논문의 제목은「무속 연구」이다. 그는 1924년 경성제국대학에 강사로 임명된다. 그가 런던과 파리에 학술 답사를 갔을 때, 웨스터마르크(Edvard Westermarck, 1862-1939)와 함께 인류학 연구를 하였고, 1926년 귀국해서 경성제국대학에 교수로 임명되었다.

아카마쓰 치조(赤松智城, 1886-1960)도 1927년 동 대학에 교수로 임명되었다. 1928년부터 아카마쓰가 사임하는 1941년까지 그들은 같이 현지 조사를 하면서 조선 샤머니즘을 공동 연구하였다. 1937년에『조선무속연구』를 공동 저술하였다.[13] 이와 같은 공동 연구의 과정에서 그들은 1,300여 장의 건식 사진판을 남겼다. 대부분 1930년대에 찍은 것이다. 그들은 조선의 민속학자인 손진태(孫晋泰, 1900-1950), 송석하(宋錫夏, 1904-1948)와 가깝게 지냈으며, 1932년에는 조선민속학회를 창립하고, 민속학 회보도 발행하였다.

무라야마의 연구 방법은 총독부 헌병이 수집한 문헌을 분석하는 것이었다면, 아키바와 아카마쓰는 현지 조사를 통한 연구였다. 그로부터 경험적인 데이터를 얻어 분석하여 책을 썼다. 하지만 그들의 현지 조사 방법은 인류학적 참여관찰 방법이라기보다는 헌병을 동반하고 이루어진 잠시 동안의 관찰 방식이었다. 아키바는 총독부의 문화통치 정책을 자신의 지침으로 수용하면서, 일본과 조선이 언어적·종교적 전통을 공유한다는 것을 확인하고자 하였다. 1940년대에 아키바는 대동아공영권을 적극적으로 지지하였으며, 일본과 조선의 종교적 유사성을 강조하였다.

두 번째의 연구 범주는 민족주의적 종교 연구이다. 여기에는 두 종류의 집단이 있다. 하나는 일본 식민주의에 대항하며 비타협적인 태도를 견지한 쪽이고, 다른 하나는 식민지의 현실을 인정하고 타협적인 태도를 취한 쪽이다. 박은식(朴殷植, 1859-1925)과 신채호(申采浩, 1880-1936)가 전자인 반면, 이능화(李能和, 1869-1943)와 최남선(崔南善, 1890-1957)은 후자이다. 우선 후자부터 살펴본다. 조선인 연구자 가운데 식민주의와 민족주의 사이에서 진동하는 모습을 보여주는 경우가 있는데, 그 대표적인 인물이 이능화와 최남선이다. 1945년 이후 그들은 모두 총독부에 협조한 친일 분자로 간주되었다.

이능화는 영어·중국어·프랑스어·일본어를 배운 후, 1906년 한성법어학교의 교장으로 임명되었다. 그는 1910년에 불교 신자가 되는데, 그의 아버지인 이원긍(李源兢, 1849-1919)이 1904년에 기독교로 개종한 것과 대조를 이룬다. 1915년에 그는 불교 잡지인 『불교진흥회월보』의 편집자 및 발행인이 되었고, 1922년에는 조선사편수회(朝鮮史編修会)의 회원이 되었다. 이후 그는 연구와 저술에 집중하여 일련의 종교 관련 저술을 내놓았다. 이능화가 저술한 주요한 종교 관계 책은 다음과 같다.

『백교회통(百敎會通: The Harmonization of All Religions)』, (1912)

『조선불교통사(朝鮮佛敎通史: A General History of Korean Buddhism)』, (1918)

『조선무속고(朝鮮巫俗考: A Study on Korean Shamanism)』, (1927)

『조선기독교급외교사(朝鮮基督敎及外交史: A History of Christianity and Diplomacy in Korea)』, (1928)

『조선신사지(朝鮮神事志: A Historiography of Sacred Events in Korea)』, (1929)

『조선도교사(朝鮮道敎史: A History of Korean Daoism)』, (1959)

이런 성과 때문에 이능화는 '한국학 및 한국의 종교학(또한 불교학)의 시발자'로 간주되기도 한다.[14]

『백교회통』은 이능화의 첫 번째 책으로 여기에서 그는 불교를 다른 종교, 즉 유교·기독교·이슬람·브라만교 등과 비교한다. 그에 따르면 모든 종교의 공통 기반은 '천(天: Sky or Heaven)'으로, 네 가지 하위 범주(形體天·主宰天·命運天·義理天)로 나누어진다. 이능화는 기독교가 두 번째인 주재천에 속한 반면, 유교는 천의 모든 측면을 지니고 있다고 본다. 반면 불교는 모든 종류의 천을 초월한다. 여기서 이능화는 불교에 대한 편향을 드러낸다. '한국 종교학의 아버지'라는 호칭이 종교에 대한 객관적인 연구라는 의미로 붙여진 것이 아님을 보여준다.

최남선은 1931년 이후 보다 노골적으로 친일적인 성향을 드러낸다. 특히 태평양전쟁이 시작되어 서구 열강과 대립하는 시기에는 학도병 지원을 권장하는 데 열중한다. 그는 대동아공영권의 찬미자이자 반(反)서방 노선의 주창자로서 이름을 알린다. 그 결과 해방 후인 1949년 2월에 친일 부역자로 낙인찍힌다.

여기서 최남선이 친일파가 된 이유를 살펴볼 필요가 있다. 1910년대에 최남선이 주로 비판했던 것은 조선의 비(非)문명화되고 비(非)진보적이고 비(非)과학적인 관습이었다. 그래서 문명(文明)·진보(進步)·과학(科學)이라는 세 가지의 기둥이 요청되었다. 하지만 다른 한편으로 이와 같은 세 가지의 기둥이 민족과 관련되지 않으면 무의미한 것이라고 보았다. 특히 1920년대에 출옥한 후, 최남선은 민족(民族)의 중요성을 더욱 강조하였다. 이제 민족이 그의 저술에서 중심적 위치를 차지하게 된 것이다. 그의 핵심 과제는 '조선심(朝鮮心)'을 부활시키는 것이었으며, 단군(檀君 혹은 壇君)을 조선 민족의 창시자로 여기게 하는 것이었다. 그래서 그는 "단군은 조선과 같다(Dangun is equivalent to Joseon)."고 주장했다. 그는 『삼국유사』의 단군 부분을 연구하여 조선 민족의 기원이 단군에 있다는 것을 밝히려고 노력했다. 그러나 그의 단군은 조선 민족에만 국한되지 않았다. 최남선의 단군은 아시아의 다른 나라, 더 나아가 인류 문화 일반과도 공유하는 특징으로 확장되었다. 본래 조선 민족 기원의 순수성을 탐색하려던 것이 아시아 문화 및 인류 문화 전반과 관련되는 것으로 확대된 것이다. 최남선의 '밝(Palg, light or brightness)' 사상은 그런 전개 과정을 잘 보여준다. 1925-1928년의 기간 동안, 최남선은 '불함문화론'을 내세워 단군과 고대 조선이 모든 아시아 문명의 근원이자 빛이었다고 주장한다. 몽골에서 유라시아와 발칸반도에 이르기까지 모두 동일한 '밝' 문화권이라는 것이며, 세계사의 3대 문화 중 하나라고 주장하였다. 그에 따르면 나머지 두 문명은 인도-유럽 문화와 중국 문화이다. 게다가 최남선은 '조선 문화가 세계문명사에서 중심을 차지하는데, 조선 문화의 핵심이 바로 조선 종교'라고 본다. 그래서 조선 종교를 이해하는 것이 아시아와 세계 문화의 수수께끼를 푸는 데 중요한 열쇠 구실을 한다는 것이다. 그래서 '조선 종교의 연구는 비단 조선 민족뿐만 아니라, 전 인류에게도 역사적인 중요성을 지니는 것'이 된다. 그는 일본 신도 역시 밝 문화에서 유래된 것으로 본다. 일본과 조선은 문화적·인종적으로 매우 가깝다고 주장하였다. 이럴 경우에 일본의 식민 통치가 주는 거부감이 완화될 것이라는 것은 분명하다. 최남선의 주장은 조선 고대 종교를 연구하는 것이 지니는 중요성을 극대화한다. 하지만 그의 주장은 엄밀한 텍스트 분석과 논증으로 이루어진 것이 아니라, 다분히 상상력의 산물로서 나타난 것이라는 점을 인식할 필요가 있다.

다른 한편, 전투적 민족주의자인 박은식과 신채호를 살펴본다. 사실 이들을 종교를 연구한 학자로 보는 경우는 드물다. 하지만 조선의 민족적 본질을 '발견'했다고 주장하고, 유교를 개혁하고자 한 점에서 거론할 필요가 있다.

박은식은 유명한 주자학자였지만, 수구적 태도를 버리고 근대 지식의 필요성을 수용하였다. 1898년에 《황성신문(皇城新聞)》의 주필, 《대한매일신보(大韓每日新報)》의 주필을 역임하고, 한일병합 이후인 1911년 4월에 중국으로 망명하여 대종교(大倧敎)의 신자가 된다. 1909년에는 『유교구신론(儒敎求新論: Treatise on the Reform of Confucianism)』을 집필하는데, 여기서 그는 주자학의 결점을 혹독하게 비판하고 왕양명(王陽明)의 양명학을 통해 유교를 혁신하고자 했다. 지행합일설의 양명학이 조선의 변화를 꾀하는 데 적합하다고 본 것이다. 또한 그는 인간의 잠재 능력에 대한 양명학의 관점이 조선인의 자각을 일으키고 주권을 회복하는 데 도움이 될 것이라고 기대하였다.[15]

현재 민족주의 사학의 대표자로 널리 알려져 있는 단재(丹齋) 신채호는 일제시대 독립운동에 적극 가담하였고, 《황성신문》과 《대한매일신보》의 편집진으로도 활동했다. 박은식처럼 신채호도 1910년 중국으로 망명하여 일제에 저항하였다. 민족주권을 회복하는 일은 그에게 성스러운 의미가 있었다. 박은식과 마찬가지로 신채호를 종교 연구자라고 보기에는 어려운 점이 있으나, 조선 민족의 영원한 본질이 있음을 믿고, 그것을 고대사에서 찾고자 한 점은 종교 연구자로서 주목을 받기에 충분하다. 신채호가 『조선상고사』에서 밝힌 바로서, 그가 역사를 보는 기본 관점을 이루는 것은 바로 '아'와 '비아'의 투쟁이다. '아'는 모든 역사의 주체인 반면, '비아'는 그 주체의 상대방을 일컫는다. 신채호는 역사를 그 필연적인 투쟁 과정으로서 보는 것이다. 여기서 주목할 만한 점이 바로 '아'의 단위이다. 신채호를 근대 민족주의 사학의 대표자라고 간주하는 것은 바로 그 '아'의 단위가 민족이라는 점 때문이다. 신채호를 통해 민족 단위의 절대성이 확인되는 것이다.

한국에서 종교 연구는 경험적인 자료 수집을 강조하고, 문헌을 철저하게 검토하는 것이 무엇보다 중요하게 간주되는 경향이 있다. 그리고 많은 이들이 근대적 연구가 이전의 작업과 다르게 되는 점이 바로 이런 성격 때문이라고 주장한다. 바로 이런 관점 때문에 총독부의 종교 조사 및 최남선·이능화 등의 작업을 근대적인 한국 종교의 연구 기반으로 보게 된 것이다. 근대적 학문 집단에 소속되기 위해서 자료를 경험적으로 수집하고 텍스트를 철저하게 검토하는 것이 기본적인 조건으로 여겨졌으며, 이른바 '객관적' 혹은 '과학적'인 태도라고 간주되었다. 하지만 이런 태도를 그대로 받아들이는 대신에 그 배후에 있는 전제를 검토하는 것이 필요하며, 객관성 혹은 과학성의 포장 아래에 있는 정치적 사회적 맥락을 살펴야 한다. 또한 그런 태도의 전제를 개신교적 관점에서도 공유하는 점을 살필 필요가 있다. 그렇지 않으면 일제시대 종교 연구가 배태하였던 기본 맥락, 즉 제국주의와 민족주의의 맥락을 간과하게 된다. 일제시대 종교 연구의 과학성과 객관성의 주장은 이와 같은 역사적인 맥락 아래에서 이해해야 한다. 그런 주장 자체를 수용할 것이냐 아니냐의 차원에 머무르지 않고, 그 주장을 포괄하고 있는 장치가 어떻게 작동하느냐를 살펴야 할 것이다.

XIII

1937년 백백교(白白教) 사건의 의미
: 유사종교의 모델과 그 정당화

1. 2011년의 일화(逸話)와 1987년의 오대양(五大洋) 사건

2011년 11월 2일과 11월 3일의 매스컴은 백백교 교주의 머리 표본이 화장되었다는 뉴스를 전했다. 그에 따르면 2011년 10월 25일 벽제승화원에서 머리 표본이 화장되었으며, 27일에는 봉선사에서 천도재가 봉행되었다. 화장된 유골은 경기 남양주 봉선사에 안치되었다. 이 표본은 일제가 '범죄형 두뇌'를 잘 보여주는 것으로 여겨 만들었으며, 해방 후 국과수가 인수받아 보관해 왔다. 조계종 중앙신도회와 불교단체 모니노(대표 혜문 스님)는 머리 표본을 보관하고 있던 국립과학수사연구원 · 법무부 · 행정안전부 등에 머리 표본 전시가 비인도적이라며 폐기를 촉구하는 진정을 하였고, 법원에 소송을 제기하였다. 이에 서울중앙지법은 2010년 5월 "원고가 위자료를 요구하지 않는 대신 국가는 표본을 폐기하라."[1]고 화해 권고를 결정하였다. 국과수에 함께 보관되었던 일제시대 기생의 여성생식기 표본에 대해서도 법원은 마찬가지의 폐기 권고를 내린 바 있다. 소송을 주도한 혜문 스님은 '부처님 시대 999명을 살인한 앙굴리말라도 부처님께 귀의해 참회하고 불법을 수행한 것처럼, 전용해 교주도 불법에 귀의시키기 위해 위령제를 지낸 것'[2]이라고 밝혔다.

한국 사회에서 백백교에 대한 기억은 사라지지 않고 있다. 기억 밑에 잠복하고 있다가, 조건이 맞으면 끊임없이 차출된다.

1987년의 오대양(五大洋) 사건 때에도 백백교가 소환되었다. 이 사건은 1987년 8월 29일 공예품을 생산하는 ㈜오대양의 용인공장 천장에서 32명의 주검이 발견되어 알려졌다. 경찰은 일주일 동안 수사한 후, 사장 박순자와 직원 등의 주검이 집단 자살에 의한 것이라고 발표했다. 그들이 대한예수교장로회(통합)에 의해 이단으로 간주된 기독교복음침례회의 신자들(일명 구원파)이지만, 종교와는 관계가 없으며 거액의 사채와 관련된 자살 사건으로 결론 내렸다. 계속해서 구원파 집단과 연관된 타살이라는 주장이 제기되어 3차례에 걸친 재수사가 벌어졌지만 다른 결론이 나오지는 않았다. 4년 후인 1991년 오대양 직원 6명이 자수하여 동료 시신의 암매장 사실을 고백하였지만, 처음의 결론이 뒤바뀌지는 않았다. 하지만 지금까지 오대양 사건에 대한 의문점이 풀리지 않아서 '종교적 범죄'에 관련된 설왕설래의 주제가 되고 있다. 이 사건은 《대전일보》의 특종으로 처음 보도가 되었는데, 한 달 이상 《대전일보》의 지면을 떠난 적이 없는 것은 물론 전국의 매스컴을 떠들썩하게 만들 만큼 많은 사람들에게 충격을 주었다. 당시 《대전일보》가 1면에 뽑은 제목은 '사이비종교(似而非宗敎) 맹신(盲信)이 부른 참극(慘劇)'이다. 이 제목은 사람들이 오대양 사건을 어떻게 인식하였는지를 잘 보여준다. 오대양 사건이 일어나면서 그 설명 틀로 백백교가 다시 소환되어 백백교와 오대양을 연결하는 담론이 무성하게 되었다. 이어서 1989년에 소설 『백백교』(이문현 장편소설, 자유시대사)가 간행되었고, 1993년 1월에는 영화 〈백백교〉가 개봉되었다.

2. 백백교의 호출

영화 〈백백교〉(1993)는 감독 최영철, 주연 이대근·김형자의 106분짜리 청소년 관람불가 등급의 영화이다. 이 영화 속에서 살인·섹스·금전 갈취 등 온갖 범죄가 횡행한다. 이 영화 포스터에 박힌 다음과 같은 문구들은 주목할 만하다.

> 1930년대 전국을 경악으로 몰아넣었던 광란의 사교집단 백백교(白白教) 사건 충격 영상화(映像化). 10년 동안 신도들의 전 재산을 헌금케 하고 390여 명의 신도를 살육, 500여 명의 여자를 농락한 지옥의 이 현장! 사교 군단 백백교(邪教 軍團 白白教). 믿을 수 없는 사이비종교의 실체가 낱낱이 벗겨진다. 기획 2년 제작 1년의 완전한 고증! Heathendom Baik Baik Gyo! 오대양 사건을 폭로한 국제종교문제소장 탁명환 교수의 철저한 고증!

이 포스터는 섹스·돈·살인의 3박자와 함께 사교 집단·사이비종교·'Heathendom(이교도)'이라는 용어, 게다가 이른바 이단 감별사 탁명환까지 총 출동하여 백백교에 대한 전형적인 관점을 보여준다. 백백교라는 제목의 영화가 한 편 더 있는데, 1961년 12월에 개봉된 것으로, 감독은 하한수이고, 황해·도금봉·김희갑·허장강 등이 출연했다. 해방 후 혼란의 와중에 극단적 폭력 사건이 일어난 경우 빠짐없이 백백교가 호출되었다는 점에서 1961년의 영화 〈백백교〉가 낯설지 않다. 해방 후의 백백교에 대한 기억 호출의 사례를 몇 가지 들면 다음과 같다.

1946년 6월 28일의 《동아일보》, '유사종교 단체인 정민회(正民會), 교도 태반이 여자, 무식 계급. 제2의 백백교 사건이 아닐까 귀추가 주목.' 1948년 2

월 21일의 《동아일보》, '장덕수 암살 사건. 차천자(車天子)적, 백백교적 살인마 조직과 명령 계통을 근절해야.' 1949년 6월 8일의 《동광신문》, '나주 전(前) 애국청년단장 반석근 일당의 죄상. 그들의 천인공노할 죄상은 세인으로 하여금 공포와 전율감을 느끼게 하여 실로 백백교 사건을 연상케 한다.' 1950년 4월 26일의 《서울신문》, '정치 공작 대사건. 만약 그것이 그대로 진행되었더라면 백백교 사건과 같은 참극을 연출하게 되었을지도 모르는 일.' 그리고 1951년 9월 18일의 《부산일보》, '천인공노할 제2의 백백교 사건이라고 할 태을교(太乙敎)의 죄상. 이도술이라는 노인이 80여 명의 남녀신도 금품과 양곡을 빼앗고 15명의 정조를 유린하고 축첩.'

2014년 세월호 침몰 사건이 일어나고, 구조가 행해지는 과정에서 박근혜 정부의 총체적인 무능력이 드러남과 함께 매스컴에서는 침몰 사건이 구원파 유병언과 연관이 있다는 주장이 제기되었다. 이제 많은 사람들의 관심은 이 사건에서 나타난 정부의 무기력함과 몰염치보다는 실제적 선주 유병언과 구원파 집단의 '범죄성'으로 전환되었다. 이렇게 초점이 전환되자 곧바로 오대양 사건이 소환된다. 다음은 그런 신문 기사로서 《경향신문》에 실린 것이다.

구원파는 "한 번 믿으면 다시 회개할 필요가 없다."는 것이 주요 교리다. 그런데 "일단 구원을 받으면 어떤 잘못을 저지르더라도 괜찮다."는 식의 극단적인 가르침이 오대양 사건과 세월호 사고로 이어졌다. 그 구원파의 사실상 교주인 유병언이 세월호 사고 100일을 앞두고 숨진 채로 발견됐다. 시체가 알아볼 수 없을 정도로 훼손됐다고 한다. 아무도 동정하지 않는 '도망자' 교주의 죽음이다.[3]

이어서 백백교가 등장한다. 앞서 언급한 교주의 머리 표본에 대한 내용도
포함되어 있다.

> 몇 년 전 국립과학수사연구원 지하실에 백백교 교주 전용해의 머리 표본이
> 알코올에 담겨 보관돼 있다고 해서 화제가 됐다. 일제강점기 동학의 일파인
> 백백교는 1930년대 남녀 신도 450명을 살해한 희대의 사이비종교 집단으로
> 알려져 있다.[4]

2014년, 한국추리작가협회는 도진기의 『유다의 별』이 그해의 추리문학
대상 공동 수상작이라고 발표했다.[5] 이 소설의 내용은 1937년에 시신으로
발견되었다고 발표된 백백교 교주 전용해가 살아 있다는 설정 아래, 백백교
의 잔존 세력이 벌이는 연속 살인 사건을 주인공이 추적하여 해결하는 것이
다. 작가 도진기는 현직 인천지법 부장판사로서 여러 편의 장편 추리소설을
썼다. 반전을 거듭하며 독자의 흥미를 유발시킨 『유다의 별』은 세월호 침몰
이후, 유병언이 시신으로 발견되면서 더욱 주목을 받았다. 백백교 소환이
여전히 목하(目下) 진행 중임을 보여준다. 작가 도진기가 주인공 고진 변호사
를 통해 밝히는 백백교의 성격은 다음과 같다. 김화 사건이 무엇이냐는 질
문에 고진은 이렇게 답한다.

> 백백교 사건의 전조를 알리는 사건이랄까. 백백교주 전용해의 부친도 왕년
> 에 사이비교주였어. 전정운이라는 사람인데 '백도교'라는 걸 만들어서 교주
> 노릇을 했지. 이 양반도 잔혹하기 이를 데 없었던 인물인데, 자기 첩 네 명을
> 갖다가 생매장하고 사설 교수대에 목매달아 죽였다는군. 이 사건은 그 지역
> 이름을 따 김화 사건이라고 불렸는데, 이게 1930년인가, 뒤늦게 발각되는 바

람에 백도교 일제 검거령이 내려지게 돼. 백백교로 한창 주가를 올리고 있던 전용해도 그때부터 지하로 숨어들어서 몰래 포교하기 시작했고.[6]

이에 앞서 질문을 던졌던 경찰 간부의 말이 이렇다. "한심한 집안이군요. 대를 이어 사이비종교라니…." 여기에서도 백백교는 쉬지 않고 사이비종교의 모델로서 작용하고 있다.

3. 1937년의 백백교와 그 연대기

조선총독부는 종교 자유의 보장이라는 이른바 문명의 기준이 체제 유지에 위험 요소가 될 수 있다는 점을 잘 알았다. 1915년 발표된 〈포교 규칙〉에 종교로 인정되는 것을 기독교·신도·불교로 못 박은 것도 그런 맥락을 지녔다. 종교로 인정받지 못한 것은 종교 자유를 요구할 자격도 없었다. 공인 종교 이외에는 유교처럼 애매모호한 위치를 갖는 것, 그리고 '미신'과 '사이비종교'가 있었다. 유교는 종교 영역이 아니라, 세속 영역에 포함시키는 쪽으로 정리되었고, '미신'과 '사이비종교'는 각각 잠재적인 위험과 현재(顯在)적인 위험을 지니는 것으로 분류되었다. 총독부가 발표한 사찰령·포교령·유사종교 관련 법령 등을 살피면서 식민지 종교 정책을 검토하는 것은 식민지 시대 연구뿐만 아니라, 그 이후의 한국 사회를 이해하는 데 필수적인 역할을 한다고 생각한다. 특히 1930년대 말에 부각된 백백교 사건은 '유사종교' 혹은 '사이비종교'라는 관점을 통해 일제 식민 시기를 조명하는데 좋은 자료를 제공한다.

1937년 4월 13일 조선총독부의 보도 통제가 풀리면서 백백교 사건이 알려진 이래 이처럼 백백교는 한국 사람들의 기억 속에서 떠난 적이 없다. 집단적인 주검 · 성적인 일탈 · 막대한 금품이 연루되고 거기에 종교적 성격이 함축되면 여지없이 백백교의 기억이 소환되어 생생하게 움직인다. 이를 백백교에 대한 강박적 집착이라고 볼 수도 있지만, 일종의 매혹 상태에 빠져 있다고 말할 수 있다. 공포영화를 보면서 거부의 제스처를 하며 손으로 눈을 가리지만 기어이 손가락 사이로 봐야 하는 그런 태도와 비슷하다. 매혹의 벡터를 끌어당김으로만 볼 필요는 없다. 사실은 반대 방향으로 작용하는 밀어냄 역시 매혹의 일종이기 때문이다. '끌어당기면서도 밀어내는 매혹' (PULLING ATTRACTION-PUSHING ATTRACTION)의 짝패이다. 뒤편의 매혹은 혐오적 매혹(REPULSIVE ATTRACTION)이라고도 할 수 있을 터이다. 도대체 백백교가 무엇이 길래 이렇듯 복합적이고도 강렬한 매혹을 행사하는 것인가? 그 매혹 작동은 제멋대로 행해지는 것이 아니라, 일정한 통로를 따라 진행되는 것이므로 어떤 작동 기제가 만들어지게 된 내력을 살피는 것이 필요하다. 우선 백백교가 관련된 역사적 사실을 연표(年表)[7]로 검토하기로 한다.

1867년 10월: 전정운(全廷芸: 전용해의 부), 명치 원년 10월 4일 평안북도 영변군 연유면 화현동에서 화전민 전공쇠의 차남으로 출생. 형은 전정모(全廷慕). 전공쇠는 본시 학문을 좋아하여 두 아들을 서당에 보내 한문 공부를 시킴.

1889년: 전정운은 22세 때, 강원도 고성군으로 이사하여 화전 경작을 하면서 동학 주문의 연구에 몰두. 하루 종일 바위 위에 앉아 주문을 외면서 수도하는 모습을 보고 주위 사람들은 광인(狂人)이라고 수군댐. 근처에 사는 몇몇 사람은 전정운이 『정감록』에 통달한 것을 알아채고, 일도(一道)를 창립하기로 하고, 그를 모시고 함경남도 문천군 운림면 마양동(馬陽洞)으로 이사.

1889년 이후: 이사한 다음, "가광생인수교(家廣生人壽敎)"라는 명칭의 "유사종교"를 창립. 백백의의적적(白白衣衣赤赤)이라는 주문을 구송하면 무병식재(無病

息災), 불로장수(不老長壽)하고, 신선(神仙)이 된다고 주장. 이 주문의 앞에 있는 "백(白)"을 따서 사람들이 "백도교(白道敎)"라고 부름. 주문은 『정감록』(鄭鑑錄)에 나오는 구절, "봉백의적즉결혼형제화(逢白衣賊則結婚兄弟話)…"에서 "白衣賊"을 "白衣赤"의 오류로 보고 만든 것이다. 전정운은 갑진년인 1904년 3월 조선 전체에서 전란이 일어나 많은 사람들이 사망할 것이라고 주장하고, 이 재난을 피하기 위해서는 마양동(馬陽洞)에 이주하는 방법밖에 없다고 하였다. 『정감록』에 나오는 "전라도운봉두류산내생방문 성인출어함양림중(全羅道雲峰頭流山乃生方門 聖人出於咸陽林中)"의 구절에서 전(全) 씨가 도(道)를 펼쳐(羅), 운수(雲을 運으로 해석)를 만나며(峯을 逢으로 해석) 두류산(마양리 근처의 산으로 해석)이 살 곳이라는 것, 그리고 성인이 나온다는 함양림의 함은 함경남도의 함(咸), 양은 마양동의 양(陽), 림은 운림면의 림(林)을 뜻한다고 주장한 것이다.

1896년(明治 29): 5월 21일 강원도 고성군에서 차남 전용해 출생. 두뇌가 명석하고 패기가 있어서 아버지 전정운의 총애를 독차지함. 그에 비해 형과 동생은 평범했다. 후에 그의 사체를 직접 보았다는 나가자키 검사는 그가 비상한 용모를 가지고 있었다고 주장. "앞이마가 넓고 목뼈(?)가 길었으며, 귀와 코가 예각(銳角)에 가까웠고, 손은 여자 손과 같았다. 롬브로소가 말한 범인형(犯人型)을 연상시키는 얼굴로서 일본 전국시대에 태어났다면 일국일역(一國一城)의 주가 될 만한 인물이었다. … 몸 전체에 털이 나지 않아서 마치 여자의 몸같이 하얗고, 이인(異人)의 기운이 느껴졌다."

1904년: 전정운의 말을 믿고 가재도구를 팔아 마양동에 이주한 사람은 수백 명에 달하였다. 하지만 1904년 3월에 되어도 병란(兵亂)이 일어나지 않자, 생활난에 허덕이던 이주민들은 불만을 터뜨리며 폭도로 변해 전정운을 습격하였다. 미리 이런 분위기를 알아챈 전정운은 처 이씨와 차남 전용해를 처갓집에 피신시키고, 자신은 강원도 철원군 보개산(寶蓋山)으로 들어갔다. 이때

심복 차달룡(車達(?)龍)과 형 전정모(全廷慕)가 피살되었다. 마양동의 백도교는 해산됨.

1911년: 수년 간의 잠복 생활을 마치고 1911년경 강명성 · 장명운 등과 함께 강원도 금화군 근동면 수태리 오성산으로 이주하고 포교활동을 다시 전개함. 신도가 1만 명이 넘게 증가함.

1916년(大正 5): 전정운의 첩 가운데 한 명이 생활에 불만을 느끼고 이탈하려고 하자 교주의 위력을 보여 후환을 없애려고 작정하고, 장남 전용수 · 차남 전용해 · 고제(高弟)들이 합세하여 산 채로 파묻어 질식사 시킴(1931년 2월 경성지방법원의 판결에 따름).

1917년(大正 6): 다른 첩인 이 씨를 목에 압력을 가하여 질식사 시킴(상동). 이밖에 수 명의 첩을 생매장하여 살해함. 이 사건을 금화(金化) 사건이라고 부르기도 한다. 이런 점을 알게 된 것은 1930년 초인데, 이때는 이미 전정운이 사망한 후였고, 장남과 차남은 소재 불명 상태여서 강명성 등 12명만 기소되었다. 모두 5-15년의 징역을 선고받았다.

같은 기간 동안 전정운은 경기도 가평군에도 거처를 만들고 왕래하였는데, 가평에서도 신도를 살해하는 사건이 일어났다. 이 가평 사건 역시 1931년 3월 경성지방법원의 판결로 알려졌다.

1919년(大正 8): 음력 11월 21일 교주 전정운이 적목리 황학산(혹은 화악산)에서 병사(病死). 나가자키 검사는 그가 화류병(花柳病)에 걸려 죽었다고 주장.

1923년(大正 12): 백도교의 분열. 장남 전용수를 중심으로 한 인천교(人天敎)와 차남 전용해를 중심으로 하는 백백교로 분열. 인천교의 명칭은 전정운이 생전에 자신을 '인천대주(人天大主)'로 부른 것에서 따온 것이다.

인천교의 종지는 "천(天)의 밖에 인(人)이 없고, 인(人)의 밖에 천(天)이 없다. 천과 인은 일체(一體)로서 인(人)은 작은 천(天)이다. 인은 영육(靈肉)의 둘을 합해서 이루어진 것이며, 영(靈)은 天으로부터 받은 것이고 육체는 지(地)가 보내준 것이다. 그래서 인(人)은 천지를 경(敬)하지 않으면 안된다. 천은 천부(天父), 지는 지모(坤母)로 부르고, 이 천지부모를 예배의 주체(主體)로 하지 않으면 안 된다."

백백교의 명칭은 전정운의 주문에 따른 것이다. 유불선의 삼도(三道)를 종합하고 교조의 결백한 심령에 의거하여 날로 퇴폐해 가는 세도인심을 결백하게 함으로써 사회를 교화선도하고 광명세계를 실현하는 것이 목표이다. 다음은 주요 교지의 일면이다. "한 사람의 백(白)으로써 천하를 하얗게 하고자 한다.… 암야(暗夜)의 혼도(混道)에 동방의 백(白)이 조우(遭遇)한 것과 같이, 구의(舊衣)의 오염된 것을 세탁하여 하얗게 된 것과 같이, 진(眞)의 백(白)을 이루는 것이다."

1923년 이후: 전용해는 경성 곳곳에 6개월에서 2년 기간 동안 거주하며 포교 활동. 자신은 전혀 드러내지 않고, 우광현(禹光鉉)을 제2세 교주로 내세워 활동. 경성 죽첨정(竹添町)에 백백교의 간판을 걸고 포교.

1924년: 우광현이 전용수에 의해 횡령죄로 고소당하자, 김공희(金公熙)가 그 직을 이어받음.

1926년(昭和 1): 차병간(車秉幹)이 제4대 교주. 본부를 경성에서 가평군 북면 적목리로 이전.

1930년(昭和 5): 전정운의 신도 살해 사건이 강원도 김화경찰서에 포착되어 단체 간부들이 검거됨. 금화 사건. 가평 사건도 드러남. 《매일신보》 1930년 7월 22일; "악독한 사교(邪敎)의 전율할 범죄 사건으로…강원도 금화군에 근거를 둔 백백교도 강명성(康明成)의 9명(九名)에 관한 살인 사건." "죽은 세 여자는 모두 절세미인으로 참살당할 당시에는 산중에서 대성통곡을 하며 반항을 하여 처참한 광경을 이루었다고 피고들은 범죄 당시의 일 장면을 자백하였는데, 피고들은 무슨 까닭으로 죽였는지 그 이유를 모른다고 하며 다만 교주의 명령에 의하여 잔인한 범행을 하였을 뿐이라고 하는데 이 속에 잠긴 사정은 주범 김경운(전정운의 오기)이가 대정(大正) 7년에 죽은 까닭에 영원히 수수께끼가 되게 되었다."

1931년(昭和 6): 7월 백백교 간부 7명 경성지방법원 예심에 회부되어 유죄판결 받음. 동년 9월 18일 선전포고 없이 일본이 만주를 침략함으로써 만주사변 발발. 경제대공황을 극복하기 위해 만주를 식민지화해야 한다는 명분.

1932년(昭和 7): 3월 1일 청의 마지막 황제(선통제) 푸이를 내세워 만주국을 세움.

1933년(昭和 8): 국제연맹, 일본이 만주를 불법 침략했다고 만주지역에서 일본의 철수를 결의하자, 3월 국제연맹에서 탈퇴.

1935년(昭和 10): 무라야마 지준(村山智順, 1891-1968)의 『조선의 유사종교(朝鮮の類似宗教)』 간행. 조선총독부 조사자료 제42집, 〈제2부 동학계유사종교단체(東學係類似宗敎團體)〉에 인천교(人天敎)와 백백교(白白敎)에 대한 서술이 있다. 백백교의 교세가 거의 없다는 내용.

1937년(昭和 12): 2월 16일, 유곤용(전용해의 애첩인 유정전의 오빠이자 핵심 간부 유인호의 아들)이 교주 전용해와 만나, 갈등이 폭발. 유곤용이 동대문서에 달려가 신변 보호를 요청하면서 경찰 수사가 시작되어 전용해 검거에 총력이 모아짐.

1937년(昭和 12): 4월 7일 경기도 양평군 단월면 행소리(杏蘇里) 산중에서 전용해의 시신이 발견. 오른손에 오덕도(五德刀)를 들고, 왼손 손목 동맥을 절단한 모습. 사라진 코 밑 부분은 야생동물이 훼손한 것으로 간주. 얼굴을 아는 자가 없어서 아들 전종기가 시계와 지갑으로 확인. 2월 21일에 자살하였다고 결론.

1937년(昭和 12): 4월 13일 백백교 사건 보도.《조선일보》, 〈범죄사상 공전의 참(慘)기록〉호외 발행.

1937년(昭和 12):『조광』 6월호에 〈백백교 사건의 정체〉 게재.

1937년(昭和 12): 6월 4일까지 백백교 사건으로 해부한 사체 수는 221구. 6월 24일까지는 303구(전용해 사체 포함). 이 가운데 남자는 125구, 여자는 137구, 성별 불명 41구. 발견되지 않은 사체는 36구.

1937년(昭和 12): 7월, 일본의 도발로 노구교 사건(盧溝橋事件)이 발생하여 전면적인 중일전쟁 발발.

1937년(昭和 12): 12월 14일, 피고 42명이 경성지방법원 검사국에 송치. 피살된 숫자 346명. 같은 날의《동아일보》, 전용해가 극도의 잔인함을 가졌을 뿐만 아니라 성적인 능력도 초인간적이었다고 보도. 전용해는 신비로운 힘과 악마적 에너지로 초인(Übermensch)으로 등극.

1937년(昭和 12): 12월 24일, 전용해의 형인 전용수, 살인과 외설 등의 혐의로 경성지방 법원 검사국에 송치.

1938년(昭和 13): 1월 15일의《동아일보》, '작년부터 오늘까지 보천교, 백백교, 청림미륵도 등 47개 교단 14,675명이 사교(邪敎) 혐의로 경무국에 의해 검거.'

1938년(昭和 13): 3월 31일의《동아일보》, '백백교 예심 종결, 24명 공판에 회부.'

1938년(昭和 13): 4월 7일, 박태원의 장편소설, 『우맹(愚氓)』《조선일보》에 연재 시작. 총 219회. 1939년 2월 14일에 완료. 박태원은 제목을『금은탑』으로 바꿔서 1949년 다시 단행본으로 간행.

1938년(昭和 13): 6월, 조선총독부의 '유사종교해산령(類似宗敎解散令).'

1938년(昭和 13): 8월 9일의《동아일보》, '유사종교 단체인 인천교(백백교의 別派)의 공판. 살인, 사기, 보안법 위반. 교주 전용주(전용수의 오기) 사형, 한일봉(韓一鳳)은 1년 6개월 구형.'

1938년(昭和 13): 9월 17일의 《동아일보》, "백백교 최후의 1인, 계준환을 금일 송국(送局). 22명을 죽인 살인마. 이로써 백백교는 완전히 낙착을 지었다 한다."

1939년(昭和 14): 4월 예심 종결. 犯罪史上空前의 慘虐 白白殺人敎 豫審 一年 半, 24명 公判廻附, 人生屠場인 天苑金鑛, 被殺男女 三百九名 殺人選手 李敬得 百六十七名 殺害. 罪는 無知에서 小林 豫審判事談. 公判廻附者姓名：文鳳朝 李敬得 金西珍 金君玉 李漢宗 朴達俊 李昌文 李昌洽 朴相勳 桂俊煥 白玉奉 白義植 李子成 張瑞榮 張志學 柳寅鎬 等 24名.

1940년(昭和 15): 3월 15일, 일주일 만에 공판이 끝나, 살인과 관련된 피고인 18명 전원에게 유죄가 선고. 14명은 사형, 4명은 징역 7-15년.

1940년(昭和 15): 4월, 전용해의 딸, 전선녀 출옥. 〈모두 내 아비의 죄 무엇으로 죗값을 할까요— 작야 백백교 전선녀 등 5명 출옥(昨夜 白白敎 全先女 等 五名 出獄)〉,《조선일보》, 1940년 4월 6일.

1940년(昭和 15): 『조광』 5월호에 〈백백교 사건 공판 방청기〉 게재.

1941년(昭和 16): 1월 30일 《매일신보》, "314명의 신도를 참살한 백백교 간부 문봉조 등 14명이 국민총력조선연맹에서 사형, 이자성 등 3명이 징역 12년을 언도.

1941년(昭和 16): 8월 15일, 상고심 기각 판결. 사형 언도를 받은 14명 사형 확정. 〈十四名死刑確定今日, 白白敎上告審棄却判決〉,《매일신보》.

1941년(昭和 16): 8월 30일, 피고인들, 재심 청구. 〈白白敎 被告의 奸智—死刑回避策으로 再審을 또 請求〉.《매일신보》.

그 이후에는 기사 없음.

4. 백백교 사건의 의미

백백교 '스캔들'은 집단 살해, 엽기적인 성적 일탈, 막대한 금품 강요의 세 가지 요소가 결합되어 나타났다. 살인 · 성적 일탈 · 금품 착취가 3중으로 겹쳐져서 그 부정적 효과를 극대화한 백백교 '추문'은 근대적 합리성의 테두리 안에서 쉽게 이해되기 어렵다. 대부분의 정상적인 인간이라면 세 겹의 추악한 범죄는 일으키기 힘들다고 보는 것이다. 그래서 소수의 비정상적으로 악독한 자를 상정하고 '스캔들'의 원인을 그들에게 한정하려고 한다. 예컨대 살해와 성적 엽기를 교주와 소수 하수인에만 국한하고자 하며, 금품 헌납은 자발적인 것이 아니라, 강요 혹은 사기를 당해 행해진 것으로 해석하려고 노력한다. 그 결과, 소수의 악독한 자를 제외하면 모두 근대적 합리성의 세례를 받지 못한 무지한 희생자가 된다. 대안은 근대적 합리성을 증진시키는 교육과 미신 타파의 계몽 활동이다. 동시에 전(前) 근대적 몽매함이 다시 발붙이지 못하도록 단호한 조치가 필요함이 강조된다. 한편으로 근대적 합리성의 경계 밖에 있던 불학무식한 자들에게 근대적 교육을 제공하여 안으로 끌어들이고, 다른 한편으로 순치 불능의 위험 분자는 용서 없이 배제하는 전형적인 방식이다.

근대적 교육의 방향타는 과학이 쥐고 있는 반면, 철저하게 배제되어야 할 것은 유사종교 혹은 사이비종교이다. 그래서 양쪽의 극은 과학과 사이비종교라고 할 수 있다. 과학은 근대적 합리성을 인도하는 안내자인 반면, 사이비종교(유사종교)는 미신으로 뭉쳐 조직화된 불온한 세력이다. 비(非)조직화 상태의 미신(迷信)의 수준이라면 과학으로 길들일 수 있지만, 조직화된 사이비종교의 경우라면 가차 없이 제거해 버려야 한다. 이런 생각은 이제 우리의 상식이 되어 버렸다. "과학이냐, 사이비종교냐, 어느 쪽에 속하는가?"의 물음에서 그 구분만 행해지면 처리는 일사천리 자동적으로 행해진다. 과학과 사이비종교라는 범주를 사용하는 순간, 자동적인 절차가 진행된다. 그런 범주를 사용하면 거기에 내포된 가치가 작동한다. 바로 그것은 누르면 저절로 다음 절차가 진행되는 '자동 버튼'인 셈이다.

근대적 합리성에 대한 교육과 계몽 활동의 필요성에 이의를 제기하는 이는 아무도 없다. 다른 문제에는 이견(異見)을 노출하는 조선총독부 권력과 식민지 조선의 지식인도 이 문제만큼은 아무런 이의 없이 동의할 수 있는 부분이었다. 양쪽은 조선 민중의 무식함과 몽매함에 대한 극복책에 대해서는 같은 의견이고, 서로 완전 협력할 자세를 갖추고 있었다. 다음의 인용문을 보면 이런 점이 잘 나타나 있다.

> 어느 때나 모든 사회에는 사이비종교가 있어 왔다. 하지만 도대체 조선만큼 그 수가 많은 곳이 어디 있으랴? [···] 솔직하게 말해서 사이비종교의 횡행은 대중의 무지에 있다. [···] 사이비종교를 제거하는 효과적인 방법은 사소하게 보이더라도 가혹하게 탄압하는 것이다 나는 총독부가 유사종교를 뿌리 뽑아야 한다고 권고한다.[8]

1937년 이래, 한국 사회에서 백백교는 과학과 사이비종교의 범주가 효과적으로 작용할 수 있는 훌륭한 범례(範例)가 되어 필요할 때마다 소환되고 있다. 과학과 사이비종교라는 범주가 한국 사회에서 헤게모니를 잡은 일에 백백교 사건이 기여한 바는 지대하다고 할 것이다.

5. 종교인의 반응: 어느 기독교인의 관점

다음의 인용문은 백백교 사건에 대해 어느 기독교인이 지닌 흥미로운 관점을 잘 보여주고 있다.

> … 3-4년의 장(長) 세월을 두고 세인의 주목을 끌어 가며 공판(公判)에 공판을 거듭하는 세칭(世稱) 소위 살인마교(殺人魔敎) 백백교 사건은 그 전후 사실을 일반이 잘 아는 바, 경향(京鄕)을 물론하고 근일에는 어디를 가든지 이 문제가 화제에 오르나리고 있는 중이다. 그런데 이 사건이 그저 어떤 음흉한 자의 사기적 행동으로만 된 것이 아니고, 사교(邪敎)일 망정 적어도 교(敎)라는 간판 하(下)에서 속이고 속이운 사실이니만큼 각 종교단체에 속한 사람으로는 평인(平人)과 다른 관점에서 이 사건의 내용과 전말을 주의해 듣고 보게 된 것이다.[9]

여기서 필자 한성과는 "이 사건은 우리에게 무엇을 보여주는가?"라는 질문을 던지고 나름의 답변을 제시한다. 그가 드는 인간의 잔학함, 양심의 마비, 죄악의 전염성, 공의(公義)의 심판의 내용은 쉽게 납득할 수 있는 내용이지만, 〈민중의 암매(暗昧)〉라는 제목으로 전개하는 주장은 좀 더 살펴볼 필요가 있다.

> 금반 차(此) 사건이 일단락을 고(告)하매 보도기관들은 붓을 가다듬어 이 원인을 무지와 무식에 돌리었다. 물론 저들 살인마 중에는 가장 유식한 자가 소학교 출신이었고, 저들의 손에 희생된 교도들은 대부분 무학(無學) 농민들이라 하니 어느 정도까지 무지로서 이 불상사의 원인을 잡을 수도 있지만 그

원인의 전부는 아닐 것이다.[10]

그가 주장하고 싶은 것은 미신이란 단순히 무식한 사람에게만 있는 것이 아니라는 점이다. 전문 교육을 받고도 점이나 관상을 보러 다니는 것, 불경에 있는 윤회 극락설 등이 오십보백보로 『정감록』의 해도(海島)신선설과 별반 차이 없는 미신이라는 주장이다. 결국 다른 종교와는 달리 기독교는 미신이 아니라는 것이지만, 그는 기독교에 대해서도 경고를 날린다.

> 진정한 종교라도 국부적 혹은 개인적으로 시대를 따라 부패와 타락을 보게 되면 자고로 사도(邪道)와 다름없이 재색(財色)으로 기울어지나니, 금일 교계에는 성직(聖職)의 간판과 예수의 성호(聖號)를 팔아 구령(救靈)과 전도를 표방하고 교계를 무대 삼아 사복(私腹)을 채우려고 돌아다니는 자들이 있지 않은가?[11]

이 인용문을 통해서 알 수 있는 점은 백백교의 통제 효과가 조선 사회 구석구석 치밀하게 스며들고 있다는 것이다. 미신의 횡행은 불학무식(不學無識)한 자에만 국한되지 않기에 항상 긴장을 늦출 수 없다. 더구나 이른바 문명의 종교라는 기독교도 안심할 수 없다. 인용문의 필자는 걱정하고 있다. 조금만 방심하면 백백교의 스캔들로 타락할 수 있지 않은가! 이 정도의 긴장감을 유지한다면 적어도 근대성의 체제에서 항시 종교가 당하는 '협박'에서 벗어날 수 있을 것이다.

'협박'이라니? 그것은 세속-종교-미신의 3분법 체제에서 세속적 합리성 혹은 근대적 과학으로부터 종교의 영역에 가해지는 압박을 말하는 것이다. 이에 대해 좀 더 설명해 보기로 한다. 종교 · 세속 · 미신의 3분법은 근대성 체제의 주요 분류법이다. 그 기본 방향은 세속의 합리성에 의한 미신의 제거이고, 종교는 세속과 미신의 중간 영역을 차지한다. 미신의 박멸은 세속과 종교 영역 모두에서 진행되어야 하지만, 종교는 특히 각별하게 이 작업을 수행해야 한다. 왜냐하면 종교는 늘 미신으로 떨어질 수 있는 위험을 안고 있기 때문이다. 종교가 과학의 지침에 신경을 써야 하는 이유도 여기에 있다. 과학은 바로 근대성 체제의 나침반 역할을 하고 있는 것이다.

그러나 여기서 의문이 생긴다. 즉 "종교는 과학을 초월한 것이 아닌가?"라는 물음이다. 종교와 과학이 대립한다는 것은 양자가 같은 평면에 있다는 의미이기도 하다. 하지만 종교가 과학을 초월해 있다는 주장은 양자가 같은 수준에 있는 것을 인정하지 않는다. 종교는 과학의 영역을 넘어서 있으며, 과학적 합리성이 제대로 포괄할 수 없는 초(超)합리성의 영역에 있다는 주장을 하고 싶은 것이다. 바로 과학에 대한 종교의 우월성 혹은 과학의 식민화가 이루어질 수 없는 종교의 신비성을 내세우고 싶은 것이다. 그러나 종교가 이런 특권적 지위를 가지려면 중요한 전제 조건을 충족해야 한다. 그것은 바로 종교가 적어도 미신은 아니어야 한다는 조건이다. 종교가 미신의 혐의를 받는 순간, 이런 특권적 지위의 가능성은 송두리째 사라진다. 그래서 종교는 미신의 '오염'으로부터 자신을 지키기 위해 세심한 주의를 기울인다. 혹시 의심을 받을 수 있는 교리나 의례 행위는 체계적으로 차단하고, 합리적 설명을 붙여서 오해를 피하고자 노력한다.

세속과 종교가 미신의 제거를 위해 협력하는 관계로 설정되어 있지만, 종교는 끊임없이 세속으로부터 미신의 출처를 마련해 준다는 혐의를 받게 된다. 특히 이미 기득권을 획득한 세계종교가 아닐 경우에는 더욱 그렇다. 사이비종교는 미신으로부터 자양분을 받는다. 사이비종교는 종교와 비슷하지만 종교가 아닌 것이다. 대부분 조직화된 집단이어서 매우 위험시된다.

종교를 '악랄하게 오염'시키기 때문에 반드시 종교의 영역으로부터 제거되어야 할 것으로 취급된다. 미신은 전염병과 같다. 언제나 어디에나 있고, 항상 잠입 태세를 갖추고 있어서 경계를 늦출 수 없다. 그래서 종교는 늘 미신의 영역으로 추락할 수 있다는 '노이로제'에 시달리게 된다. 위에서 언급된 인용문의 필자도 그런 '노이로제' 상태에 처해 있다. 그가 종교인으로서 항상 긴장하고 있는 이유는 미신으로 추락하는 순간, 그동안 종교가 누렸던 모든 특권은 아침 안개처럼 사라져 버리기 때문이다. 백백교는 최악의 '스캔들 메이커'로서 그 위험성을 알려 주는 신호등 역할을 하고 있다.

이렇듯 백백교는 근대적 합리성의 경계 너머에 있는 끔찍함 그 자체, 과학적 합리성이 뒤집혀서 전도(顛倒)됐을 때의 공포, 그 잔인한 혼란을 보여 준다. 백백교는 종교-세속-미신의 3분법 체제의 극단적 막장을 함축하고 있다. 그래서 두려움을 주고 지독한 혐오감을 자아내지만, 체제 유지에 필수적인 역할을 한다. 그런 작동으로 인해 떼려야 뗄 수 없는 강박적 집착증이 일어난다. 미신에 대한 배제 작용이 원활히 이루어지려면 사이비종교 혹은 유사종교의 막장 위험성을 알려 주는 것이 필요하다. 백백교는 한국에서 그 몫을 훌륭하게 수행하고 있다. 자기 역할을 제대로 행하는 것은 사라지지 않는다. 그래서 1937년 이래 한국 사회에서 백백교는 매혹적인 것이다.

XIV

결론: 종교전통의
정체성 수립 노력은
어떻게 정착되었는가?

동(東)의 의미 준거가 중국에서 서양으로 바뀐 것은 아편전쟁 이후 조선의 정체성 기준이 변화한 것을 나타낸다. 왜 동(東)의 의미 준거가 중국에서 서양으로 바뀌었는가? 바로 두려움 때문이었다. 그런 변화의 필요성 배후에는 '서양의 충격'이 준 두려움이 있었다. 그런 의미에서 우리는 여전히 아편전쟁 이후(post-opium war)의 시대에 살고 있다고 할 수 있다. 서양 세력이 지닌 막강한 힘을 경험하고 두려움에 떨면서 한편으로는 그들을 본받고 다른 한편으로는 그들에게 대항하는 '정신분열'을 경험해야 했다. 아편전쟁 이후의 시대에 조선은 서양의 부국강병이 어디에서 유래하는지 찾아야 했고, 종교라는 근대적 개념을 수용해야 했다. 동아시아 국가가 공통적으로 종교의 개념 틀을 수용하게 된 것은 아편전쟁 이후 절감하게 된 이와 같은 위기감 때문이었다. 어쨌든 뭔가 근본적으로 바꾸어야 생존할 수 있다는 절박감이 동아시아 전체를 감돌았고, 이는 사회진화론의 적자생존설로 정당화되었다. 그 변화의 방향을 지시하는 표어는 바로 문명이었으며, 정교분리와 종교자유가 그 문명의 지표에 포함되었다. 그리고 그 수용을 위해 전제된 것이 바로 종교의 개념 틀이었다.

그래서 이전의 교(敎)나 학(學)의 개념으로부터 종교(宗敎) 개념으로 이동해야 했다. 이전의 교(敎)의 전통은 종교의 전통 안에 포섭되거나 그렇지 못한 것은 배제되었다. 새로운 개념은 종교가 특정한 범위를 갖고 있으며, 그 안에 머물 때 특혜를 받을 수 있다고 납득시키고자 했다. 신앙의 자유라는 것은 무조건으로 주어지는 것이 아니라, 특정의 조건 아래에서 허용되는 것이었다. 그리고 종교는 보통의 삶의 영역과는 다르다는 점이 강조되었다. 종교는 내면적인 것이며, 개인적인 것이라고 주장되었다. 그래서 특히 정치의 영역에 간섭해서는 안 되는 것이었다. 종교는 한정된 영역이고, 개인적인 것이며, 내면적인 것이었고, 국가권력과 관련된 영역, 정치의 영역과 분리되어야 했다. 그것이 종교 개념의 성격이자 규범이었다. 그리고 그 규범은 바로 '문명의 원칙'에 따른 것이라고 간주되었다.

문명의 원칙이 준수될 경우에 그에 상응하는 특혜가 주어졌고, 그렇지 않을 경우에는 아예 종교라는 명칭이 부여되지 않았다. 종교와 비슷하지만 아닌 것, 바로 유사종교와 사이비종교의 개념이 등장하였다. 그리고 바로 여기에서 전통적인 교(敎)와 근대적인 종교 개념의 차이가 나타났다. 유사종교는 종교가 아니므로, 가차 없이 배제되어야 하는 것이었다. 동학에서 천도교의 변화는 국가권력이 행사하는 이런 '쓰레기' 처리 작업의 대상이 되지 않으려는 시도였다. 1910년 이후에는 일련의 법률 제정을 통해 종교 범위의 고정화가 제도화되었고, 종교와 정치의 분리·종교와 교육의 분리가 고착되었다. 총독부가 종교라고 인정한 이른바 '공인 종교'는 이런 분리를 준수해야 부여되는 특권이었다. 총독부는 이런 기제(機制)가 식민 통치에 필수적인 것이라고 간주하여 중요시하였다. 불교는 '근대종교'의 체제를 갖추기 위해 개혁 운동을 펼쳤다. 조선 시대의 불교에서 이어받은 여러 요소를 새롭게 조합하여, 과거의 연속적 계승을 내세우면서도 동시에 과거의 부정적 부분과는 단절을 주장하였다. 그리고 불교의 공통된 본질을 '발견'하여 불교의 수원지(水源池) 발굴 작업을 추진하였다.

비슷한 시기에 "유교가 종교인가 아닌가?"의 물음도 제기되었다. 한국뿐만 아니라 중국에서도 문제가 되었다. 청말·민국 초의 강유위(康有爲), 양계초(梁啓超), 진독수(陳獨秀) 사이의 논쟁이 그것이다. 여기서 '종교로서의 유교'를 주장하는 강유위와 그런 입장을 정면으로 부정한 진독수의 입장이 대립되었다. 하지만 모든 논쟁 당사자들이 비교의 모델로서 기독교 특히 개신교를 전제하고 있었다. 즉 그들은 유교를 옹호하든 비난하든 개신교를 하나의 모델로 하여 자신의 입장을 개진하였던 것이다. 이런 점은 한국에서 유교개혁 운동을 벌였던 박은식(朴殷植)·이승희(李承熙)·이병헌(李炳憲)의 경우에도 마찬가지로 해당되었다. 이들은 서양의 세력과 개신교에 대항하기 위해 유교를 부흥시키고자 했지만, 자신들도 의식하지 못하는 사이에 개신교적 모델을 상정하면서 개신교에 대항하고자 하였다. 예컨대 이병헌은 유교에도 신적(神的) 영역과 초월성의 성격이 많이 구비되어 있음을 보여주기 위해 애를 썼으며, 공자를 교주로 삼고, 경전을 배포하고 교당을 건립하는 등, 개신교와 같은 체제로 유교를 정비하려고 노력하였다.[1] 이처럼 논의의 기본틀이 모두 개신교적 골격을 지니고 있다는 사실은 종교에 관한 담론이 19세기 말부터 개신교 모델을 중심으로 하여 회전하고 있음을 알려 준다.[2]

한편 개신교는 '문명'의 종교였다. 세계에서 가장 부강하고 문명한 나라는 모두 개신교를 믿는 나라이고 개신교가 문명을 이루게 한 근본이므로 개신교를 믿어 문명을 이루어야 한다는 주장이 널리 퍼졌다. 많은 조선인들이 기독교를 통한 '문명개화'를 열망하였다. 선교사들도 자신이 거주하고 있는 근대식 건물이나 과학 기구, 근대적 생활용품을 한국인들에게 과시함으로써 개신교와 문명 진보를 등치시키려고 노력하였다. 하지만 그들 사이에서 간접 선교 방식에 대한 자체 비판이 제기된 점으로 알 수 있듯이 대부분의 선교사들은 종교 영역에 한정시켜 개신교가 문명의 종교임을 주장하였다. 반면 한국인 신자들은 개신교를 통해 서양의 부강한 나라와 같은 수준의 문명을 달성하려 하였다. 그런데 문명 달성을 이루기 위한 개신교 수용의 논리는 당시 한말의 지식인들에게 널리 퍼져 있었던 약육강식과 적자생존의 논리와 뗄 수 없이 연관되어 있었다. 자연의 법칙과도 같이 적용된다고 여겼던 적자생존의 논리는 개인 대(對) 개인의 차원보다도 나라와 나라의 국제적 관계에 우선적으로 적용되었으므로, 개신교 수용도 나라의 생존을 위해 제시된 것이었다. 개신교는 가장 '선진'의 종교였고, 다른 종교보다 우월한 종교로 여겨졌다. 어떤 경우는 "다른 신앙을 종교라고 한다면 개신교는 종교라고 할 수 없다."라고 하면서 그 우월성을 주장할 정도였다. 개신교와 여러 종교를 비교하며 개신교의 우월성을 주장하는 책들이 널리 간행된 것도 이때였다. 개신교는 천주교가 우상숭배를 한다고 비난을 퍼붓는 한편 전통적으로 기득권을 누리던 유교와 불교에 대해서는 각각 나라를 망친 망국(亡國)의 종교와 현실도피적이고 쓸모없는 종교라는 관점에서 비난하며 자신의 우월감을 드러내었다. 이와 같은 개신교의 우월성 주장은 개신교가 모든 종교의 모델로 부각되면서 당연시되었다

개신교가 불교 및 유교와 같은 종교에 대해 취했던 기본 자세는 개신교를 중심으로 종교의 위계(位階)제를 설정하고 개신교의 밑에 이들 종교를 배치하는 것이었다. 반면 불교와 유교와는 달리, 제도적 기반을 지니지 못한 무속이나 민간신앙에 대해서 개신교가 보였던 태도는 종교의 영역에 이런 것들이 발을 붙이지 못하게 쓸어 버리는 것이었다. 우선 이런 것들은 '혹세무민(惑世誣民)의 미신(迷信)'이라는 이름 아래 가두어졌다. 그리고 이렇게 무속과 민간신앙을 종교 영역 바깥에 존재하는 미신이란 범주에 집어넣자마자 이런 것들은 모든 방법을 동원하여 제거해 버려야 할 것으로 간주되었다. 한국의 근대성 확립을 위해서는 개신교 수용을 적극적으로 추진해야 한다는 관점을 주장했던《독립신문》에서 하루가 멀다 하고 빈번히 소개된 기사

는 바로 무속과 민간신앙이 어떻게 제거되었으며, 왜 제거되어야 하는가에 대한 것이었다. 이런 점은 한국 사회에서 개신교가 문명의 종교로서, 근대의 합리성을 대표하는 것으로 인식된 상황과 연관된 것이다. 서구 근대사회에서 근대적 합리성을 상징하는 것이 과학과 테크놀로지였음을 상기한다면 개항기의 한국의 경우와 차이점을 느낄 수 있을 것이다. 1907년의 대부흥운동은 개신교가 외면적인 문명에 현혹되지 말고, 문명의 원칙 즉 종교가 소속되어야 할 한정된 영역에 머물러 있어야 함을 다시 주장하였다. 종교의 '문명적 규범' 즉 종교는 내면적인 것이며, 개인적인 것이며, 정치의 영역에 간섭해서는 안 되는 것을 환기해 주었다.

　'서양의 충격'에 대응하기 위해 조선에 수용된 종교 개념을 총독부는 효과적인 식민 통치를 위해 적극 활용하였다. 1919년 조선총독부가 종교의 정치 간섭이 봉쇄되었다고 자신할 무렵에 3·1운동이 일어났다. 3·1운동은 천도교와 개신교가 주축이 되어 일으켰다고 할 수 있을 정도로 종교집단의 힘을 과시하였으며, 참여한 종교 지도자들은 자신을 민족의 대표라고 자처하였다. 개인적 내면화의 영역에 머물러 안전하게 '문명의 특혜'를 즐기고 있으리라고 여겼던 조선총독부는 심한 충격을 받았다. 조선총독부는 감옥에 갇힌 시위 참가자들에게 종교 가입 여부를 묻는 질문을 하기 시작하였다. 국가권력이 종교를 호명(呼名)하여 종교 주체(主體)를 드러내게 하였다. 총독부는 3·1운동과 같은 저항을 사전에 예방하기 위해 민간신앙과 풍속에 대한 대규모 조사 작업을 추진하면서, '학술적 감시망(監視網)'을 만들었다. 종교 연구는 제국주의의 관점과 뗄 수 없이 연관되었다. 이에 반발하여 민족주의적 종교 연구도 나타났다. 그 시기의 종교 연구는 제국주의와 민족주의의 틀에서 벗어나기 어려웠다. 3·1운동에서 나타났듯이 종교는 대규모 사회운동의 동인(動因)이 되므로 총독부는 이 가능성을 사전에 방지하기 위해 종교 고유의 영역이라는 관점과 종교가 정치와 분리되어야 한다는 관점이 문명의 보편적 원칙이라고 더욱 강조하였다. 대종교(大倧敎)와 같은 단체는 이런 주장 자체를 거부하며 만주로 건너가 무력 항일 투쟁을 하였지만, 한반도에 머물러 있던 대부분의 조선인은 이 '문명의 원칙'을 수용하였고, 한용운처럼 이를 이용하여 총독부의 정책에 저항하기도 하였다.

일제 시기에 종교 개념은 법을 통해 제도화되어 확고하게 정착되었고, 조선인의 머릿속에 깊이 내면화된 것이다. 3·1운동 이후에도 원활한 식민통치를 위한 정교분리의 정책이 계속 유지되었다. 1920-1930년대의 사회주의 진영에서 반(反) 종교운동(宗敎運動)을 펼친 것은 근대의 합리성이 종교보다는 다른 영역에 위치해 있다고 여겼기 때문이기도 하였다. 1920-1930년대 반(反) 종교운동이 일어나 개신교와 서양 문명 사이의 등식에 거세게 도전하였다. 하지만 개신교 쪽도 반격에 나서 기득권을 수호하려고 애를 썼다. 1937년 중일전쟁 이후 총력전 체제로 됨과 함께 백백교 사건에 이은 유사종교 단체 해산령과 신사참배 강요가 행해졌다. 백백교 사건은 과학-종교-유사종교(혹은 미신)의 기본 틀을 조선 사회에 각인시키고 내면화하는 데 효과적인 사례를 제공해 주었다. 1910년대 등장한 유사종교 개념은 식민지 조선과 제국 일본을 오고 가면서 정비의 과정을 거치다가 백백교 사건을 계기로 권력의 통제 장치로서 확고한 위치를 차지하게 되었다. 이후에 백백교는 유사종교 혹은 사이비종교의 모델로서 끊임없이 소환되어 오늘에 이르고 있다. 1930년대 후반에 신사참배 문제를 둘러싸고 논란이 벌어지자, 총독부는 "신사참배는 종교적인 행위가 아니다."라는 레토릭을 내세우며 정교분리의 원칙은 고수되어야 한다고 주장하였다. 개신교 신자가 주동한 신사참배 거부운동은 "신사참배는 종교적인 행위이다."라는 주장을 내걸고 이루어졌다. 신사참배 거부운동은 민족독립운동의 차원에서 이루어진 것이 아니라, 유일신 신앙을 확고하게 견지하기 위해 행해진 것이었다. 의도되지는 않았지만, 그 결과로 볼 때, 일제에 저항한 것으로 나타났을 뿐이다.[3]

미국 시카고 대학교의 조너선 스미스 교수는 종교 연구의 새로운 패러다임을 제시했다고 평가받는 학자다. 그의 책 가운데 『지도는 영토가 아니다』라는 책이 있다. 그 책의 마지막 장은 책 이름과 동일한 제목이 붙어 있다. 조너선 스미스는 이 문장을 처음 만들어 사용한 알프레드 코르지프스키(Alfred Korzybski)를 인용하면서 다음과 같이 마지막 부분을 서술하고 있다.

타자의 세계를 파악하기 위해 우리가 새로운 발견의 여행을 떠나기 전에, 우리는 우리가 지니고 있는 지도들에 있기 마련인 부정합성에 대해 성찰하고 또 그것을 수긍하며 즐길 필요가 있습니다. 왜냐하면 알프레드 코르지프스키가 말한 격언 내용을 우리는 도저히 벗어날 수 없기 때문입니다. 그의 격언은 이렇습니다. "지도는 실제의 영토(땅)와 같지 않다. 하지만 우리가 가진 것은 지도뿐이다.[4]

그리고 아르헨티나의 소설가 호르헤 루이스 보르헤스는 영토를 거울처럼 반영하는 지도를 상상하고, 그 쓸모없음을 이렇게 보여준다.

… 그 왕국에서 지도술(地圖術)은 너무도 완벽한 수준에 이르러 한 도(道)의 지도는 한 시(市) 전체를 담고 있었고, 한 왕국의 지도는 한 도 전체를 담고 있었다. 시간이 지나면서 그 거대한 지도들조차 만족감을 주지 못했고, 지도학교들은 왕국과 똑같은 크기에 완전히 왕국과 일치하는 왕국지도 하나를 만들었다. 지도 연구에 덜 중독이 되어 있던 다음 세대들은 그 널따란 지도가 쓸모 없다고 생각했고, 약간은 불경스럽게도 그 지도를 태양과 겨울의 자비

에 내맡겨 버렸다. 동물들과 거지들이 득실거리고 있는 지도의 폐허들은 남서부의 사막에서 허물어져 가고 있다. 나라 전체에 그것 외에 지도술과 관련한 다른 유물들은 없다.[5]

- 수아레스 미란다, 『진실된 남자들의 여행』, 제4권 45장(레리다:1658)

종교 개념, 그리고 그와 연동되어 나타난 '종교-세속'의 틀은 19세기 후반 동아시아의 위기 속에서 우리가 수용한 지도의 중요한 부분이다. 우리가 이 지도를 받아들이게 된 맥락과 과정을 살피고, 비슷한 상황에 처해 있던 동아시아(일본·중국·베트남)의 경우를 비교해 보는 것은 지금 그 역사적 유산 가운데 살고 있는 우리의 정체성을 밝히는 데 적지 않게 도움이 될 것이다. 그리고 그 이전에 사용하던 지도와 어떤 점에서 이동(異同)이 있는지 검토하는 것도 필수적으로 요청되는 작업이다. 이런 작업 모두에 우리가 물려받은 종교 개념과 '종교-세속'의 틀이라는 지도를 음미하면서도, 거기에 무작정 휘말리지 않으려는 자세가 함축되어 있다. 보르헤스는 종교 개념의 부정확성과 왜곡 가능성을 주장하면서 폐기해야 한다고 목청을 높이는 관점이 '영토를 거울처럼 반영하는 지도' 만들기와 비슷하다는 것을 알려 준다. 영토를 그대로 정확하게 반영하는 지도는 존재하지 않는다. 설혹 존재한다 하더라도 쓸모가 없이 사막에 버려질 것이다. 우리에게 남은 길은 우리가 가진 것은 지도뿐이며 그 지도는 어느 날 하늘에서 뚝 떨어진 것이 아니라 오랜 기간 동안 많은 이의 노고가 쌓여 우리 앞에 놓여 있다는 사실을 인식하는 것이다.

서양의 충격으로 인한 체제 위기감과 두려움이 종교의 인식 틀과 '종교-세속'의 이분법을 동아시아가 수용하게 만들었고, 조선도 예외가 아니었다. 이 책은 바로 조선에서 이렇게 수용되는 맥락과 그 과정을 추적함으로써 새로운 종교 틀이 어떻게 정착되어 가는지, 그리고 종교의 구성원이 그 틀에 어떻게 편입되어 가는지를 살펴보았다. 그동안 많은 연구가 이 틀 자체에 대해서는 언급하지 않고 그 틀에 담긴 내용물에 초점을 맞추면서 진행하였다. 하지만 그 틀, 그 분류 체계 자체에 관심을 돌려 분석의 초점을 바꾸지 않으면 종교는 인간의 역사와 더불어 원래부터 늘 그래 왔던 익숙한 것으로만 간주된다. 그렇게 되면 어쩔 수 없이 우리는 익숙한 문제를 던지고 낯익은 답변만을 얻게 된다. 그래서 "언제부터 '우리'는 지금과 같은 '우리'였으며, 어떠한 과정을 거쳐서인가?"라는 질문은 감히 던질 수가 없게 된다. '우리'의 생각과 느낌을 '우리'도 모르게 좌우하고 있는 '우리'의 기본적 수로(水路)체계 혹은 분류 체계를 파악하는 작업은 요청하기 힘들게 된다.

지금 우리가 지닌 지식의 기본 틀은 대개 19세기 말 20세기 초에 새롭게 형성된 것이다. 종교 개념은 사회·역사·인간 등 다른 근대적 개념과 함께 이런 수로 체계의 정거장에 해당된다고 볼 수 있다. 이 개념들은 우리의 인식과 행동의 바탕을 이루면서 우리의 태도를 근본적으로 좌우하는 것이기 때문에 반드시 철저하게 검토될 필요가 있다. 이 책은 이런 필요성을 절감하면서 만들어졌다. 독자 여러분의 많은 질정(叱正)을 바란다.

주석

II. '렐리기오'와 그 개념 연구의 역사

1) S. N. Balagangadhara, 'The Heathen in His Blindness…': Asia, the West and the Dynamic of Religion. Leiden, New York and Koeln: E. J. Brill, 1994, pp. 40-47.

2) Richard King, *Orientalism and Religion: Postcolonial theory, India and 'the mystic East'*, 1999, pp. 36-38.

3) S. N. Balagangadhara, op. cit. p. 63.

4) Wilfred Cantwell Smith, *The Meaning and End of Religion*, New York: A Mentor Book, 1964, pp. 26-27, p. 33.

5) Talal Asad, *Genealogies of Religion: Discipline and Reasons of Power in Christianity and Islam*. Baltimore: Johns Hopkins University Press, 1993, p. 255.

6) Jonathan Z. Smith, "Religion, Religions, Religious," *Relating Religion: Essays in the Study of Religion*, The University of Chicago Press, 2004, pp.181-182.

7) 다음과 같은 흄의 저술이 이에 해당한다. The Natural History of Religion (1757), Dialogues Concerning Natural Religion (1779)

8) Bernard McGrane, *Beyond Anthropology: Society and the Other*. New York: Columbia University Press, 1989, pp.55-57.

9) Wilfred Cantwell Smith, *op. cit.* p.40.

10) Richard King, *op. cit.* p.283.

11) Wilfred Cantwell Smith, *op. cit.* p.45.

12) Peter Byrne, "The Definition of Religion: Squaring the Circle," *The Pragmatics of Defining Religion: Contexts, Concepts and Contests*, Jan G. Platvoet and Arie L. Molendijk eds. Brill, 1999, pp.379-381.

13) Richard King, op. cit., p.282.

14) *Ibid.* 283.

15) *Ibid.*

16) Bernard McGrane, op. cit. p.73.

17) Ibid. p.72.

18) Ibid. p.381.

19) Tomoko Masuzawa, *The Invention of World Religions: Or, How European Universalism Was Preserved in the Language of Pluralism*. Chicago: University of Chicago Press, 2005, p.47.

20) 마츠자와는 3명의 논평자의 비판에 답하는 다음의 글에서 자신의 주장을 요약해 보여주고 있다. Tomoko Masuzawa,"What Do the Critics Want?—A Brief Reflection on

the Difference between a Disciplinary History and a Discourse Analysis," *Method and Theory in the Study of Religion*, 20 (2008) pp.146-149.

21) Jean Jacques Waardenburg, *Classical Approaches to the Study of Religion: Introduction and Anthology*, Mouton, 1973, p.3.

22) 장석만, 「우리시대의 고전 33: 윌프레드 캔트웰 스미스의 '종교의 의미와 목적'」, 《교수신문》, 2002년 7월 30일.

23) 위의 글.

24) Jonathan Z. Smith, *Imagining Religion: From Babylon to Jonestown*, University Of Chicago Press, 1982, p. xi. 조너선 Z. 스미스, 장석만 옮김, 『종교 상상하기: 바빌론에서 존스타운까지』, 청년사, 2013, 22쪽.

25) Russell T. McCutcheon and Willi Braun eds., *Introducing Religion: Essays in Honor of Jonathan Z. Smith.* London: Equinox, 2008, pp.7-8.

26) 위의 글, 13-14쪽.

27) Derek R. Peterson and Darren R. Walhof, eds., *The Invention of Religion: Rethinking Belief in Politics and History.* New Brunswick, NJ: Rutgers University Press, 2002, pp.1-2.

28) *Ibid.*

29) Peter Beyer, "Conceptions of Religion: On Distinguishing Scientific, Theological, and 'Official' Meanings," *Social Compass,* Vol. 50, No. 2, 2003, p.148.

30) Ibid.

31) Richard King, "Imagining Religions in India: Colonialism and the Mapping of South Asian History and Culture," Markus Dressler and Arvind Mandair eds., *Secularism and Religion-Making*, Oxford and New York: Oxford University Press, 2011, pp.44-45.

32) *Ibid.*

33) *Ibid.* p.45.

34) Talal Asad, "Anthropological Conceptions of Religion: Reflections on Geertz," Man, New Series, Vol. 18, No. 2, 1983, pp. 237-259. 이 논문은 수정 보완되어 다음의 책 제1장 "The Construction of Religion as an Anthropological Category"의 제목으로 수록되어 있다. Talal Asad, *Genealogies of Religion: Discipline and Reasons of Power in Christianity and Islam.* The Johns Hopkins University Press, 1993, pp.27-54.

35) Talal Asad, 1993, p.29.

36) Talal Asad, "Reading a Modern Classic: W. C. Smith's *The Meaning and End of Religion*," History of Religion, Vol.40, No.3, 2001, pp.205-22.

37) *Ibid.* p.206. 여기서 세속주의는 근대 리버럴리즘의 이데올로기를 가리키는 것뿐만 아니라, 일상적인 행동, 지식, 감각을 포함하는 다양한 역사적 복합체를 지칭한다.

38) *Ibid.*

39) *Ibid.* p.217.

40) *Ibid.* p. 208.

41) *Ibid.* p. 220.

42) *Ibid.* p. 221.

43) Ivan Strenski, "Talal Asad's 'Religion' Trouble and a Way Out," *Method & Theory in the Study of Religion*, Vol, 22, 2010, p.136.

44) *Ibid.* pp.136-138.

45) *Ibid.*

46) Timothy Fitzgerald, "A Critique of 'Religion' as a Cross-Cultural Category," Method & *Theory in the Study of Religion*, Vol.9-2, 1997, pp.97-110. 이 논문은 수정 보완하여 "Religion, Religions and World Religions: Religious Studies-A Critique,"의 제목으로 다음의 책 1장에 수록되었다. Timothy Fitzgerald, *The Ideology of Religious Studies*, Oxford University Press, 2000.

47) Timothy Fitzgerald, "A Critique of 'Religion' as a Cross-Cultural Category," p.98.

48) *Ibid.* p.106.

49) Timothy Fitzgerald, "Religion, Religions and World Religions: Religious Studies-A Critique," *The Ideology of Religious Studies*, Oxford University Press, 2000, p.8.

50) Timothy Fitzgerald, "A Critique of 'Religion' as a Cross-Cultural Category," pp.92-93.

51) 암베드카르(B. R. Ambedkar)를 지도자로 하여 불가촉천민이 불교로 개종한 운동.

52) *Ibid.* p.102.

53) Kevin Schilbrack, "Religions: Are There Any?," *Journal of the American Academy of Religion* 78: 4 2010, pp.1112-1138.

54) *Ibid.* p.1114.

55) *Ibid.* p.1115, pp.1126-1127.

56) *Ibid.* p.1135.

57) Kevin Schilbrack, "The Social Construction of 'Religion' and Its Limits: A Critical Reading of Timothy Fitzgerald," *Method & Theory in the Study of Religion*, 24, 2012, p.111.

58) *Ibid.* pp.114-115.

59) *Ibid.* pp.102-103. 쉴부라크는 부르노 라투어가 조롱조로 한 다음의 말을 인용하고 있다. "결핵균이 발견된 1882년 이전에 그 균은 존재하지 않았던 것이다."

60) 하지만 쉴부라크의 이런 주장이 생각보다 그리 쉽게 판가름 날 만한 것은 아니다. 또 다른 논쟁을 야기할 수 있는 대목이므로 이 점에 관해 좀 더 논의가 이루어질 수 있는 공간을 열어 두는 것이 필요하다.

61) 케빈 쉴브라크는 종교 개념을 대체하기 위해 그 개념보다 광대(廣大)란 것과 협소(狹小)한 것의 두 가지 방향으로 진행되었고, 그 예로서 각각 뒤비송과 피츠제럴드를 들고 있다. Kevin Schilbrack, "Religions: Are There Any?," pp.1128-1129.

62) Daniel Dubuisson, *The Western Construction of Religion: Myths, Knowledge, and Ideology*. Trans. William Sayers. Baltimore and London : Johns Hopkins University Press, 2003 (1998), p.39.

63) *Ibid*. pp.17-22. 특히 주8. 이 개념에 대한 더 자세한 설명은 pp.195-213.

64) Daniel Dubuisson, "Response," *Religion*, Vol. 36, 2006, pp.174-175

65) Kevin Schilbrack, "Religions: Are There Any?," pp.1128-1129.

66) S. N. Balagangadhara, '*The Heathen in His Blindness…': Asia, the West and the Dynamic of Religion*. Leiden, New York and Koln: E. J. Brill, 1994. S. N. Balagangadhara, "*The Heathen in his Blindness…" Asia, the West, and the Dynamic of Religion*. New Delhi: Manohar (Second and Revised edition), 2005.

67) *Cultural Dynamics*, Vol.8, No.2, 1996. 논의에 참가한 학자는 다음과 같다. Vivek Dhareshwar, Philip C. Almond, David Hoy, Henry Rosemont, JR., David A. Pailin, Narahari Rao.

68) Balagangadhara, S. N. (1994), p.5.

69) Philip C. Almond, 'The Heathen in His Blindness'?, *Cultural Dynamics*, Vol.8, No.2, 1996, p.139.

70) Henry Rosemont JR, "How do You Learn to be Religious: A Response to S. N. Balagangadhara," *Cultural Dynamics*, Vol.8, No.2, 1996, p.163.

71) *Ibid*. p.164.

72) 발루의 관점에 대한 비판은 적지 않다. 기독교를 너무 단일하고 동질적으로 본다는 것, 인도와 서구 문화를 너무 이분법적으로 구분하고 있다는 것, 그의 분석적 관점 자체도 서구전통의 산물이라는 것 등이 대표적인 비판이다. 이에 대한 검토는 여기서 다룰 수 없으므로 다음 기회로 미룬다.

73) Arvind-Pal S. Mandair, *Religion and the Specter of the West: Sikhism, India, Postcoloniality, and the Politics of Translation*, New York: Columbia University Press, 2009.

74) *Ibid*. p.xiii.

75) Jacques Derrida, "Theology of Translation," in *Eyes of the University: The Right to Philosophy 2, Stanford*: Stanford University Press, 2004. Arvind-Pal S. Mandair, op. cit. p.xiv.

76) Arvind-Pal S. Mandair, pp.204-208.

77) Arvind-Pal S. Mandair & Markus Dressler, "Introduction: Modernity, Religion-Making, and the Postsecular," *Secularism and Religion-Making*, Oxford & New York: Oxford University Press, 2011, p.17.

78) *Ibid*.

79) *Ibid*., p.11.

80) *Ibid*., p.19.

81) *Ibid.* p.18.

Ⅲ. 교(教)의 패러다임에서 종교(宗教)의 패러다임으로의 전환과 그 배경

1) 鈴木範久,『明治宗教思潮の研究』, 東京大學出版會, 1979, 13쪽.
2) 위의 책, 14쪽.
3) 위의 책, 17쪽.
4) 위의 책, 16쪽.
5) 위의 책, 16-17쪽.
6) 이 책의 번역판은 다음과 같다. 이소마에 준이치(磯前順一),『근대 일본의 종교 담론과 계보』, 제점숙 역, 논형, 2016.
7) 磯前順一,『近代日本の宗教言說とその系譜:宗教, 國家, 神道』, 東京: 岩波書店, 2003, 31쪽.
8) 위의 책, 34-35쪽.
9) 위의 책, 36쪽.
10) 위의 책, 37쪽.
11) 위의 책, 42-44쪽.
12) 위의 책, 52쪽.
13) 쑨장,〈'종교'의 재구성: 1893년 시카고 "세계종교"회의에서의 중국종교〉, 이경구 외,『개념의 번역과 창조: 개념사로 본 동아시아 근대』, 돌베개, 2012, 283-287쪽. 이 글은 다음 논문으로도 발표되었다. Jiang Sun, "Representing Religion: "Chinese Religions" at the 1893 Chicago World Parliament of Religions,"『개념과 소통』, 제6호, 2010년 12월.
14) 위의 글, 285쪽.
15) Vincent Goossaert, "The Concept of Religion in China and the West," *Diogenes*, Vol. 205, 2005, pp. 13-15.
16) Vincent Goossaert, "1898: The Beginning of the End for Chinese Religion?," *The Journal of Asian Studies*, Vol. 65, No. 2, 2006, pp. 307-336.

Ⅳ. 종교로서의 정체성

1) 정진홍,〈새로운 천년과 종교〉,『경험과 기억: 종교문화의 틈 읽기』, 당대, 2003, 60쪽.
2) 장석만,『개항기 한국 사회의 '종교' 개념 형성에 관한 연구』, 서울대학교 박사학위논문, 1992.
3) 위의 글, 1-5쪽.
4) 위의 글, 39-58쪽.
5) 위의 글, 98-122쪽.

6) 김종서, 〈개화기 사회문화 변동과 종교인식〉, 『한국문화』 제28집, 2001, 서울대학교 규장각 한국학연구원.

7) 김종서, 〈한국종교의 개념과 동아시아의 종교경험〉, 『종교학연구』 Vol. 24, 2005.

8) 위의 글, 36쪽.

9) 위의 글, 40-41쪽. 〈개화기 사회문화 변동과 종교인식〉 제2장.

10) 〈한국종교의 개념과 동아시아의 종교경험〉, 43쪽.

11) 심형준, 『종교 개념의 적용과 해석에 대한 연구: '삼교', 유교, 무속을 중심으로』, 서울 대학교 문학석사 학위논문, 2008.

12) 조현범, 〈선교와 번역: 한불자전과 19세기 조선의 종교용어들〉, 『교회사연구』 제36 집, 2011.

13) 위의 글, 168쪽.

14) 조규훈, 〈한국 사회 법의 영역에서 형성된 종교개념: 지구적 관점의 적용〉, 『종교문 화연구』 제12집, 한신인문학연구소, 2009.

15) 위의 글, 제4장.

V. 세속 개념의 연구 동향 검토

1) Jürgen Habermas, "Religion in the Public Sphere." *European Journal of Philosophy*, 2006, Vol. 14 No. 1, pp. 1-25.

2) Charles Taylor, *A Secular Age*, Cambridge, Massachusetts, and London, England: Harvard University Press. 2007.

3) Talal Asad, *Formations of the Secular: Christianity, Islam, Modernity*, Stanford: Stanford University Press, 2003, p. 14.

4) Michael Pye, "What Is 'Religion'in East Asia?" Ugo Bianchi, ed. *The Notion of "Religion" in Comparative Research: Selected Proceedings of the XVI IAHR Congress, Rome, 3rd-8th September*, 1990, Rome: L'ERMA di Bretschneider, 1994, p. 115.

5) *Ibid.* pp. 116-121.

6) *Ibid.* p. 122.

7) Timothy Fitzgerald, "'Religion' and 'the Secular' in Japan: Problems in History, Social Anthropology, and Religion," *Electronic Journal of Contemporary Japanese Studies*, Discussion Paper 3 in 2003, First Posted on 10 July 2003.

8) *Ibid.*, p. 15.

9) *Ibid.*, pp. 39-40.

10) Ian Reader, "Ideology, Academic Inventions and Mystical Anthropology: Responding to Fitzgerald's Errors and Misguided Polemics," *Electronic Journal of Contemporary Japanese Studies*, Discussion Paper 1 in 2004, First Posted on 3 March 2004.

11) *Ibid.*, p. 3.

12) *Ibid.*, p. 4.

13) *Ibid.*, pp. 5-6.

14) *Ibid.*, pp. 6-7.

15) *Ibid.*, p. 8.

16) *Ibid.*, p. 9.

17) Timothy Fitzgerald, "The Religion-Secular Dichotomy: A Response to Responses," *Electronic Journal of Contemporary Japanese Studies*, Discussion Paper 2 in 2004, First Posted on 6 April 2004, p. 3.

18) *Ibid.*, p. 5.

19) *Ibid.*, pp. 5-6.

20) *Ibid.*, p. 9.

21) *Ibid.*, pp. 11-12.

22) *Ibid.*, p. 13.

23) Ian Reader, "Dichotomies, Contested Terms and Contemporary Issues in the Study of Religion," *Electronic Journal of Contemporary Japanese Studies*, Discussion Paper 3 in 2004, First Posted on 10 May 2004, p. 4.

24) *Ibid.*, p. 5.

25) *Ibid.*, p. 6.

26) *Ibid.*

27) *Ibid.*, p. 8.

28) *Ibid.*, p. 9.

29) *Ibid.*, pp. 10-11.

30) *Ibid.*, p. 12.

31) *Ibid.*, pp. 12-13.

32) Timothy Fitzgerald, "Postscript: Religion and the Secular in Japan, Problems in History, Social Anthropology and the Study of Religion," *Electronic Journal of Contemporary Japanese Studies*, Discussion Paper 6 in 2004, First published on 20 October 2004

33) Jason Ānanda Josephson, *The Invention of Religion in Japan*, Chicago & London: University of Chicago Press, 2012, p. 7.

34) *Ibid.*, pp. 7-8.

VI. 한국에서 종교와 세속의 구분선 설정과 그 모호성

1) 이 그림의 크기는 38.7×106.5cm이고, 현재 일본 천리대학교에 소장되어 있다.

2) 『삼국사기』 권 45, 열전 5, 귀산.(三國史記 卷第四十五 列傳 第五 貴山)
   http://www.khaan.net/history/samkooksagi/sagi4150.htm

3) 태종(太宗) 1권(卷), 1년(年)(1401 辛巳 / 명 건문(建文) 3년) 윤(閏) 3月 22日(辛亥) 2
번째 기사. 태종 3권, 2년(1402 임오 / 명 건문(建文) 4년) 4월 22일(갑술) 1번째 기사.
정조 5권, 2년(1778 무술 / 청 건륭(乾隆) 43년) 1월 1일(임술) 2번째 기사. 정조 10권,
4년(1780 경자 / 청 건륭(乾隆) 45년) 11월 12일(병술) 1번째 기사.
4) 〈포교규칙〉, 『일제 강점기 종교정책사 자료집: 기독교편, 1910-1945』, 한국기독교역
사연구소, 1996, 91쪽.

VII. 초기 개신교 신자의 개종이 지닌 성격: 1900-1910년을 중심으로

1) Peter van der Veer, "Introduction," *Conversion to Modernities: The Globalization of
Christianity*. ed. Peter van der Veer, New York and London: Routledge, 1996, p. 19.
2) *The Korea Mission Field*. Vol. 4, No. 4, April, 1908.
3) 『독립신문』, 광무 3년, 9월 12일.
4) 위의 글.
5) 이능화, 『조선 기독교급 외교사』, 조선기독교 창문사, 1928, 204쪽.
6) 이광린, "구한말 옥중에서의 기독교 신앙", 『한국개화사의 제문제』, 일조각, 1986,
218-219쪽.
7) 이승만, "옥중전도", 『신학월보』 제3권 제5호, 1903년 5월, 185쪽.
8) 위의 글, 187쪽.
9) 이승만, 『독립정신』, 234-235쪽. 이덕주, "초기 한국 기독교인의 저술활동", 『초기 한
국 기독교사 연구』, 한국기독교역사연구소, 1995, 276쪽에서 재인용.
10) 백악춘사, "다정다한: 사실소설," 『태극학보』 제7호, 광무11년(1907), 51-52쪽.
11) 위의 글, 54쪽.
12) 김정식, 〈신앙의 동기〉, 『성서조선』 제100호, 1937년 5월호.
13) 유영모, 〈고삼성 김정식선생〉, 위의 글, 100쪽.
14) 유성준, 〈밋음의 動機와 由來〉, 『기독신보』, 1928년 7월 4일.
15) 위의 글, One day a Christian of the Yundong church, Yi Chang Jik, sent a Chinese
Bible for me and, because there was no other book I began to read it from the
beginning, although I could not understand but little of the meaning. I thought it
alla lie and threw it aside, but again picked it up and read it.(134)
16) 위의 글.
17) 위의 글.
18) 위의 글, 7월 11일.
19) 위의 글. One day in December, as I was praying, it suddenly seemed as though
my heart would break and tears came because I realized that all my forty years
had been spent in sinful conduct, those years in which I had prided myself on my
upright, honest conduct, but in which I had but worked for my own ambition and

had deceived and been deceived.(134)

20) 그는 당시 경무총감으로, 개화파 인사들을 체포, 투옥한 장본인이었다.

21) 위의 글. On the last day of month -New Year's eve- we gathered together in the prison and gave thanks to God that we had been imprisoned by Yi Kyun Taik; for because of this we had received the boundless grace of God. We thanked god in prayer for having changed our purpose of revenge and determined to visit Yi and thank him when we should have opportunity! (134-5)

22) 유성준, 〈심사하자〉, 『청년』 제5호, 1921년, 7-8월.

23) 유성준, 〈밋음의 동기와 유래〉, 1928년, 7월 16일.

24) 유성준, 〈심사하자〉, 3쪽.

25) 최기영, 〈한말 안국선의 기독교 수용〉, 『한국기독교와 역사』 제5호, 1996년, 32-3쪽.

26) 안국선, 〈大韓今日善後策〉, 2-3쪽, 김대희, 『二十世紀朝鮮論』, 일신사, 융희 원년 (1907)

27) 위의 글.

28) 위의 글.

29) 위의 글.

30) 위의 글, 3쪽.

31) J. R. Moose The Korean Mission Field, Vol. 2, No. 1, 1905, 11, pp. 4-5
여기에서 Moose 목사는 상투를 잘랐기 때문에 죽을 뻔 했던 Mr. Yei의 이야기를 들려주고 있다. ("It came about in time that in some parts of the country to be minus a top-knot was a sure sign that in some way the owner of such a head was an enemy to his country.")

32) 안국선, 〈금수회의록〉, 전광용 등 편, 『한국신소설전집』 제8권, 을유문화사, 1968, 32쪽.

33) 위의 글.

34) C. E. Sharp. "Motives For Seeking Christ," The Korean Mission Field, Vol. 2, No. 10. 1906, p. 183.

35) 〈국민교육을 施하라〉, 『대한매일신보』, 1909년 11월 24일.

36) U. G. Underwood, The Call of Korea, New York, Fleming H. Revell, 1908, pp 146-8.
민경배, 『한국기독교회사』 개정판, 대한기독교출판사, 1982, 263쪽에서 재인용.

37) 서정민, 〈초기 한국교회 대부흥운동의 이해〉, 『한국기독교와 민족운동』, 이만열 외 지음, 종로서적, 1986, 257쪽. 이 통계는 『조선예수회장로회 총회록』과 Official Minutes of the First Annual Session Korea Mission Conference Methodist Episcopal Church, Seoul, Korea, 1905- 에 의한 것이다.

38) 서정민, 앞의 책, 258쪽.

39) "Appeals of Native Christians(Address of E. Sung Man at Pittsburg Convention.),"

The Korean Mission Field, Vol. 4, No. 6, June 1908, p. 96. "A wonderful power, a tremendous revival spirit has overwhelmed the country since the recent disturbances. Members of the royal family, high officials of the government, conservative scholars of the Confucian schools, devout priests of Buddhist monasteries, ladies of the upper class as well as of common families, poor farmers in the country villages - all kinds of people from all parts of the country are just pouring into the houses of God wherever they can find them within reach."

40) C. E. Sharp. "Motives For Seeking Christ," *The Korean Mission Field*, Vol. 2, No. 10. 1906, pp. 182-3.

41) 한국기독교사연구회, 앞의 책, 254-5쪽.

42) F. S. Miller, "Kim's Conversion," *The Korean Mission Field*, Vol. 6, No. 3, 1910, 3, p. 66. During one of our classes I asked each member to tell how he found Christ. Kim stood up and said: "My story is a common one, but I'll tell it. My wife and I made it a rule to worship every spirit we knew. So we had our home and yard full of shrines to the Spirit of the Mountain, the Spirit of the Back-yard, the spirit of the Kitchen, the Spirit of the House-site and all the others. Our rooms were so full of shrines that I feared to enter at night to sleep lest I should bump my head against a shrine, offend the spirit, and bring catastrophy on our family." "Then I noticed that the Christians had no such fear of the spirits and paid them no such attention and still prospered, and I wished that someone would give me the secret of this liberty. Some of the Yon Mot Kol men invited me to the church. I attended for several weeks. Finally I said to one of the decons; 'My wife and I are afraid to touch the spirit shrines in our house, but you have no fear of them, and we have concluded that if you will come and clear them all out, we will let you do it, for we want to trust and serve Christ now.' They came and gathered all the shrines together, put them in the fire-place and burnt them up. That night I dreamt that I saw Satan go over the back wall of our yard, and since then we have had no more fear. When we had sickness and our mother wanted to call in the sorcerers we said: 'No, Christ has more power than demons, we shall trust him. Whatever he gives is good.'"

43) "No sooner do the people learn that we are there to teach Christianity than they come from all quarters, and from all sorts of motives some for rice, some for work, some for money and some again to be freed from devils and evil spirits. None of course come from a desire for Christianity, unless they have heard of it from others, for a man cannot very well desire what he knows nothing about. Many who have been beset by evil influences, come in great terror and ask some way of deliverance. Our remedy is to read from the New Testament, translating the English into Korean as we proceed. They listen with eagerness, and I have seen those who

were in bondage transformed entirely while dwelling on these stories from the Gospel. As a result their homes have become cleaner and tidier, the idols and other objects of worship have disappeared, and you could feel that it was true, when they said they had experienced a great deliverance." Rev. James S. Gale, B. A., *Korean Sketches*, Chicago, New York, Toronto: Fleming H. Revell Company, 1898, pp. 246-7. 제임스 게일, 장문평 옮김, 『코리언 스케치』, 현암사, 1970. 293-294쪽. 번역본의 내용은 그대로 사용하지 않고, 군데군데 수정하였다.

44) Rest for the wanderer; bread for the hungry; all who are troubled, come! And the man that was dead heard His voice; and the poor outcast woman found that He cared for her; and the thief, who deserved to die, was taken home to heaven; and He Himself suffered with His hands nailed through and His feet torn and His garments bedraggled with blood. Ibid. p. 230. 위의 책, 273쪽.

45) They in turn offered sacrifice, and cried to their gods to save the town from the spirit that had entered it. One bolder than others, defied God, threatened Kim, and blasphemed in his poor, ignorant way, and then left for his home underneath the hills. But a great rain came, and a part of the hill slid off and buried the man; then Kim prayed that God would save the people and stop the landslides. Ibid. pp. 230-231. 위의 책, 273-274쪽.

46) *Ibid.* pp. 247-248. 위의 책, 294-295쪽.

47) He had been a good-for-nothing slave to sin for years. He was in the inner prison, his feet fast in the stocks. The forces of evil were on guard about him, and the prison doors were shut. He was asleep, unconscious of the sentence of death, till the angel of the Lord came and awoke him, and said, " Follow me." And he, not knowing what he did, followed, and the irons fell off, and the keepers were powerless, and the prison doors opened, and out into the great city he went, a free man. Ibid. p. 248. 위의 책, 294-295쪽.

48) Shin's wife took cholera and the Christians gathered for prayer. Some of them maintained that no Christian would be taken, but she grew worse and worse. When we saw her, her face wore a deathly pallor, and her poor hands were livid. She had entered the stage of collapse, and it was only a matter of a few minutes. But their prayers were answered, and she lived. Ibid. p. 248. 위의 책, 295쪽.

49) To the ordinary native, then, Christianity quite obviously is hardly distinguishable from Westernism. It means large brick houses, servants, social prestiges- in short, amplitude and prosperity as opposed to mean degradation. An amplitude and prosperity to be attained through education, hence the natives flock to the mission schools; Henry Burgess Drake, Korea of the Japanese, London: John Lane The Bodley Head Ltd., 1930, p. 166. H. B. 드레이크 지음, 신복룡, 장우영 역주, 『일제시

대의 조선생활상』, 집문당, 2000, 165쪽. 번역문은 고쳤다.

50) It was my host himself···who confessed to me that all these men wanted was to take advantage of the mission education to qualify themselves for commercial appointments. Not, I think, that they were more unscrupulous than their fellows, but simply because the missionaries have failed to distinguish for them Christianity and Western materialistic progress. Ibid. pp. 167-168. 위의 책, 166-167쪽.

51) 다카하시 도루, 『식민지 조선인을 논하다』, 구인모 역, 동국대학교출판부, 2010, 52-53쪽.

52) 조선총독부 편저, 『일제가 식민통치를 위해 분석한 조선인의 사상과 성격』, 김문학 옮김, 북타임, 2010, 375쪽.

53) 위의 책, 396쪽. 『경성일보』, 1922년 5월 5일.

54) 다카하시 도루, 앞의 책, 52쪽.

55) 위의 책. 25-74쪽.

56) 위의 책. 114쪽.

57) 위의 책, 116쪽.

58) 위의 책, 116-117쪽.

59) 조선총독부 편저, 『일제가 식민통치를 위해 분석한 조선인의 사상과 성격』, 앞의 책, 376쪽.

60) W. G. Cram, "The Revival in Songdo," The Korea Mission Field, Vol. 2, No. 6, 1906, p. 4. The conviction of the Holy Spirit was strong, revealing sin in the hearts of the people and at the same time revealing clearly Christ, sin's remedy. Many of the Christians were also convicted of indwelling sin. Under the leadership of the Holy Ghost the repentance and confession of sin were genuine. It is indeed inspiring to see the joy and gladness which came into their hearts when they definitely believed that Christ rolled away their sins. The convictions were as deep and the conversions were as clear as any I have ever seen in the home land. Truly the Lord is no resepcter(respecter의 오기) of persons.

61) When the Koreans become Christians, they destroy the "devil house" on the mountain sides and the booth for the evil spirits by their door-yard, but not until these revival meetings did many of them find the house the devil had built for himself, in their hearts, destroyed. Rev. J. Z. Moore, "The Great Revival year," The Korea Mission Field, Vol. 3, No. 8, August 1907, p. 117.

62) Through 3000 years of the rule of the dead (ancestor worship) Korea has become a dead people. The need now is a living Savior who can and will take them away from the worship of the dead." "···it is very evident that Christianity and these revivals have played havoc with ancestor worship. In this she has not adapted herself to Korea. Ibid. p.118.

63) Among a people like the Koreans there is no definite and clear idea of the true and terrible character of sin, so that when first converted they are not prepared to manifest the deep and awful conviction that is found among those who have been taught what sin really is. This fact has led some into believing that the Koreans are incapable of deep feeling. This revival, however, has shown that having once come under the power of even a semi-Christian environment,⋯ they are as capable of an overwhelming sense of sin as any people on earth. "The Cry of the Church," *The Korea Mission Field*, Vol. 4, No. 4, April 1908, p. 62.

64) If men ever discovered the terribleness of sin when revealed uncovered in the presence of God, they did in those days. First came the physical distress, penitents beating the floor with hands and with head, and their screams and outcries were as though the demons whose name is legion were tearing them; then followed sobbing confessions of sinful and unclean lives. "The Revival: the Awakening of the Students," *The Korea Mission Field*, Vol. 4, No. 6, June 1908, p. 84.

65) The kitchen where he labored was often made a stage where he amused his companions by imitating the revival scenes. He would throw himself on the floor and pretend to beat it with his fist and amid shouts of laughter go through the physical contortions which were so often witnessed in the church." "The Direct Effects of the Revival," *The Korea Mission Field*, Vol. 4, No. 5, May 1908, p. 70.

66) ⋯as the physical demonstrations which accompanied it were so violent that they attributed them to demoniacal possession rather that the work of God's spirit. "The Religious Awakening of Korea: Deep-seated Prejudice and Antagonism," *The Korea Mission Field*, Vol. 4, No. 7, July 1908, pp. 106-7.

67) F. S. Miller, "Why Kim Thought he had Received the Spirit," *The Korea Mission Field*, Vol. 4, No. 2, February 1908, pp. 23-24.

68) "True to God's Conviction," *The Korea Mission Field,* Vol. 4, No. 4 April. 1908, pp. 62.

69) 반면 선교사 측에서는 예수를 믿기 전에도 그가 유일신을 추구하고 있었다고 주장한다. For a hundred days he prayed and fasted on a mountain top, seeking to find and know God, before he had even heard of such a thing as the Gospel of Jesus. "Kil Moxa," *The Korea Mission Field*, Vol. 6, No. 5, May 1910, p. 118.

70) 길진경,『靈溪 길선주』, 종로서적, 1980, 30쪽. 이덕주,『한국 그리스도인의 개종이야기』, 전망사, 1990, 338쪽에서 재인용.

71) 김인서, "영계선생소전",『신앙생활』, 1932년 12월. 이덕주, 위의 책, 341쪽 재인용.

72) 위의 글, 341-342쪽.

73) 위의 글, 342쪽.

74) 김양선,『한국기독교사연구』, 기독교문사, 1971, 86쪽. 서정민, 앞의 글, 249쪽에서

재인용. 이는 1907년 길선주 목사의 부흥집회에 참석하였던 정익로의 기록이다.

75) 앞의 글, 한국기독교사 연구회, 273-276쪽.

76) "교회와 정부사이에 교제할 몇 조건,"《그리스도신문》, 1901년 10월 3일.

77) "I am confident that it (the revival movement) is not political, as I have taken pains to investigate the facts. At one time, especial effort was made to involve the Christians in political movements, and with some success. This, however, was effectually corrected." Bishop M. C. Harris, "Observations in Korea," *The Korea Mission Field*, Vol. 4, No. 5 May. 1908, p. 69.

78) "교회와 정부사이에 교제할 몇 조건", 앞의 글.

VIII. 동학에서 천도교로의 변화

1)『三國遺事』卷第五, 感通 第七, 仙桃聖母隨喜佛事.

2)『東經大全』, 論學文.

3) 위의 글.

4)『조선왕조실록』, 고종 31권, 31년 (1894 갑오년) 2월 15일(임술) 4번째 기사, 〈의정부에서 민란의 원인이 된 충청 병사 이정규의 처벌과 고부 민란을 처리할 것 등을 아뢰다〉.

5) 〈大告天道敎出現〉,『帝國新聞』, 1905年 12月 1日. 高建鎬,『韓末 新宗敎의 文明論: 東學. 天道敎를 中心으로』, 서울대학교 대학원 박사학위논문, 2002년, 103쪽에서 재인용.

6) 위의 책, 41쪽.

7) 〈손씨와 종교〉,《제국신문》, 1906년 1월 31일, 위의 책, 40쪽에서 재인용.

8) 위의 책, 43쪽.

9)『高宗, 純宗實錄』下卷 1899년 4월 27일, 95-96쪽.《독립신문》, 1899년 5월 2일에도 같은 내용이 실려 있다.

10) 이 내용은 1906년 11월에 천도교의 주요 간부(巡督) 이병호가 평양의 연설회에서 주장한 것이다. 〈본교 역사〉, 최기영, 박맹수 편,『한말 천도교 자료집』2, 1997, 277쪽. 고건호, 앞의 책, 104-105쪽에서 재인용.

11) 이에 대해서는 다음을 참고할 것. 張錫萬, 〈3·1운동에서 종교는 무엇인가〉, 박헌호, 류준필 엮음,『1919년 3월 1일에 묻다』, 成均館大學校出版部, 2009, 189-212쪽.

IX. 불교로의 변신: 1910-1920년대의 전환

1) 폴 벤느, 〈역사를 어떻게 쓰는가〉, 새물결, 2004.(Paul Veyne, Comment on ecrit l' histoire), 223쪽(p. 93).

2) 위의 책, 224-225쪽(p. 94).

3) 위의 책, 230-231쪽.

4) Philip C. Almond, *British Discovery of Buddhism*, Cambridge and New York: Cambridge University Press, 1988. Tomoko Masuzawa, *The Invention of World Religions: Or, How European Universalism Was Preserved in the Language of Pluralism*, Chicago: University of Chicago Press, 2005.

5) Philip C. Almond, *Ibid.*, p. 36.

6) *Ibid.*, p. 40.

7) *Ibid.*, pp. 77-79, pp. 139-140.

8) *Ibid.*, pp. 69-73.

9) Tomoko Masuzawa, Ibid., pp. 170-171.

10) *Ibid.*, p. 145.

11) *Ibid.*, pp. 144-146.

12) *Ibid.*, p. 47.

13) 〈불씨자비지변〉, 정도전, 『불씨잡변』, 이기훈 옮김, 계명대학교출판부, 2006.

14) 〈유석동이지변〉(儒釋同異之辨), 위의 책.

15) 위의 글.

16) 『현정론』, 송재운 역, 동국대역경원, 1984.

17) 『조선왕조실록』, 宣祖 211卷, 40年(1607 丁未 / 명 만력(萬曆) 35年) 5月 4日(丙寅) 2번째 기사.

18) 위의 글.

19) 위의 글.

20) 최한기, "천하의 교법(敎法)을 천인(天人) 관계의 입장에서 질정(質正)한다," 〈신기통〉 제1권 체통(體通), 『기측체의』, 1836.

21) 최병헌, 『만종일련』, 조선야소교서회, 대정 11년(1922년), 4쪽.

22) 위의 책, 50-51쪽.

23) 이능화, 『백교회통』, 조선불교월보사, 대정 원년(1911년), 1쪽.

24) 위의 책, 56쪽.

25) 윤승용, 〈이능화 다시읽기를 시작하며〉, 2010.

26) 이능화, 〈백교회통 서〉, 『백교회통』, 조선불교월보사, 대정 원년(1912). "그런데 어이된 일인지 요즈음의 세상에는 굴지의 종교만도 수십 종을 헤아리며, 또 조선인이 만든 종교도 적지 않으니, 머지 않아 한 사람이 한 가지씩의 교(敎)를 갖게 될 날도 볼 수 있을 것이다. 이런 시대를 맞이하여 어떤 것이 내교며, 어떤 것이 외도라고 할 수 있겠는가? 도(道)가 이미 같지 않아서, 서로 도모할 수 없게 되었으니 사실 누가 무슨 주장을 내어 놓는다 하더라도 다만 자기의 주장을 할 뿐이다. 하지만 비록 그렇다고 하더라도 원래 한 가지 둥근 원이 나누어져서 백 가지의 방향이 이루어졌을 뿐인데, 세상 사람들이 그것을 모르고 스스로 분별을 만든다. 그러게 되면 물과 우유의 섞이는 면을 보기가 어렵고 모순만이 날카롭게 될 것이 염려가 되는 것이다. 이에

모든 종교의 강령(綱領)을 열람하고 서로 견주어 대조하여 같은 것과 다른 것을 가리고 필요에 따라 원문을 인용하여 증거를 하면서 회통케 하였다.″강효종 옮김의 운주사 간행『백교회통』을 참도하였으나, 여러 곳을 수정하였다.

X. 기준점으로서의 3 · 1운동: 3 · 1운동 전후의 종교

1) 이 부분의 소론은 다음의 졸고에 의존하고 있다. 〈3 · 1운동에서 종교는 무엇인가〉, 박헌호, 류준필 엮음,『1919년 3월 1일에 묻다』, 성균관대학교출판부, 2009, 189-212쪽.

2)『조선총독부 관보』, 1911년 6월 3일.

3)『조선총독부 통계연표』, 1911년.

4) 〈사립학교 규칙 개정의 요지〉,『일제 강점기 종교정책사 자료집: 기독교편, 1910-1945』, 한국기독교역사연구소, 1996, 95쪽.

5)『조선총독부 관보』, 1915년 8월 16일.

6)『조선총독부 관보』, 1911년 6월 15일.

7) 〈簇生하는 종교에 대하여〉,《동아일보》, 1920년 7월 22일.

8) 위의 글.

9) 〈권동진 신문조서〉,『한민족독립운동사자료집 12: 삼일운동 II』, 국사편찬위원회, 1990, 10-11쪽.

10) 〈최린 신문조서〉,『한민족독립운동사자료집 11: 삼일운동 I』, 국사편찬위원회, 1990, 21쪽.

11) 〈이갑성 신문조서〉,『한민족독립운동사자료집 12: 삼일운동 II』, 59-60쪽.

12) 장석만, 〈만해 한용운과 정교분리원칙〉,『불교평론』제8호, 2001년 9월.

13) 〈이인환 신문조서〉, 위의 책, 41-42쪽.

14) 〈손병희 신문조서〉, 위의 책, 16쪽.

15)『기독신보』, 1922년 2월, 제7권, 제7호, 총권 제323호, 15일, (http://religio.tistory.com/141에서 재인용. 1920년 당시 조선 전인구는 1964만 8천명으로 추정된다.

16) 신용하, 〈3 · 1운동 주체세력의 사회적 구조〉,『3 · 1운동과 독립운동의 사회사』, 서울대학교출판부, 2001, 196쪽.

17) 이 표에서 총 7,835명을 말하고 있지만 거론된 수자를 계산하면 7,840명이다. 다음 기회에 출처를 확인하여 정확한 통계를 제시하고자 한다.

18) 박은식,『한국독립운동지혈사』, 신용하, 위의 책, 195쪽에서 재인용

19) 이 표에서 총 2,023,098명을 말하고 있지만 거론된 수자를 계산하면 2,051,448명이다. 다음 기회에 출처를 확인하여 정확한 통계를 제시하고자 한다.

20) 이 표에서 총 15,961명을 말하고 있지만 거론된 수자를 계산하면 15,850명이다. 다음 기회에 출처를 확인하여 정확한 통계를 제시하고자 한다.

21) 이 표에서 총 46,948명을 말하고 있지만 거론된 수자를 계산하면 46,296명이다. 다음 기회에 출처를 확인하여 정확한 통계를 제시하고자 한다.

22) 〈이인숙 조서(제2회)〉, 『한민족독립운동사자료집 9』, 350(480)쪽.

23) 〈손병희 신문조서(제3회)〉, 『한민족독립운동사자료집 11: 삼일운동 Ⅰ』, 129쪽 (349).

24) 『제국신문』, 1905년 12월 1일, 동경, 고건호, 〈천도교 개신기 '종교'로사의 자기인식〉, 『종교연구』 제38호, 2005년 봄호, 231쪽에서 재인용.

25) 〈피고인 오상준 조서〉, 『한민족독립운동사자료집 9』, 367-368(498)쪽.

26) 〈손병희 신문조서(제1회)〉, 『한민족독립운동사자료집 11: 삼일운동 Ⅰ』, 64(289)쪽.

XI. 문명과 문화의 판도, 그리고 종교 개념과의 연관성

1) 윤치호, 『국역 윤치호 일기 상』, 탐구당, 1975. 256쪽.

2) Jang Sukman, "The Historical Formation of the 'Religious-Secular' Dichotomy in Modern Korea," Marion Eggert & Lucian Holscher eds. *Religion and Secularity: Transformations and Transfers of Religious Discourses in Europe and Asia*, Leiden & Boston: Brill, 2013.

3) 외르크 피쉬(Jörg Fisch), 『코젤렉의 개념사 사전 1: 문명과 문화』(Zivilisation, Kultur), 안삼환 옮김, 푸른역사, 2010, 115쪽.

4) 노르베르트 엘리아스(Norbert Elias), 『문명화과정 Ⅰ』(On the Process of Civilisation), 박미애 옮김, 한길사, 1996.

5) 외르크 피쉬, 위의 책, 116쪽. 126쪽.

6) 위의 책, 177쪽.

7) 위의 책, 185쪽.

8) 위의 책, 186쪽.

9) 테리 이글톤은 문명과 문화에 대한 양분법을 다음과 같이 소개한다. 문명은 추상적, 소외적, 단편적, 기계적, 공리적이며, 물질적 진보에 대한 아둔한 신념에 빠져있는 반면, 문화는 전체적, 유기적, 감성적, 자기목적적, 그리고 회상적이다. Terry Eagleton, The Idea of Culture, Oxford: Blackwell, 2000. p. 11.

10) *Ibid.*, p. 20.

11) *Ibid.*

12) 문화가 자기 목적적(autotelic)이라는 것은 이와 같은 자체 정당화(self-validation) 기능을 가리킨다. *Ibid.*, p. 11.

13) *Ibid.*, p. 31.

14) *Ibid.*, p. 38.

15) 『한성순보』 제14호, 1884년 3월 8일자.

16) 노대환, 『문명』, 소화, 2010, 180-200쪽.

17) 류준필, 〈'문명' '문화' 관념의 형성과 '국문학'의 발생〉, 『민족문학사연구』, 제18호, 2001년, 27쪽. 그가 드는 것은 1917년 이광수의 〈우리의 이상(理想)〉이라는 글이다.

여기서 이광수는 민족의 역사적 위치를 정치사적과 문화사적의 두 가지가 있다고 보고 두 가지 중에서 선택을 하라면 문화를 취하겠다고 주장한다. 하지만 이런 구분은 정신과 물질의 이분법과 함께 이광수가 1914년에 쓴 〈동정〉이라는 글에서도 찾아볼 수 있다.

18) 위의 글, 23쪽.

19) 위의 글.

20) 위의 글, 38쪽.

21) 장석만, 〈3·1운동에서 종교는 무엇인가〉, 『1919년 3월 1일에 묻다』, 박헌호, 류준필 편집, 성균관대학교 출판부, 2009년, 209쪽.

22) 《동아일보》, 1921년 3월 4일.

23) 《동아일보》, 창간호, 1920년 4월 1일.

24) 白頭山人(이돈화), 〈文化主義와 人格上 平等〉, 『개벽』 제6호, 1920년 12월 1일.

25) 문화 개념이 지닌 이상적 성격이 자체의 긴장감을 상실하고 내적 동력이 사라지면 문명 개념에서 보았던 직선적 진행 방향이 다시 등장한다. 예컨대 김윤경은 인류발전 단계에 관한 알렉산더 써덜랜드의 분류법을 소개하는데, 다음과 같다. (1) 야만인 (2) 미개인 (3) 문명인 (4) 문화인. 김윤경(金允經), 〈人類社會發達程道의 分類〉, 『동광』, 제7호 1926년 11월 1일.

26) 北旅東谷, 〈東西의 文化를 批判하야 우리의 文化運動을 論함〉, 『개벽』 제29호 1922년 11월 1일.

27) 류준필, 앞의 글, 38쪽.

28) 장석만, 앞의 글.

29) 장석만, 〈민족과 인종의 경계선: 최남선의 자타인식〉, 『종교문화비평』 제7호, 2005년.

XII. 조선총독부의 문화통치와 종교 연구의 의미

1) 〈簇生하는 종교에 대하여〉, 위의 글.

2) 『朝鮮の類似宗敎』, 調査資料 第四十二輯, 朝鮮總督府, 1935, 2쪽.

3) 〈종령 제121호〉, 포덕 60년 (1919), 이동초 편저, 『천도교회 종령존안』, 도서출판 모시는사람들, 2005, 220쪽.

4) 〈조선독립의 서〉, 《증보 한용운전집 1》, 신구문화사, 1980, 352쪽.

5) 〈정·교를 분립하라〉, 『불교』 87호, 1931. 9. 1, 《증보 한용운 전집 2》, 신구문화사, 1980, 134쪽.

6) 유길준, 『서유견문』, 대양서적, 1978, 444쪽.

7) 해방 후, 1946년 8월에 서울대학교가 세워졌고, 종교학과가 계속되었다. 하지만 교수직은 보수적인 개신교 신학자와 가톨릭 사제가 차지했다. 1970년대까지 보수적 신학이 학과를 지배했다.

8) 吉川文太郎, 『朝鮮の宗教』, 京城: 朝鮮印刷株式會社, 1921, 1쪽.

9) 위의 책, 4쪽.

10) 吉川文太郎, 『朝鮮諸宗教』京城: 朝鮮興文會, 1922, 4쪽.

11) 위의 책, 5쪽.

12) 村山智順, 『朝鮮の類似宗教』, 調査資料 第四十二輯, 朝鮮總督府, 1935, 2쪽.

13) 다음의 책도 공저. 『滿蒙の民族と宗教』, 1941. 아키바 다카시는 1950년에 『朝鮮巫俗の現地研究』도 간행하였다.

14) Jin Y. Park (ed.), *Makers of Modern Korean Buddhism*, Albany, New York: State University of New York Press, 2010, p. 103.

15) John Duncan, "The problematic modernity of Confucianism: the question of „civil society" in Chosŏn Dynasty Korea," *Korean Society: Civil Society, Democracy and the State*. Charles K. Armstrong ed. London and New York: Routledge, 2002, p.39.

XIII. 1937년 백백교(白白教) 사건의 의미: 유사종교의 모델과 그 정당화

1) http://www.ilyosisa.co.kr/news/articleView.html?idxno=8139
〈국과수 떠나는 백백교 교주 뇌, 명월이 생식기〉, 『일요시사』, 2010년 6월 8일.

2) http://www.hani.co.kr/arti/society/religious/503705.html
〈백백교 교주 머리표본 70년 만에 화장〉, 《한겨레신문》, 2011년 11월 2일.

3) http://news.khan.co.kr/kh_news/khan_art_view.html?artid=201407222101305&code=990201
김석종 논설위원, 〈여적: 교주의 죽음〉, 《경향신문》.

4) 위의 글.

5) 〈한국추리문학 대상에 '유다의 별'·'춤추는 집'〉, 《연합뉴스》, 2014년 12월 3일.

6) 도진기, 『유다의 별』, 황금가지, 2014.

7) 長崎祐三(朝鮮總督府檢事), 〈白々教斷片記〉(1), 『思想彙報』 제11호, 朝鮮總督府 高等法院 檢事局 思想部, 1937년 6월.

8) 《동아일보》, 1937년 12월 7일.

9) 한성과, 〈백백교(白白教) 사건이 주는 교훈〉, 『활천』 제210권, 기독교대한성결교회 활천사, 1940.

10) 위의 글.

11) 위의 글.

XIV. 결론: 종교전통의 정체성 수립 노력은 어떻게 정착되었는가?

1) 이병헌, 〈유교복원론〉, 『이병헌전집』, 아시아문화사, 1989.

2) 1995년 11월 28일 성균관 유도회(儒道會)에서 유교개혁을 내걸고 새로이 제정한 유림

의 종헌에 "유교는 종교이다"라는 선언이 포함되었으며, 주요 쟁점으로 등장하여 많은 논쟁을 불러 일으켰음을 볼 때, 이 문제가 지금까지 지속되고 있음을 다시 한 번 확인할 수 있다.

3) 하지만 해방 후, 신사참배를 놓고 행해진 논란은 한국 개신교의 배타적 보수신앙을 강화하는 효과를 낳았다. 일제 치하 신사참배에 대한 부정적인 기억은 순수 유일신 신앙의 결벽증을 강화하였고, 이런 순수주의가 한국 개신교회에 널리 인정받게 되면서, 해방 이전부터 만들어져 있던 개신교의 극단적 보수신앙은 유례를 찾아볼 수 없을 정도로 강화되었다. 대부분의 개신교회가 서로 경쟁적으로 배타주의와 문자주의를 주장하게 되었고, 극단적 폐쇄주의가 한국 개신교의 상식을 이루게 되었다. 이와 같이 신사참배 거부운동의 역사적 맥락을 되살피는 것은 한국 종교의 모델이 된 개신교의 성격을 파악하는데 핵심적이다.

4) Jonathan Z. Smith, Map Is Not Territory: Studies in the History of Religions, Chicago: The University of Chicago Press, 1993(1978), p. 309.

5) 〈과학에 대한 열정〉, 『보르헤스 전집 4: 칼잡이들의 이야기』, 황병하 옮김, 민음사, 1997, 67-68쪽.

참고문헌

『조선왕조실록』
『高宗, 純宗實錄』下卷
『三國遺事』
『東經大全』
《한성순보》
《독립신문》
《대한매일신보》
『개벽』
『별건곤』
《대한매일신보》
『신학월보』
《그리스도신문》
『태극학보』
『성서조선』
《기독신보》
『청년』
『동광』
『활천』
『신앙생활』
《동아일보》
《조선일보》
『조선총독부 관보』, 1911년 6월.
『조선총독부 통계연표』, 1911년.
『조선예수회장로회 총회록』
『일제 강점기 종교정책사 자료집: 기독교편, 1910-1945』, 한국기독교역사연구소, 1996.
『한민족독립운동사자료집 9』, 국사편찬위원회, 1990.
『한민족독립운동사자료집 11: 삼일운동 Ⅰ』, 국사편찬위원회, 1990.
『한민족독립운동사자료집 12: 삼일운동 Ⅱ』, 국사편찬위원회, 1990.
『思想彙報』, 朝鮮總督府 高等法院 檢事局 思想部.
Official Minutes of the First Annual Session Korea Mission Conference Methodist
        Episcopal Church, 1905 Seoul, Korea.
The Korean Mission Field
『한국기독교와 역사』제5호, 1996.
高建鎬, 「韓末 新宗教의 文明論: 東學. 天道教를 中心으로」, 서울대학교 대학원

박사학위논문, 2002.

게일, 제임스, 장문평 옮김, 『코리언 스케치』, 현암사, 1970.

길진경, 『靈溪 길선주』, 종로서적, 1980.

김대희, 『二十世紀朝鮮論』, 일신사, 융희 원년(1907).

김삼웅 편저, 『사료로 보는 20세기 한국사』, 가람기획, 1997.

김양선, 『한국기독교사연구』, 기독교문사, 1971.

김종서, 〈개화기 사회문화 변동과 종교인식〉, 『한국문화』, 제28집, 서울대학교 규장각
　　　한국학연구원, 2001.

김종서, 〈한국종교의 개념과 동아시아의 종교경험〉, 『종교학연구』, Vol.24. 서울대학교
　　　종교학과, 2005.

김현주, 『이광수와 문화의 기획』, 서울: 태학사, 2005.

노대환, 『문명』, 소화, 2010.

다카하시 도루, 『식민지 조선인을 논하다』, 구인모 역, 동국대학교출판부, 2010.

도진기, 『유다의 별』, 황금가지, 2014.

드레이크 H. B. 신복룡, 장우영 역주, 『일제시대의 조선생활상』, 집문당, 2000.

류시현, 『최남선연구』, 서울: 역사비평사, 2011.

류준필, 〈'문명' '문화' 관념의 형성과 '국문학'의 발생〉, 『민족문학사연구』 제18호., 2001.

민경배, 『한국기독교회사』 개정판, 대한기독교출판사, 1982.

박은식, 『박은식 전서 상(上)』, 단국대학교, 1975.

박헌호, 류준필 엮음, 『1919년 3월 1일에 묻다』, 성균관대학교출판부, 2009.

벤느, 폴, 〈역사를 어떻게 쓰는가〉, 새물결, (Paul Veyne, Comment on ecrit l'histoire),
　　　2004.

보르헤스, 호르헤 루이스, 『보르헤스 전집 4: 칼잡이들의 이야기』, 황병하 옮김, 민음사,
　　　1997.

성주현, 『식민지시기 종교와 민족운동』, 서울: 도서출판 선인, 2013.

쑨장, 〈'종교'의 재구성: 1893년 시카고 "세계종교"회의에서의 중국종교〉, 이경구 외,
　　　『개념의 번역과 창조: 개념사로 본 동아시아 근대』, 돌베개, 2012.

신용하, 『3·1운동과 독립운동의 사회사』, 서울대학교출판부, 2001.

심형준, 『종교 개념의 적용과 해석에 대한 연구: '삼교', 유교, 무속을 중심으로』,
　　　서울대학교문학석사 학위논문, 2008.

스미스, 조너선 Z, 『종교 상상하기: 바빌론에서 존스타운까지』, 장석만 옮김, 청년사,
　　　2013.

엘리아스, 노르베르트 (Norbert Elias), 『문명화과정 I』(On the Process of Civilisation),
　　　박미애 옮김, 한길사, 1996.

옥성득, 『한반도 대부흥』, 홍성사, 2009.

유길준, 『서유견문』, 대양서적, 1978.

윤치호, 『국역 윤치호 일기 상』, 탐구당, 1975.

윤치호,『윤치호일기』, http://www.koreanhistory.or.kr

이광린,『한국개화사의 제문제』, 일조각, 1986.

이광수,『춘원 이광수전집』, 삼중당, 1978.

이능화,『조선 기독교급 외교사』, 조선기독교 창문사, 1928.

이능화, 대정 원년(1911년)『백교회통』, 조선불교월보사.

이능화,『조선기독교와 외교사』, 삼필문화사, 2010.

이능화,『조선불교통사』, 동국대출판부, 2010.

이덕주,『한국 그리스도인의 개종이야기』, 전망사, 1990.

이덕주,『초기 한국 기독교사 연구』, 한국기독교역사연구소, 1995.

이동초 편저,『천도교회 종령존안』, 도서출판 모시는사람들, 2005.

이만열 외,『한국기독교와 민족운동』, 종로서적, 1986.

장석만,『개항기 한국 사회의 '종교' 개념 형성에 관한 연구』, 서울대학교 박사학위논문, 1992.

장석만, 〈우리시대의 고전 33: 윌프레드 캔트웰 스미스의 종교의 의미와 목적〉,《교수신문》, 2002년 7월 30일, 2002.

장석만, 〈민족과 인종의 경계선: 최남선의 자타인식〉,『종교문화비평』제7호., 2005.

전광용 등 편,『한국신소설전집』제8권, 을유문화사, 1968.

정도전,『불씨잡변』, 이기훈 옮김, 계명대학교출판부, 2006.

정진홍,『경험과 기억: 종교문화의 틈 읽기』, 당대, 2003.

조규훈, 〈한국 사회 법의 영역에서 형성된 종교개념: 지구적 관점의 적용〉,『종교문화연구』제12집, 한신인문학연구소, 2009.

조선총독부 편저,『일제가 식민통치를 위해 분석한 조선인의 사상과 성격』, 김문학 옮김, 북타임, 2010.

조현범, 〈선교와 번역: 한불자전과 19세기 조선의 종교용어들〉,『교회사연구』제36집, 2011.

최남선,『육당 최남선 전집』, 역락, 2003.

최기영, 박맹수 편,『한말 천도교 자료집』2, 1997.

최병헌, 대정 11년(1922년)『만종일련』, 조선야소교서회.

최한기,『기측체의』, 1836.

피쉬 외르크,『코젤렉의 개념사 사전 1: 문명과 문화』, 안삼환 옮김, 푸른역사, 2010.

한용운,『증보 한용운전집 1』, 신구문화사, 1980.

한용운,『증보 한용운전집 2』, 신구문화사, 1980.

『현정론』, 송재운 역, 동국대역경원, 1984.

허수,『이돈화연구』, 서울: 역사비평사, 2011.

吉川文太郞,『朝鮮の宗敎』, 京城: 朝鮮印刷株式會社, 1921.

吉川文太郞,『朝鮮諸宗敎』, 京城: 朝鮮興文會, 1922.

朝鮮總督府 編,『朝鮮ニ於ケル宗敎及享祀一覽』, 昭和元年 調査版, 1926.

村山智順,『朝鮮の類似宗教』, 調査資料 第四十二輯, 朝鮮總督府, 1935.

青野正明,『朝鮮農村の民族宗教 : 殖民地期の天道教・金剛大道を中心に』, 東京都 : 社會評論社, 2001.

青野正明, "朝鮮総督府の農村振興運動期における神社政策,"『国際文化論集』, 第37号 桃山学院大学, 2007.

青野正明, "植民地期朝鮮における「類似宗教」概念."『国際文化論集』43, 2010.

星野 靖二,『近代日本の宗教概念―宗教者の言葉と近代』, 有志舍, 2012.

磯前順一, 尹海東 編著,『植民地朝鮮と宗教 : 帝國史, 國家神道, 固有信仰』, 三元社, 2013.

磯前順一,『近代日本の宗教言說とその系譜 : 宗教, 國家, 神道』, 東京 : 岩波書店, 2003.

磯前順一,『宗教概念あるいは宗教學の死』, 東京大學出版會, 2012.

鈴木範久,『明治宗教思潮の研究』, 東京大學出版會, 1979.

Almond, Philip C. 1996, "'The Heathen in His Blindness'?," *Cultural Dynamics*는 Vol. 8, No. 2.

Almond, Philip C. 1988, *British Discovery of Buddhism*, Cambridge and New York: Cambridge University Press.

Asad, Talal, 1983, "Anthropological Conceptions of Religion: Reflections on Geertz," *Man*, New Series, Vol. 18, No. 2.

Asad, Talal, 1993, *Genealogies of Religion: Discipline and Reasons of Power in Christianity and Islam*. The Johns Hopkins University Press.

Asad, Talal, 2001, "Reading a Modern Classic: W. C. Smith's The Meaning and End of Religion," *History of Religion*, Vol. 40, No. 3, 2001.

Asad, Talal 1993, *Genealogies of Religion. Discipline and Reasons of Power in Christianity and Islam*. Baltimore: Johns Hopkins University Press.

Asad, Talal 2003, *Formations of the Secular: Christianity, Islam, Modernity*, Stanford: Stanford University Press.

Balagangadhara, S. N. 1994, *'The Heathen in His Blindness…': Asia, the West and the Dynamic of Religion*. Leiden, New York and Koln: E. J. Brill.

Balagangadhara, S. N. 2005, "*The Heathen in his Blindness…" Asia, the West, and the Dynamic of Religion*. New Delhi: Manohar (Second and Revised edition).

Bell, Kirsten 2008, "Pilgrims and Progress: The Production of Religious Experience in a Korean Religion," Nova Religio: The Journal of Alternative and Emergent Religions, Vol. 12, No. 1(August 2008), pp. 83-102

Beyer, Peter 2003, "Conceptions of Religion: On Distinguishing Scientific, Theological, and 'Official' Meanings," *Social Compass*, Vol. 50, No. 2, 2003.

Bloch, Esther, Marianne Keppens and Rajaram Hegde eds. (2010), *Rethinking Religion in India: the colonial construction of Hinduism*, London: Routledge.

Bhargava, Rajeev 1998, Secularism and Its Critics, New Delhi: Oxford University Press.

Braun, Willi and Russell T. McCutcheon (eds.) 2000, *Guide to the Study of Religion*, Continuum.

Braun, Willi and Russell T. McCutcheon (eds.) 2000, *Introducing Religion: Essays in Honor of Jonathan Z. Smith*, London and Oakville: Equinox.

Bubandt, Nils Ole and Martijn Van Beek 2011, *Varieties of Secularism in Asia: Anthropological Explorations of Religion, Politics and the Spiritual*, London: Routledge.

Calhoun, Craig and Mark Juergensmeyer and Jonathan Van Antwerpen 2011, *Rethinking Secularism*, Oxford and New York: Oxford University Press.

Casanova, Jose 1994, *Public Religions in the Modern World*, Chicago and London: The University of Chicago Press.

Chen, Hsi-yuan 2007, *Confucian Encounters with "Religion": Rejections, Appropriations, and Transformations*, Routledge, (Confucian Encounters with "Religion": The Formation of Religious Discourse and the Confucian Movement in Modern China, Ph. D Dissertation, Harvard University, 1999).

Chidester, David 1996, *Savage systems: Colonialism and Comparative Religion in Southern Africa*, Charlottesville: University Press of Virginia.

Comaroff, Jean and John L. Comaroff 1991, *Of Revelation and Revolution, Volume 1: Christianity, Colonialism, and Consciousness in South Africa*, Chicago and London: The University of Chicago Press.

Comaroff, Jean 1992, *Ethnography And The Historical Imagination*, Westview Press.

Comaroff, Jean and John L. Comaroff 1997, *Of Revelation and Revolution, Volume 2: The Dialectics of Modernity on a South African Frontier*, Chicago and London: The University of Chicago Press.

Comaroff, Jean and John L. Comaroff 2000, *Civil Society and the Political Imagination in Africa: Critical Perspectives*, Chicago and London: The University of Chicago Press.

Derrida, Jacques & Gianni Vattimo 1998, *Religion*, Stanford University Press.

Derrida, Jacques 2001, *Acts of Religion*, London: Routledge.

Derrida, Jacques 2004, *Eyes of the University: The Right to Philosophy 2*, Stanford: Stanford University Press.

de Vries, Hent (ed.) 2008, *Religion: Beyond a Concept*, Fordham University Press.

Drake, Henry Burgess 1930 *Korea of the Japanese*, London: John Lane The Bodley Head Ltd.

Dressler, Markus and Arvind Mandair eds. 2011, *Secularism and Religion-Making*, Oxford and New York: Oxford University Press.

Dubuisson, Daniel 2003, *The Western Construction of Religion: Myths, Knowledge, and Ideology*. Trans. William Sayers. Baltimore and London : Johns Hopkins University Press, 1998.

Dubuisson, Daniel 2006, "Response," *Religion*, Vol. 36.

Duncan, John 2002, "The problematic modernity of Confucianism: the question of *"civil society"in Chosŏn Dynasty Korea,"Korean Society: Civil Society, Democracy and the State*. Charles K. Armstrong ed. London and New York: Routledge.

Eagleton, Terry 2000, *The Idea of Culture*, Oxford: Blackwell.

Eggert, Marion, 2012, "'Western Learning', religious plurality, and the epistemic place of 'religion' in early-modern Korea(18th to early 20th centuries)," *Religion*, 42:2.

Eggert, Marion & Lucian Holscher eds. 2013 *Religion and Secularity: Transformations and Transfers of Religious Discourses in Europe and Asia*, Leiden & Boston: Brill.

Fitzgerald, Timothy 1997, "A Critique of 'Religion' as a Cross-Cultural Category," *Method & Theory in the Study of Religion*, Vol, 9-2, 1997.

Fitzgerald, Timothy 2000, *The Ideology of Religious Studies*, Oxford University Press.

Fitzgerald, Timothy, 2003, "'Religion' and 'the Secular' in Japan: Problems in history, social anthropology, and religion," *Electronic Journal of Contemporary Japanese Studies*, Discussion Paper 3 in 2003, First Posted on 10 July 2003.

Fitzgerald, Timothy, 2004, "The Religion-Secular Dichotomy: A Response to Responses," Electronic Journal of Contemporary Japanese Studies, Discussion Paper 2 in 2004, First Posted on 6 April 2004.

Fitzgerald, Timothy, 2004, "Postscript: Religion and the Secular in Japan, Problems in History, Social Anthropology and the Study of Religion," *Electronic Journal of Contemporary Japanese Studies*, Discussion Paper 6 in 2004, First published on 20 October 2004.

Fitzgerald, Timothy ed. 2007, *Religion and the Secular: Historical and Colonial Formations*, London and Oakville: Equinox.

Gale, Rev. James S. 1898 *Korean Sketches*, Chicago, New York, Toronto: Fleming H. Revell Company.

Goossaert, Vincent et David A. Palmer, 2011, *The Religious Question in Modern China*, Chicago and London: University of Chicago Press.

Goossaert, Vincent 2006, "1898: The Beginning of the End for Chinese Religion?," *The Journal of Asian Studies*, Vol. 65, No. 2.

Goossaert, Vincent 2005, "The Concept of Religion in China and the West," *Diogenes*, Vol. 205.

Goossaert, Vincent et Valentine Zuber, 2002 "Introduction: La Chine a-t-elle connu l'anticléricalisme?" Extrême-Orient, Extrême-Occident, Vol. 24.

Isomae, Jun'ichi 2007, "State Shinto, Westernization, and the Concept of Religion in Japan". In: Fitzgerald, Timothy (ed.): *Religion and the Secular: Historical and Colonial Formation*, London: Equinox Publishing.

Josephson, Jason Ānanda, 2006, "When Buddhism Became a "Religion": Religion and Superstition in the Writings of Inoue Enryō." *Japanese Journal of Religious Studies*, 33/1.

Josephson, Jason Ānanda, 2012, *The Invention of Religion in Japan*, Chicago & London: University of Chicago Press.

Hurd, Elizabeth Shakman 2008, *The Politics of Secularism in International Relations*, Princeton and Oxford: Princeton University Press.

Jakobsen, Janet R. 2008, *Secularisms*, Durham and London: Duke University Press.

Ketelaar, James, 1990, *Of Heretics and Martyrs in Meiji Japan: Buddhism and Its Persecution*. Princeton: Princeton University Press.

Kim, Andrew E. 2000, "Korean Religious Culture and Its Affinity to Christianity: The Rise of Protestant Christianity in South Korea," Sociology of Religion, Vol. 61, No. 2(Summer, 2000).

Kim, Hwansoo 2009, "The Adventures of a Japanese Monk in Colonial Korea: Soma Shoei's Zen Training with Korean Masters," Japanese Journal of Religious Studies, 36/1, (2009, Nanzan Institute for Religion and Culture)

King, Richard 1999, *Orientalism and Religion: Postcolonial theory, India and 'the mystic East'*, London: Routledge.

King, Richard, 2011, "Imagining Religions in India: Colonialism and the Mapping of South Asian History and Culture," Markus Dressler and Arvind Mandair eds., *Secularism and Religion-Making*, Oxford and New York: Oxford University Press, 2011.

Kippenberg, Hans G. 2002, *Discovering Religious History in the Modern Age: The Age of Discoveries*, Princeton: Princeton University Press.

Kleine, Christoph 2013, "Religion and the Secular in Premodern Japan from the Viewpoint of Systems Theory," *Journal of Religion in Japan*, Vol. 2, pp. 1-34.

Krämer, Hans Martin and Jenny Oesterle, Ulrike Vordermark eds. 2010, Labeling the Religious Self and Others: Reciprocal Perceptions of Christians, Muslims, Hindus, Buddhists, and Confucians in Medieval and Early Modern Times in Comparativ. *Zeitschrift für Globalgeschichte und vergleichende Gesellschaftsforschung*, Jahrgang 20, Heft 4, Leipzig: Leipziger Universitäts-Verlag.

Kuo, Ya-pei(郭亞珮), 2013, "'Christian Civilization'and the Confucian Church: The Origin of Secularist Politics in Modern China," *Past & Present*, Vol. 218, (Feb 2013).

Kuo, Ya-pei(郭亞珮), 2010, "Before the Term: 'Religion'as China's Cultural

Other," *Comparativ: Zeitschrift für Globalgeschichte und vergleichende Gesellschaftsforschung*, 20. 4 (2010).

Kuo, Ya-pei(郭亞珮), 2009, "In One Body with the People: Worship of Confucius in the Xinzheng Reforms, 1902-1911," *Modern China*, 35: 2 (March 2009).

Kuo, Ya-pei(郭亞珮), 2008, "Redeploying Confucius: The Imperial State Dreams of the Nation, 1902-1911,"in: Mayfair Yang, ed., *Chinese Religiosities: Afflictions of Modernity and State Formation* (Berkeley: University of California Press, 2008).

Mandair, Arvind-pal Singh 2009, *Religion and the Specter of the West: Sikhism, India, Postcoloniality, and the Politics of Translation*, New York: Columbia University Press.

Mandair, Arvind-Pal S. 2009, *Religion and the Specter of the West: Sikhism, India, Postcoloniality, and the Politics of Translation*, New York: Columbia University Press.

Mandair, Arvind-Pal S. & Markus Dressler, eds. 2011, *Secularism and Religion-Making*, Oxford & New York: Oxford University Press.

Margel, Serge 2005, *Superstition: l'anthropologie du religieux en terre de chrétienté*, Paris: Édition Galilée.

Masuzawa, Tomoko 2005, *The Invention of World Religions: Or, How European Universalism Was Preserved in the Language of Pluralism*. Chicago: University of Chicago Press.

Masuzawa, Tomoko 2008, "What Do the Critics Want?—A Brief Reflection on the Difference between a Disciplinary History and a Discourse Analysis," *Method and Theory in the Study of Religion*, Vol. 20.

McCutcheon, Russell T. and Willi Braun eds. 2008, *Introducing Religion: Essays in Honor of Jonathan Z. Smith*. London: Equinox.

McGrane, Bernard (1989), *Beyond Anthropology: Society and the Other*. New York: Columbia University Press.

Nedostup, Rebecca, 2010, *Superstitious Regimes: Religion and the Politics of Chinese Modernity*, Harvard University Press.

Nongbri, Brent 2013, *Before Religion: A History of a Modern Concept*, Yale University Press.

Park, Jin Y. ed., 2010, *Makers of Modern Korean Buddhism*, Albany, New York: State University of New York Press.

Pennington, Brian K. 2005, Was Hinduism Invented?: Britons, Indians, and the Colonial Construction of Religion, Oxford and New York: Oxford University Press.

Peterson, Derek R. and Darren R. Walhof (eds.) 2002, *The Invention of Religion*: *Rethinking Belief in Politics and History*, New Brunswick, NJ: Rutgers University

Press.

Poon, Shuk-wah 2009, "Between Religion and Superstition: Buddhism and Daoism in Guangzhou, China, 1900-1937," *Journal of Religious History*, Vol. 33-4.

Reader, Ian 1991, *Religion in Contemporary Japan*. Honolulu: University of Hawaii Press.

Pye, Michael, 1994, "What Is 'Religion'in East Asia?" Bianchi, Ugo (ed.) The Notion of *"Religion"in Comparative Research: Selected Proceedings of the XVI IAHR Congress*, Rome, 3rd-8th September, 1990, Rome: L'ERMA di Bretschneider.

Reader, Ian, 2004, "Ideology, Academic Inventions and Mystical Anthropology: Responding to Fitzgerald's Errors and Misguided Polemics," *Electronic Journal of Contemporary Japanese Studies*, Discussion Paper 1 in 2004, First Posted on 3 March 2004.

Reader, Ian, 2004, "Dichotomies, Contested Terms and Contemporary Issues in the Study of Religion," *Electronic Journal of Contemporary Japanese Studies*, Discussion Paper 3 in 2004, First Posted on 10 May 2004.

Reader, Ian, 2005, "Of Religion, Nationalism and Ideology: Analysing the Development of Religious Studies in Japan," *Social Science Japan Journal* , Vol. 8 No. 1.

Rosemont JR, Henry 1996, "How do You Learn to be Religious: A Response to S. N. Balagangadhara," *Cultural Dynamics*, Vol. 8, No. 2, 1996.

Schilbrack, Kevin, 2010, "Religions: Are There Any?," *Journal of the American Academy of Religion*, Vol. 78: 4, 2010.

Schilbrack, Kevin, 2012, "The Social Construction of 'Religion' and Its Limits: A Critical Reading of Timothy Fitzgerald," *Method & Theory in the Study of Religion*, Vol. 24, 2012.

Scott, David 1999, *Refashioning Futures: Criticism after Postcoloniality*, Princeton: Princeton University Press.

Scott, David 2004, *Conscripts of Modernity: The Tragedy of Colonial Enlightenment*, Durham and London: Duke University Press.

Smith, Wilfred Cantwell 1964, *The Meaning and End of Religion*, New York: A Mentor Book.

Smith, Jonathan Z. 1993(1978), *Map Is Not Territory: Studies in the History of Religions*, Chicago: The University of Chicago Press.

Smith, Jonathan Z. 1982, *Imagining Religion: From Babylon to Jonestown*, University Of Chicago Press. 조너선 Z. 스미스, 장석만 옮김, 『종교 상상하기: 바빌론에서 존스타운까지』, 청년사, 2013.

Smith, Jonathan 2004, *Relating Religion*, Chicago: The University of Chicago Press.

Strenski, Ivan 2010, "Talal Asad's 'Religion' Trouble and a Way Out," *Method & Theory in the Study of Religion*, Vol, 22.

Sun, Jiang 2010, "Representing Religion: "Chinese Religions"at the 1893 Chicago World
Parliament of Religions," 『개념과 소통』, 제6호

Tarocco, Francesca 2008, "The Making of 'Religion' in Modern China,"Nile Green, Nile
& Mary Searle-Chatterjee, eds. *Religion, Language, and Power*. New York: Ro
utledge, pp. 42-56.

van der Veer, Peter ed. 1996, *Conversion to Modernities: The Globalization of
Christianity*, New York and London: Routledge.

van der Veer, Peter and Hartmut Lehmann eds. 1999, *Nation and Religion: Perspectives
on Europe and Asia*, Princeton, New Jersey: Princeton University Press.

van der Veer, Peter 2001, *Imperial Encounters: Religion and Modernity in India and
Britain*, Princeton and Oxford: Princeton University Press.

Waardenburg, Jean Jacques 1973, *Classical Approaches to the Study of Religion:
Introduction and Anthology*, Mouton.

Warner, Michael and Jonathan Van Antwerpen, Craig Calhoun (eds.) 2010, Varieties
of Secularism in a Secular Age, Cambridge, Massachusettes: Harvard University
Press.

Washburn, Dennis and A. Kevin Reinhart, (ed.), 2007, Converting Cultures: Religion,
Ideology, and Transformations of Modernity, LEIDEN: Brill.

Wenger, Tisa 2009, *We have a Religion: The 1920s Pueblo Indians Dance Controversy
and American Religious Freedom*, Chapel Hill: The University of North Carolina
Press.

Wong, Young-tsu, 2010, *Beyond Confucian China: The Rival Discourses of Kang
Youwei and Zhang Binglin* (Academia Sinica on East Asia), London and new
York: Routledge.

Yang, Mayfair Mei-hui ed. 2008, *Chinese Religiosities: Afflictions of Modernity and State
Formation*, The University of California Press.

출전

1장 서론의 1절은 다음 글의 첫 번째 부분이다
〈'종교'를 묻는 까닭과 그 질문의 역사: 그들의 물음은 우리에게 어떤 문제를 던지는가?〉,『종교문화비평』, 통권 22호, 종교문화비평학회, 2012, 15-47쪽.

2장의 2절은 다음 글의 두 번째 부분을 고쳐 쓴 것이다.
〈'종교'를 묻는 까닭과 그 질문의 역사: 그들의 물음은 우리에게 어떤 문제를 던지는가?〉,『종교문화비평』, 통권 22호, 종교문화비평학회, 2012, 15-47쪽.

4장 3절은 다음 글의 세 번째 부분을 고쳐 쓴 것이다.
〈'종교'를 묻는 까닭과 그 질문의 역사: 그들의 물음은 우리에게 어떤 문제를 던지는가?〉,『종교문화비평』, 통권 22호, 종교문화비평학회, 2012, 15-47쪽.

6장의 두 번째와 세 번째 부분은 다음 글을 고쳐 쓴 것이다
Jang Sukman, "The Historical Formation of the 'Religious-Secular' Dichotomy in Modern Korea," Marion Eggert & Lucian Holscher eds. Religion and Secularity: Transformations and Transfers of Religious Discourses in Europe and Asia, Leiden & Boston: Brill, 2013.

7장
장석만, 〈초기 개신교 신자의 개종(改宗)이 지닌 성격: 1900~1910년을 중심으로〉, 김예림, 김성연 편,『한국의 근대성과 기독교의 문화정치』, (연세국학총서 111), 서울: 도서출판 혜안, 2016년 7월, 285-334쪽.

8장은 다음 글의 첫 번째와 두 번째 부분을 고쳐 쓴 것이다.
〈일제시대 종교 개념의 편성: 종교 개념의 제도화와 내면화〉,『종교와 식민지 근대: 한국 종교의 내면화 정치화는 어떻게 진행되었나』, 윤해동, 이소마에 준이치 외, 2013, 63-92쪽. 이 책의 일어판은 〈日本帝國時代における宗教概念の編成: 宗教概念の制度化と內面化〉, 磯前順一, 尹海東 編著,『植民地朝鮮と宗教』, 三元社, 2013, 56-82쪽.

9장은 다음 글의 첫 번째와 두 번째 부분을 고치고 보완한 것이다.
〈부디즘, 불교, 불연의 엘리아데〉,『불교연구』, 제36집, 한국불교연구원, 2012,

197-218쪽.

10장은 다음 글의 세 번째 부분을 고쳐 쓴 것이다.
〈일제시대 종교 개념의 편성: 종교 개념의 제도화와 내면화〉,『종교와 식민지
근대: 한국 종교의 내면화 정치화는 어떻게 진행되었나』, 윤해동, 이소마에 준이
치 외, 2013, 63-92쪽.
그리고 다음 글에서 발췌하여 실은 것이다. 〈3·1운동에서 종교는 무엇인가〉,
박헌호, 류준필 엮음,『1919년 3월 1일에 묻다』, 성균관대학교출판부, 2009, 189-
212쪽.

11장
〈식민지 조선의 "문명-문화-종교"의 개념적 네트워크〉,『종교문화비평』, 통권
28호, 종교문화비평학회, 2015년 9월, 215-239쪽.

12장 1절은 다음 글의 네 번째 부분을 고쳐 실은 것이다.
〈일제시대 종교 개념의 편성: 종교 개념의 제도화와 내면화〉,『종교와 식민지
근대: 한국 종교의 내면화 정치화는 어떻게 진행되었나』, 윤해동, 이소마에 준이
치 외, 2013, 63-92쪽.
그리고 다음 글을 보완하여 실은 것이다. 2011년 2월, 독일 루어 대학의 국제
연구 컨소시움 주최 국제학술대회(The Formation of the Discipline of Religious Studies in Asia,
Workshop of the KHK, February 4, 2011, Bochum, Germany).
발표 논문제목: "Religion, Science and Colonialism: Religious Studies in Colonial
Korea."

13장
2011년 7월, KHK(Käte Hamburger Collegium) Annual Conference "Modes and Models
of Religious Attraction. Part II: Knowledge and Action"25 July-28 July, 2011 at Ruhr-
University Bochum, Germany.
발표 논문제목: "The Repulsive Attraction of the 'Baekbaek' Religion: The
Religious Classificatory System and the Danger of its Excluded Other in Colonial
Korea."

14장 끝부분은 다음 글의 네 번째 부분에서 옮겨 실었다.
〈'종교'를 묻는 까닭과 그 질문의 역사: 그들의 물음은 우리에게 어떤 문제를 던
지는가?〉,『종교문화비평』, 통권 22호, 종교문화비평학회, 2012, 15-47쪽.

찾아보기

한국/근대/종교 총서 01

한국 근대종교란 무엇인가?

등록 1994.7.1 제1-1071
1쇄 발행 2017년 5월 30일
2쇄 발행 2018년 10월 15일

지은이 장석만
펴낸이 박길수
편집인 소경희
편 집 조영준
관 리 위현정
디자인 이주향
펴낸곳 도서출판 모시는사람들
         03147 서울시 종로구 삼일대로 457(경운동 88번지) 수운회관 1207호
전 화 02-735-7173, 02-737-7173 / 팩스 02-730-7173
홈페이지 http://www.mosinsaram.com/

인 쇄 천일문화사(031-955-8100)
배 본 문화유통북스(031-937-6100)

값은 뒤표지에 있습니다.
ISBN 979-11-86502-85-3   94200
세트   979-11-86502-63-1   94200

이 도서의 국립중앙도서관 출판예정도서목록(CIP)은 서지정보유통지원시스템 홈
페이지(http://seoji.nl.go.kr)와 국가자료공동목록시스템(http://www.nl.go.kr/
kolisnet)에서 이용하실 수 있습니다.(CIP제어번호: 2017013054)

이 저서는 2011년 대한민국 교육부와 한국학중앙연구원(한국학진흥사업단)의 한국학
총서사업(모던코리아 학술총서)의 지원을 받아 수행된 연구임(AKS-2011-DAE-3101)